공공도서관 길라잡이

-도서관에 가면 IQ·EQ가 높아진다-

(上)

공공도서관 길라잡이

-도서관에 가면 IQ·EQ가 높아진다-

(上)

李 萬 洙 著

한국학술정보[주]

이 책은 2001학년도 대진대학교 학술연구비 지원에 의하여 이루어진 것임

책을 내면서

현대의 급격한 사회변화와 다양한 문화, 정보의 홍수 속에서 자신에게 필요한 정보를 신속하고 정확하게 활용해야 하는 지식기반사회에서 정보활용력은 평생을 통하여 개발되는 중요한 생활 수단이다.

오늘날은 평생교육이 중요시되는 지식기반사회로 공공도서관은 지역 주민들의 정보원이요, 문화 활동 공간이요, 자기 교육의 장이며, 여가 선용의 장으로 활용되는 종합적인 사회교육 센터이다. 또한 공공도서관은 교육과 문화 활동을 통하여 지역 주민들의 삶의 질을 높여줄 뿐만 아니라, 미래에 대비한 정보 활용 능력을 키우고, 평생동안 자기학습을 할 수 있는 매스터 키이다.

공공도서관에는 조상들이 남겨 준 문화유산이 숨쉬고, 건강정보와 취미정보도 있으며 내가 전공하는 분야의 정보가 축적되어 있는 정보센터이다. 까페 도서관과 같은 신선한 아이디어로 운영되는 도서관도 있다. 개인이 운영한다는 지구촌 여행정보 도서관은 그 예의 하나이다. 여행정보를 찾으려는 회원 고객에게 음료나 차를 저렴한 가격으로 팔면서 필요한 정보를 제공하는 새로운 이미지의 도서관이다. 참으로 발전적이고 변화하는 사회에서 새롭게 등장한 새 스타일의 도서관이다. 선진국의 도서관을 보라. 그 국가의 도서관 수준을 나타내는 바로 메타가 공공도서관의 수와 그 활동이다.

공공도서관은 자라나는 청소년들에게 꿈과 희망을 주고 지역 사회에서 가장 중요한 평생교육 기관이다. 또 생활정보를 주고받고 빈곤한 우리의 삶을 살찌우는 문화공간이기도하다. 그래서 선진국에서는 '문화의 다목적댐'이라고 불린다.

빌게이츠가 "오늘날 나를 있게 한 것은 우리 마을 도서관이었다."라고 한 말에서 우리는 공공도서관의 중요성을 생각할 수 있다. 그는 어릴 때부터 도서관을 이용하며 꿈을 끼웠고 독서를 통해서 얻은 아이디어로 세계적인 컴퓨터 프로그램 전문가가 된 것이다.

게이츠(A. I. Gates)도 "읽기의 성공과 지능지수 사이에는 아주 높은 상관관계가 있다."고 지적하였다. 독서능력의 발달과 지능적 요인과는 밀접한 관계가 있다는 말이다. 그러므로 독서능력의 습득은 곧 지능을 높게 한다. 도서관에 가면 독서능력이 발달하고 독서능력이 발달하면 지능이 높아지는 것이다.

이 저술은 도서관에 근무하는 현장사서와 공공도서관을 이용하는 이용자. 대학생을 위한 교재로 사용할 수 있게 집필하였다. 연구 시간과 능력이 부족하여 미흡한 점이 한두 곳이 아니다. 점차 수정·보완하여 새롭게 다듬기로 하고 우선 출판하게 되었다. 선·후배·후학들의 질책 있으시기 바란다.

본서는 2권으로 상권에 1장~9장, 하권에 10장, 11장으로 이루어져 있는데 주요 내용은 다음과 같다. 제1장 지능이란 무엇인가 제2장 도서관이란 무엇인가 제3장 도서관에는 어떤 종류가 있나 제4장 도서관은 어떤 기능을 하나 제5장 공공도서관이란 무엇인가 제6장 근대 공공도서관 제7장 공공도서관의 문제점 제8장 전자도서관 길라잡이 제9장 전문도서관 길라잡이 제10장 특별시와 광역시의 공도서관 길라잡이 제11장 각 도의 공공도서관 길라잡이이다.

끝으로 본서가 나오기까지 교정을 비롯하여 디지인까지 맡아준 대학원 박사과정에서 연구에 여념이 없는 큰딸 지연과 중국학을 전공하여 졸업을 앞둔 대학생인 작은 딸 지나와 참고한 관계문헌에서 받은 은혜에 대하여 저자 여러분에게 감사드리며, 여러 가지 어려움을

무릅쓰고 출판을 기꺼이 허락하여 주신 한국학술정보(주) 사장님과
관계자 여러분께 감사드린다.

2003년 5월 10일

왕방산 아래 서재에서 이 만 수

목   차

공공도서관 길라잡이 (上)

공공도서관 길라잡이 (下)

제1장 지능이란 무엇인가

1.1 지능이란 무엇인가

지능/Intelligence이란 무엇인가? 오랫동안 심리학자들이 연구해 온 문제이나, '이것이 지능이다'라고 말할 수 있는 일치된 정의를 찾아보기는 어려운 상황이다. 학문적 입장, 시대, 사회와 문화에 따라 다르게 정의되어 오고 있기 때문이다. 크게 세 가지로 정리해 보면 다음과 같다.

첫째, 추상적으로 생각해 내는 높은 정신 능력이라는 견해이다.

둘째, 후천적 경험 즉 학습에 의해 습득된 능력이라고 보는 견해이다.

즉 유전적인 영향보다 후천적으로 환경의 영향을 받아 발달되는 것으로 어린 시절부터 좋은 환경에서 열심히 노력하면 지능이 높아진다는 견해이다.

〈그림 1〉 지능의 정의

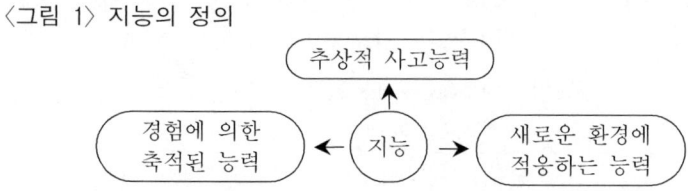

셋째, 새로운 환경에 적응하는 능력 즉 그때 그대 상황에 맞게 적

응하는 명확한 판단능력이라고 보는 견해이다.

가드너/Gardner[1])는 지능이란 가공되지 않은 상태의 생물학적 잠재력이다. 개인마다 지니고 태어나는 지능의 구성/Profile이 다를 수 있으며, 그를 바탕으로 개인마다 다른 지능이 개발된다고 생각한다. 그의 저서에서 인간의 지능은 다원적으로, 인간에게는 최소한 7가지의 기본적인 지능이 있다고 설명하였다.[2])

① 언어적 지능/Linguistic Intelligence : 언어를 효과적으로 구사하는 능력

② 논리-수학적 지능/Logical-mathematical Intelligence : 숫자를 효과적으로 사용하고 추론하는 능력

③ 공간적 지능/Spatial Intelligence : 공간세계에 대한 정신적 모형을 만들어 그것을 조절하고 사용하는 능력

④ 신체-운동적 지능/Bodily-Kinesthetic Intelligence :

⑤ 음악적 지능/Musical Intelligence : 레오나드 번스타인/Leonard Bernstein이나 모차르트/Mozart 같은 이가 가지는 능력

⑥ 대인관계 지능/Interpersonal Intelligence : 다른 사람을 이해하는 능력, 즉 타인들이 가지는 기분, 기질, 동기, 의도 등을 파악하는 능력

⑦ 개인이해 지능/Intrapersonal Intelligence : 자신을 이해하는 능력, 즉 자신을 정확하게 판단하여 인생을 효과적으로 살아가는 능력

미국에서 1921년에 『Journal of Psychology』의 편집장이 14명의 지능 전문가에게 지능의 특성을 질문하였는데, 이들이 내린 지능의 정의를 종합해 보면 다음과 같은 내용들이 포함되어 있었다.[3])

---

1) Howard gardner 지음. 김명희・이경희 역. 『다중지능의 이론과 실제』, 서울 : 양서원, 1988. pp.29-30.
2) Howard Gardner 지음. 김명희・이경희 역, 상게서, pp.40-51.
3) 김충기. 『교육심리와 생활지도』, 서울 : 동문사, 1998, pp.69-70.

1) 사실에 근거한 올바른 반응을 하는 능력

2) 추상적 사고를 할 수 있는 능력

3) 환경이 자기 자신을 적응하는 것을 학습할 수 있는 능력

4) 새로운 사태를 해결하는 능력

5) 새로운 지식을 습득하는 능력과

　　이미 소유한 지식을 재생하는 능력

6) 자기의 경험으로부터 유익한 것을 학습하는 능력 등이다.

결론적으로 지능이란

1) 지식획득 능력 2) 새로운 사태에 적용하는 능력 3) 창조력 등으로 정의할 수 있다. 지능이란 지적 능력의 줄인 말로써 지력(知力)이라고도 하며, '가지고 있는 지식과, 지식을 습득하는 능력'이라 할 수 있다.

1.2 지능지수란 무엇인가

지능지수/Intelligence Quotient는 보통 I.Q라고 알려진 것이다.

지능지수는 생활연령/CA에 대한 정신연령/MA의 비율로써 나타낸다.

I.Q = MA / CA * 100

MA = 평균 정신연령(Mental Age)

CA = 생활 연령(Chronological Age)

100이 승수로서 사용되었으므로, I.Q는 MA가 CA와 같을 때에는 100의 수치를 갖게 된다. 만일에 MA가 CA보다 더 낮으면, I.Q는

100보다 더 작게 되며, 만일에 MA가 CA보다 더 높으면, I.Q는 100 이상이 된다.

(1) 지능지수/IQ/Intelligence Quotient는 어떻게 나타내나

지능검사의 점수는 일반적으로 표준 점수나 백분위 점수 등과 같은 것으로 표시된다. 표준점수란 피험자가 지능검사에서 얻은 실제 점수 (원점수)를 피험자의 연령이나 학년 또는 성별 등과 같은 요인을 기초로 하여 보다 정확하고 신뢰있게 해석하기 위하여 변형시킨 점수를 말한다.

백분위 점수란 한 개인이 얻은 실제 점수보다 낮은 점수를 받은 학생들의 백분율을 의미한다. 예를 들면 만일 어느 학생의 백분위 점수가 84점이면, 그 개인이 속한 집단에서 그 개인보다 낮은 점수를 얻은 학생들이 84%가 된다는 것을 의미한다.

(2) 비율 지능지수

지능검사가 처음 나왔던 20세기 초기에는 이러한 지능은 단순한 공식에 의하여 측정되었다. 이것을 우리는 비율 지능지수라고 하는데, 그 공식은 비율 지능지수=개인의 정신연령(MA)÷그 개인의 생활연령(CA)×100으로 산출하였다. 한 개인의 정신연령은 일련의 지능검사에서 옳게 답한 문항수로 계산하여 산출하였다. 따라서 많은 문항을 맞추면 그만큼 정신연령은 높아지게 된다.

예를 들면 8세의 아동이 10세의 정신연령을 가졌다면 10(정신연령)÷8 (생활연령)×100=125의 지능지수가 된다. 따라서 비율 지능지수에서는 지능지수의 평균이 100이 되는 것이다. 현재 많은 인원을 단기간 내에 검사해야 하는데 필요로 하는 집단 지능검사에서는 이 방법을 많이 사용하고 있다. 그러나 이러한 비율 지능지수에 의하면 지능 발달의 정점인 20세가 넘어 연령이 증가하게 되면 자연적으로 지능지수가 낮게 나타날 수밖에 없다고 한다.

(3) 편차 지능지수

편차 지능지수는 표준 점수로서 모든 연령 집단의 평균을 100으로 하고, 표준편차를 16(혹은 15)으로 하는 분포에서 얻은 지능지수를 말한다. 예를 늘면 10세 아동의 편차 지능지수가 110이고 25세 성인의 편차 지능지수가 110이면 이 두 사람은 그들이 속한 연령 집단에서 위치하고 있는 상대적 위치가 같다고 보는 것이다. 가령 IQ115 지닌 어린이는 상위 15% 범위 내에 속하며, IQ130 정도의 어린이는 상위 5% 범위 내에 속한다라고 정의 할 수 있다.

현재 개인의 지적인 발달과 더불어 적성까지도 좀 더 자세히 알아보는데 많이 사용되고 있는 K-WISC/ 지능검사 등 개인 지능검사들은 대부분이 편차 지능지수를 나타내고 있다.

⟨http://www.edutown.pe.kr/webdata/school/8/062.html⟩

* 어릴 때 IQ 높으면 오래 산다

어릴 적 지능지수(IQ)가 높을수록 오랜 산다는 연구결과가 나왔다. 영국 애버딘대 로렌스 왈리 교수와 에든버러대 이언 디어리 교수는 어린 시절 정신적 능력이 오래 사는데 긍정적인 영향을 준다는 사실을 '브리티시 메티칼 저널' 최근호에 발표했다. 영국 스코틀랜드에서는 1932년 8만7498명의 아동을 대상으로 지능검사가 실시됐다. 연구자들은 지능검사 당시 11세였던 스코틀랜드 애버딘시 주민 2792명을 조사해 80%의 신원을 파악했다. 그 결과 이들 중 76세 이전에 죽은 사람들의 평균 IQ는 97.7로, 76세 이상 산 사람들의 평균치(102)보다 낮았다. 이런 현상은 남녀 모두에게 발견됐다.

예를 들어 어렸을 적 IQ 차이가 15인 두 사람이 있을 경우, IQ가 낮은 사람은 76세까지 생존할 가능성은 IQ가 높은 쪽보다 21% 낮은 것으로 나타났다. IQ 차이가 30인 경우는 차이가 더 심해 이때까지 IQ가 85인 사람이 생존할 가능성은 115인 사람보다 37%나 낮은 것으로 나타났다. 이런 결과에 대해 연구자들은 "어릴 적 IQ가 높았던 사람들은 음식 술 담배 등을 절제해 건강을 돌봤고 상대적으로 안전한 직업을 가졌다"며 "반면에 IQ가 낮은 사람들은 치매 등 퇴행성 질환이 빨리 오고 직업도 위험도가 높았기 때문에 이처럼 수명에 차이가 나는 것으로 보인다"고 해석했다.

(동아일보 2001년 4월 18일, 강석기 기자)

＊IQ 주변 환경따라 평생동안 변한다

지능지수(IQ)는 유전적인 영향이 크기는 하지만 환경에 따라 변할 수 있다는 연구결과가 나왔다. 미국 브루킹스 연구소의 윌리엄 디킨스 박사는 의학전문지 '사이콜러지컬 리뷰' 4월호에 발표한 연구보고서에서 IQ는 유전적 요소와 환경이 지속적으로 상호작용을 일으켜 결정되며 평생 유동적이라고 밝혔다. 예를 들어 부모가 아이에게 취학 전 교육을 시키면 IQ가 급상승할 수 있으나 이러한 환경에서 벗어나거나 나중의 환경이 지능을 자극하는 정도가 낮을 때는 IQ는 다시 떨어진다고 디킨스 박사는 지적했다. 디킨스 박사는 "따라서 유전으로 물려받은 지능이 평균을 약간 웃도는 수준이라도 평균 이상의 지적 자극을 받을 경우 IQ가 눈덩이 커지듯 높아지는 효과가 나타날 수 있다"고 말했다. 지능이 높아지는 경험을 가진 사람은 이것이 유인이 돼 교육과 직업을 통해 더욱 높은 수준의 지적 자극을 추구하게 되며 그 결과 IQ는 상승행진을 계속하게 된다는 것. 디킨스 박사는 그러나 "나이가 들면 환경적 역할은 위축되는 반면 유전적 요소의 역할은 커지게 된다"고 밝혔다.

(동아일보, 2001년 4월 18일, 〈뉴욕연합〉)

* 당신의 IQ는 얼마?

　다음은 미국 심리학자 제임스 W.커티스 박사가 개발한 ‘지능검사 체크리스트’이다. 제한 시간은 2분이다.

　1.　‘2, 5, 8, 11’ 다음에 올 적당한 숫자는?
　2. 아래에서 전혀 속하지 않는 다른 것은?
　　　① 멕시코 ② 파리 ③ 스웨덴 ④ 이집트
　3.　‘GEG, FDF, ECE’ 다음에 올 적당한 문자는?
　4.　‘대구, 농어, 송어’란 낱말에 가장 잘 맞는 것은?
　　　① 돌고래류 ② 물개과류 ③ 민물어류 ④ 고래류
　5. 아래에서 전혀 속하지 않는 다른 것은?
　　　① 느릅나무 ② 소나무 ③ 단풍나무 ④ 오크
　6.　‘두번째, 네번째, 세번째, 다섯번째, 네번째’의 다음에 올 적당한 낱말은?
　7.　‘모자, 스카프, 장갑’이란 낱말에 가장 잘 맞는 것은?
　　　① 끼우는 것 ② 덮는 것 ③ 신는 것 ④ 짧은 것
　8. 아래에서 전혀 속하지 않는 다른 것은?
　　　① 아기 ② 남자 ③ 강아지 ④ 송아지
　9.　‘3, 6, 12, 24’의 다음에 올 적당한 숫자는?
10.　‘눈, 비, 우박’이란 낱말에 가장 잘 맞는 것은?
　　　① 날씨 ② 구름 ③ 싸라기눈 ④ 바람
11. 아래에서 전혀 속하지 않은 다른 것은?
　　　① 바이올린 ② 하프 ③ 피아노 ④ 플루트
12.　‘LJM, NLO, PNQ’의 문자 다음에 올 적당한 문자는?
13.　‘주, 도시, 국민’이란 낱말에 가장 잘 맞는 것은?
　　　① 대륙 ② 섬 ③ 나라 ④ 계곡
14. 아래에서 전혀 속하지 않은 다른 것은?
　　　① 직업 ② 일 ③ 관리인 ④ 임무

15. '8, 4, 24, 12, 72'의 다음에 올 적당한 숫자는?

16. '세금, 벌금, 과세'란 낱말에 가장 잘 맞는 것은?

　① 징수 ② 돈 ③ 법률 ④ 경찰

17. 아래에서 전혀 속하지 않은 다른 것은?

　① 공 ② 주사위 ③ 득점 ④ 점수

18. '256, 16, 4'의 다음에 올 적당한 숫자는?

19. '문장, 휘장, 표장'이란 낱말에 가장 잘 맞는 것은?

　① 카드 ② 모자 ③ 해병 ④ 상징

20. 아래에서 전혀 속하지 않은 다른 것은?

　① 단서 ② 힌트 ③ 스파이 ④ 기호

21. 'CZB, BYA, AXZ'의 다음에 올 적당한 문자는?

22. 'This, They, that'이란 낱말에 가장 잘 맞는 것은?

　① we ② before ③ an ④ or

23. 아래에서 전혀 속하지 않은 다른 것은?

　① 이자 ② 월급 ③ 배당 ④ 재산

24. 'FL, HJ, JH, LF' 다음에 올 적당한 문자는?

〈정답〉

1-14, 2-파리, 3-DBD, 4-민물어류, 5-소나무, 6-여섯번째, 7-덮는 것, 8-남자, 9-48, 10-싸라기눈, 11-플루트, 12-RPS, 13-나라, 14-관리인, 15-36, 16-징수, 17-주사위, 18-2, 19-상징, 20-스파이, 21-ZWY, 22-we, 23-재산, 24-ND.

〈IQ 평가표〉

맞은 갯수	6개 이하	7-9개	10-12개	13-14개	15-16개	17-18개	19개 이상
IQ	90 이하	91-103	104-119	120-128	129-136	137-140	140 이상

(동아일보. 2000년 2월 22일, 이호갑 기자)

* 아이의 지능발달을 위해 엄마가 할 일

초등학생에게 공부를 강조하는 것도 필요하지만 길게 보고 정서적 안정과 사고력을 길러주는 게 필요하다. 특히 방학중에는 대화 운동 여행 유적지답사 등 다양한 체험을 하는 것이 필요하다. 이런 경험은 열악한 교육현실 속에서 상상력과 창의력을 키워 주는 발판이 된다. 피아노 미술 영어회화 등 많은 것을 가르치려는 자세는 옳지 않다. 대개 부모가 불안하거나 경쟁심이 지나치면 아이에게 무리하게 지식 습득을 강요하게 되는데 역효과만 난다.

아이가 필요한 것을 스스로 찾아내 배우도록 유도한다.

부모는 자녀가 어떤 것에 호기심을 보이는지, 집중을 잘 하는지 관찰해서 적절한 분위기를 만들어 주면 된다.

특히 서너 살짜리 아이에게 색채카드 그림카드 문자카드를 나열하면서 질문과 답을 지나치게 반복적으로 요구하는 것은 삼가야 한다.

교육은 일단 재미있어야 한다.

흥미롭지 않으면 어떤 교육도 전혀 효과가 없다.

아이에게 지나친 제약을 가해서도 곤란하다.

비디오 오디오 책 등 교육매체의 선택에도 구애를 받지 말아야 한다.

다만 어려서부터 지나치게 비디오 자극에 노출되면 생생한 경험을 할 기회를 놓치고 유사자폐증이나 반응성애착장애 등이 악화될 수 있기 때문에 주의해야 한다.

부모가 책을 읽어주면 아이는 인간관계 온정 신뢰감을 체득하게 되므로 유익하다.

(정종호 기자 rumba@hankyung.com)

* 지능에 대한 오해

지능은 목적적으로 행동하고 합리적 사고를 하며 환경을 효과적으로 다루는 개인의 집합적 능력이다. 다시 말해서 전체적인 잠재적 적응능력이 지능이다.

우리는 일상 생활 속에서 어떻게 해야 좋을지 곤란한 경우를 자주 경험하게 되는데 어떤 문제에 직면하게 되었을 때 가장 좋으리라고 예측되는 새로운 방법을 생각하여 문제를 훌륭히 해결하는 능력을 지능이라고 할 수 있는 것이다. 지능검사로 측정한 지능은 지능지수로 표시된다. 이것은 생활 연령(만 나이)과 정신 연령의 비를 숫자로 나타낸 것이다. 지능지수는 일반적으로 가장 우수, 우수, 중상, 중, 중하, 열등, 가장열등의 7단계로 나뉘는데 지능지수 90~100까지의 사람이 보통이며 이는 전체의 50%를 차지한다.

지능검사로 측정되는 것은 이미 익힌 지식의 많고 적음이 아니다. 예를 들어, 기억능력이라면 어느 정도 기억하고 있는가가 아니라, 어느 정도 기억능력이 있는가 조사하는 것이다. 그래서 기억능력이 높다고 해도 기억하려고 노력하지 않으면 기억력은 높아지지 않는다. 지능 전체에 대해서도 마찬가지이다. 지능지수가 높은 사람이 꼭 좋은 성적을 올린다고는 말할 수 없다. 노력하기 나름이다.

흔히 5~6세의 지능지수가 영구히 변하지 않는다고 생각하지만 그후의 훈련 여하에 따라 변할 수 있으므로 유아기의 한두 회 검사 결과가 나쁘다고 비관할 필요가 없다. 또한 지능지수는 무게나 길이와 같이 개인의 지적 능력을 절대적으로 나타내는 수치가 아니라 어느 정도의 수준인지 대략적 추측을 할 수 있을 뿐이다. 따라서 지능검사를 해석하는 바람직한 태도는 자녀의 지능지수가 정확히 몇 점인가보다는 대체적 위치와 세부 영역별 수준이 어느 정도인가를 파악해서 잘하는 능력은 더 개발하고 부족한 부분에 대해서는 적절한 교육적 경험이나 활동 등을 제공하여 지능발달을 돕는데 참고자료로 이용하는 것이다.

1.3 정서지능이란 무엇인가

(1) 정서지능이란 무엇인가

정서지능/情緒知能/Emotional Intelligence/EI을 흔히 감성지수/EQ 라고 알고 있다.

감성지수라는 용어는 예일대학의 심리학자 피터 샐로베이/Peter Salovey가 정서지능 즉 Emotional Intelligence를 니타내기 위해 만든 말이다. 최근에 『정서지능』의 저자이며 하버드대학 심리학 교수를 역임한, 뉴욕 타임즈 기자 다니엘 골만/Daniel Goleman이 EI라는 개념을 대중화시키기 위하여 표현한 후 빈번하게 사용되고 있다.

EQ란 감성지수 즉 Emotional Quotient를 줄인 말이다. EQ란 자신의 감정상태를 인식하고, 자신의 감정을 조절하고, 자신을 동기화하고, 타인의 감정을 인식하고, 상대방과 인간관계를 맺고 관리하는 능력을 가리킨다.[4] IQ가 '머리의 힘'이라면 EQ는 '마음의 힘'이라 할 수 있다. EQ란 감성적인 능력 즉 사람들의 정서적인 측면을 수치로 나타낸 것이다.

다시 말하면 정서지능이란 "자신과 타인의 정서를 평가하고 표현할 줄 아는 능력, 자신과 타인의 정서를 효과적으로 조절할 줄 아는 능력, 그리고 자신의 삶을 계획하고 성취하기 위해서 그런 정서를 이용하여 활용할 줄 아는 능력"이라고 할 수 있다.

EQ는 자기인식, 감정통제, 동기부여, 공감, 대인관계 등 다섯 가지의 요소로 구성되어 있는데 다음과 같다.

1) 자기인식/Self-awareness/자신의 감정상태를 정확하게
   읽어내는 능력이다.

자기인식은 다른 대부분의 감정적 기능이 의존하고 있는 정서지능

---

4) 이군현 등. 『EQ IQ 창의력』, 서울 : 여성사, 1992. pp.19-20.

의 초석이라 할 수 있다. 일단 감정적인 반응이 인식에 이르면 그것을 적절하게 다룰 수 있는 가능성이 높아진다. 이를 학자들은 "상위 기분/meta mood"라고 칭하며, 예를 들어 어떤 화가 나는 상황에서 한발 물러서서 "내가 지금 느끼는 감정은 분노이구나"라고 인식하는 것이다.

2) 감정통제/Managing emotions/자신의 감정을 긍정적으로 다스릴 줄 아는 능력이다.

감정통제란 단순한 감정의 억압이 아니라 화를 내더라고 적절한 사람에게, 적절한 시기에, 적절한 정도로 내는 것과 같은 의지의 차원이라 할 수 있다. 분노는 아마도 가장 통제하기 어려운 충동인데, 분노의 원천은 자신의 것을 빼앗겼다는 느낌이라고 밝혀졌으며 방출될 수 있게 해주어야 한다고 알려져 있다. 그러나 『정서지능』 Emotional Intelligence의 저자인 Goleman은 분노에 머물러 있기보다는 신체는 활동, 이완법, 적절한 시기의 개입, 10까지 헤아리기 등을 통해 아드레날린을 처리해야 한다고 주장한다. 분노뿐만이 아니라 걱정, 슬픔, 좌절 등의 모든 감정들을 극복하고 유용하게 하는 기제를 발달시키기 위해서는 자기인식 능력이 선행되어야 한다.

3) 동기부여/Motivating oneself/감정을 행동으로 올바르게 표출하는 능력이다.

자기 동기부여란 자신에게 일어난 감정을 유용하게 활용하는 능력을 의미한다. 예를 들어 실패에 직면해서도 그 자리에 주저앉는 것이 아니라 실패를 오히려 성공으로 연결시킬 수 있다.

미국의 보험회사인 Metropolitan Life사는 보다 전도 유망한 영업사원을 채용하기 위해 펜실바니아대 Seligman의 성공에 대한 낙관주의 이론을 적용하였다. 즉 낙관주의의 수준을 측정하는 Seligman의 측정도구를 사용하여 낙관주의의 수준이 높은 사람들만을 채용하였다. 그 결과 이들은 첫 해에는 다른 영업사원들보다 21%, 다음 해는 57%나 더 높은 판매실적을 기록하였다.

4) 공감/Empathy/다른 사람의 감정을 알아차리고 공감할 줄
   아는 능력이다.

다른 사람의 감정과 관심에 민감하고, 타인의 입장을 수용할 줄 알아서 자신과 어떻게 다르게 느끼는지 알아차리는 공감 능력은 생후 2년 6개월 정도부터 발달하기 시작하며, 부모와의 반복된 상호작용을 통해 발달이 촉진된다. 정서적 의사소통의 90%는 비음성적 언어이며 Rosenthal은 비음성적 언어에 대한 감수성을 측정하는 PONS/Profile of Nonverbal Sensitivity라는 검사도구를 개발하였다. 이 검사도구를 이용할 때, PONS점수가 높은 사람이 그들의 일과 대인관계에서 보다 성공적이고, 아동의 경우 PONS 점수가 높은 아동들이 보다 인기가 있고 IQ가 중간 정도밖에 되지 않아도 성적이 우수하다는 연구보고가 있다.

5) 대인관계/Handling relationships/대인관계를 매끄럽게
   처리하는 능력이다.

가장 관찰하기 쉬운 감정적 기능은 공감, 공손함, 사회적 상황을 읽는 능력 등과 같은 "대인관계 기술/people skill"이다. 회사에서도 가장 일을 잘하는 사원은 결코 IQ가 가장 높은 사람이 아니라 협조적이고 사원들의 의사소통의 매개가 되어주고 사원들에게 인기가 많은 사람이다. 그리고 경영진으로 실패하고 물러난 사람들은 기술에 있어서의 무능 때문이 아니라 대인관계의 결함 때문이었다. 또한 미국에서의 어떤 연구는 학급에서 친구들과 잘 지내지 못하는 학생들의 경우 그렇지 않은 학생들보다 낙제할 가능성이 2~8배나 높다고 밝히고 있다.

〈http://plaza1.snu.ac.kr/~risg/heart/heart_b10.html〉

(2) 정서지능은 왜 중요할까 ?

1) 정서는 건강과 관계가 깊다.

1974년 Robert Ader는 면역계도 뇌와 같이 학습을 한다는 것을 최초로 밝혔다. 그의 실험내용은 쥐에게 T cell을 억제하는 약물과 설탕물을 동시에 복용시킨 후, 나중에는 설탕물만 먹여도 T cell이 억제되는 것을 발견했다는 것이다. 즉 쥐의 면역계는 설탕물에 대한 반응으로 T cell을 억제하는 것을 학습한 것이다.

Francisco Varela는 면역계를 몸 자체에 대한 감각이라는 의미에서 "몸의 뇌(body's brain)"이라고 칭하기도 했는데, 면역세포들은 혈액을 따라 우리의 몸을 돌아다니면서 모든 세포들을 확인하는데 이때 자신이 확인할 수 없는 새로운 세포를 발견하면 공격을 개시한다. 이러한 면역계와 중추신경계의 관계에 대해서 Ader 이전의 학자들은 서로 별개인 것으로 알고 있었다.

Ader의 발견 이후 psychoneuroimmunology(PNI)라는 영역이 생겨났고, 이 영역의 연구에 의하면 뇌와 면역계를 작동시키는 신경전달물질들은 정서를 조절하는 신경 영역에 집중되어있다고 한다. David Felten은 자율신경계와 면역계의 임파구, 대식세포 등 세포들이 시냅스와 같은 접촉 부위를 찾아내었다. 정서가 자율신경계에 강력한 영향력을 가지고 있다는 점을 고려해 볼 때 정서와 면역계는 밀접한 관련이 있음을 알 수 있다. 또한 정서는 호르몬의 분비에 영향을 미치기 때문에 이를 통해 면역계와 관련이 되기도 한다. 스트레스 상황에서는 카테콜라민, 부신피질 호르몬, 베타엔돌핀 등 호르몬의 분비가 증진되고 호르몬의 과다분비는 면역세포들의 기능을 저해하여 면역력을 약화시킨다.

2) 정서는 건강을 해친다.

① 분노 : 환자들은 자신에게 분노를 일으켰던 일을 회상하여 기술하는 과정에서 심장 박동 효율이 5퍼센트 포인트 심한 경우 7까지

저하했다(7은 심근경색의 위험을 말해주는 정도). 즉, 분노는 심장에 가장 해로운 정서라고 할 수 있다. 부정맥 환자에게 많이 나타난다는 A형 성격 유형에 대한 이론은 '서두르는 것'이 아니라 '호전성'으로 그들의 특성을 변경해야 될 것이다.

Redford Williams, John Barefoot은 실제 심장 질환 환자들의 호전성을 측정해 본 결과 호전성과 병의 심한 정도 사이에 정적 상관이 있음을 밝혔다. 사실 분노가 유일한 심장 질환의 원인이 된다고 주장할 수는 없으며, 분노나 호전성이 심상 질환의 원인인지, 아니면 일단 심장 질환이 발병하고 난 후 더 악화시키는 역할을 하는 것인지는 아직도 밝혀져야 할 연구과제로 남아있다. 확실한 것은 일단 심장 질환이 발병이 된 상태에서 분노는 급격히 증상을 악화시킨다는 것이다.

화를 잘 내는 사람은 심장마비로 사망할 확률이 3배 높고, 콜레스테롤수치가 높을 경우 그 가능성은 5배가 된다. 분노를 완전히 억압해 버리는 것도 분노를 밖으로 분출시키는 것도 모두 혈압을 상승시키기 때문에 좋지 않고, 그리고 무엇보다 나쁜 것은 만성적인 분노라고 할 수 있다. 다행히 호전성은 변화가 가능한데, 분노조절 프로그램 등이 도움이 되며, Williams는 믿는 마음을 갖는 것이 분노를 막아주는 가장 좋은 방법이라고 주장하고 있다.

② 불안 : 불안은 그 영향에 대한 과학적인 연구 자료가 가장 많은 정서이다. 불안은 암의 진전을 촉진할 뿐아니라(Bruce McEwen), 감염성 질환에 대한 저항력을 저하시킨다.

감기(Sheldon Cohen), 대상포진 등에 대한 감염율이 불안이 높은 환자에서 높게 나타난다는 자료들이 나와있다. 그리고 불안은 심장박동수와 혈압을 상승시키기 때문에 분노와 더불어 심장질환을 악화시키기도 한다. 이러한 불안에 대한 대처는 주로 이완법이 많이 사용되고 있다. 특히 심장질환, 당뇨병, 관절염, 천식, 위장병 등의 만성질환자들을 위한 이완법은 실제 임상에서도 많은 효과가 있어 쓰이고 있다고 한다.

③ 우울 : 병원에서 우울은 식욕감퇴, 무기력 등 실제 질병의 증상
들을 보이기 때문에 진단과정에서부터 의료진들을 곤란하게 할 뿐만
아니라 잘못된 진단으로 질병을 치료하지 못하는 경우도 있다. 또한
우울을 가진 환자들은 정상적인 환자들에 비해 질병에 의한 치사율
이 높고, 의사의 지시를 잘 듣지 않아 회복이나 치료에 치명적인 해
를 끼치기도 한다.

우울은 심장질환 환자의 경우 특히 예후가 좋지 않은데 이는 우울
로 인한 고르지 못한 심박동수가 심장에 악영향을 미치기 때문일 것
이다.

(3) 정서는 건강을 지켜준다.

① 낙관주의 : 122명의 첫 심장마비가 있었던 환자들을 8년 후에
추적해 본 결과 그들 중 비관적이었던 25명 가운데 21명, 낙관적이었
던 25명 가운데는 6명만이 사망하였다. 낙관주의와 마찬가지로 희망
은 치료의 힘을 가지고 있다. 척추마비가 된 사람들에 관한 연구 결
과는 보다 희망을 가졌던 사람들이 보다 많은 운동 기능을 회복했음
을 보여주고 있다. 이에 대한 한가지 설명은 비관주의는 우울로 이끌
고 우울은 면역계의 저항력을 약화시키기 때문이라는 것이다.

② 대인 관계 : 사회적으로 고립된 사람은 질병이 걸리거나 사망하
게 될 가능성이 두 배나 높다고 한다. 그리고 이는 흡연, 고혈압, 고
콜레스테롤, 비만, 운동부족 등의 위험률보다 상회하는 큰 위험이다.
실제로 골수이식 환자의 회복률에서 가족이나 친구들의 강력한 정서
적 지지가 있는 환자들의 경우에 이식 후 2년간 살아남은 비율이 높
았다고 한다.(54% : 20%).
대인관계는 그 양이 중요한 것이 아니라 질이 중요한 것이다. 그리고
매일 매일 만나는 사람과의 관계가 어떠한가가 평소의 건강에 많은
영향을 미치며, 관계의 중요성이 클수록 그 관계의 영향력도 커진다.

③ 정서적 지지 : 불편한 마음의 짐을 벗어버리는 것은 그 자체로

훌륭한 약이다.

예를 들면 James Pennebaker는 사람들에게 자신에게 상처를 주었던 일에 대해 하루에 15분씩 글로 쓰게 하였더니 그들의 면역력이 증상되었다고 보고하고 있다. David Spiegel은 유방암 환자들에게 환자들 모임을 마련해 준 결과 생존 기간이 두 배로 늘어났었다는 연구 결과를 보고했고, 실제로 암환자들의 모임을 많은 병원들에서 마련하여 좋은 효과들을 보고 있다.

〈http://plaza1.snu.ac.kr/~risg/heart/heart_b10.html〉

(3) 정서지능을 함양하려면 어떻게 하나

1) 자기인식 능력을 기른다.

자신의 감정을 명명하고 그것을 알아차리는 훈련을 반복한다. 감정의 원인에 대해 이해한다.

감정과 행동의 차이에 대해 알아차린다.

감정의 사이버 마당에서 좋은 경험을 할 수 있다.

〈http://www.kyci.or.kr/cyber/face/face.asp〉

2) 감정통제 능력을 기른다.

좌절을 참아내고 분노를 관리하는 방법을 학습한다.

싸움없이 분노를 적절히 표현하는 것을 연습한다.

언어적 침묵, 싸움, 소집단 분쟁을 최소화한다.

공격적이고 자기파괴적인 행동을 줄여나간다.

자신, 가정, 학교에 대한 긍정적인 감정을 키워나간다.

3) 스트레스를 조절한다.

외로움과 사회적 불안을 극복하는 대처방안을 탐색하고 시도한다.

4) 동기부여 능력을 기른다.

책임감 있게 일을 처리하는 습관을 들인다.

당면한 과제에 최대한 집중한다.

충동적인 의사결정이나 행동을 통제한다.

학업성적을 향상에 힘쓴다.

 5) 공감 능력을 기른다.

타인의 관점을 일단 수용한다.

타인의 감정에 대한 자신의 감수성을 높인다.

타인의 언어반응에 귀를 기울인다.

 6) 대인관계 능력을 기른다.

대인관계를 이해하고 분석하는 능력을 키운다.

대인관계에서 발생된 문제들을 적극적으로 해결한다.

촉진적 의사소통기술을 습득한다.

또래들과 친하게 지낸다.

집단에 조화롭게 협조한다.

대인관계 향상 집단상담에 참여한다.

(4) 정서지능에 관한 정보들은 어디에 있나

 1) 정서지능에 관련된 웹사이트는 다음과 같다.

〈국내〉 ♠ http://moral.snu.ac.kr

    ♠ http://lotus.pwu.ac.kr/~eq/eqtguid.htm

〈미국〉 ♠ http://6seconds.org

    ♠ http://eiconsortium.org

    ♠ http://eg.org

    ♠ http://trochim.human.cornell.edu

 2) 정서지능에 관련된 서적은 다음과 같다.

♠ 문용린, 『EQ가 높으면 성공이 보인다』, 서울 : 글이랑, 1997.

♠ 황상민 외 저, 『EQ 살리는 대학생활 IQ 높이는 대학공부』, 서울
  : 학문사,

♠ 도리스매틴 저, 『EQ : 감정지능개발 학습법』, 서울 : 해냄출판사

♠ 가나모리 우리코 저, 『(생활) 성공하는 EQ 실패하는 EQ』, 서울 : 한뜻

♠ 츠다 다에코 저, 『EQ 활용 성공법』, 서울 : 자유시대사

♠ 빈센트 필 저, 『EQ적 생활법』, 서울 : 무크

♠ 베르톨트 울자머 저, 『직장인을 위한 EQ』, 서울 : 새로운 사람들

♠ 조유방 저, 『사랑을 만드는 EQ 57가지』, 서울 : 산과들

♠ 이태희 편, 『(검사) EQ 테스드』,시울 : 참니무

♠ 지그프리트 브로커트 저, 『EQ 테스트북』, 서울 : 해냄출판사

1.4 도서관에 가면 왜 지능이 높아지나

지능이란 전술한 바와 같이 '추상적인 사고를 할 수 있는 능력'이며, '학습하는 능력' 또는 '목적적으로 행동하고, 합리적으로 사고하며, 능률적으로 환경을 처리하는 종합적 능력' 이라 할 수 있다.

사람들은 지능이 높은 사람이 공부를 잘하면 당연하다 하고 그가 공부를 못하면 노력이 부족하다고 말을 한다. 지능이란 형태는 없지만 어떤 사람에 대해 뭔가를 나타내는 추상적인 면을 가지고 있기 때문이다.

지능이란 태어난 그 순간의 지적 능력만으로 이루어지지는 않는다. 아이들은 커 가면서 가정에서는 부모로부터 직·간접적으로 영향을 받고 정상적인 학교교육을 통해서는 지적행동을 유발하는 학습을 함으로써 내부적인 정신적 자료를 구축하듯이 우리는 이 지식의 습득 과정을 넓은 의미에서는 지능으로 해석해야 한다는 것이다.

기억력은 지능에 중요한 요소가 된다. 이전에 습득된 지식을 쉽게

잊어버린다면 그 지식은 지적행동에 적용되지 못하여 지적행동에 영향을 주지 못함을 알아야 한다.

어떤 모르는 새로운 상황이 일어났을 때 어떻게 대처를 하는 것이 지적이라고 할 수 있을까? 이런 상황에서도 당황하지 않고 미리 습득한 지식을 적용하는 것은 지적행동에 중요한 동인이다. 빨리 적용하고 행동하는 능력이 뛰어난 사람을 우리는 지적능력이 있다고 말할 수 있을 것이다.

여기에 덧붙여 행동을 수행하는 속도의 문제도 중요한데 즉각적인 반응은 구체적인 지적능력의 표현이고 자신감의 표현이다. 이는 문제를 빠르게 해결한다는 점에서 또 다른 관점의 지적능력의 표현이 된다.

마지막으로 문제를 종합적으로 해결하는 능력도 중요할 것이다. 일은 한 가지만 있는 것이 아니다. 여러 가지 일들은 모두 서로 구조적인 연관관계를 가지고 있으므로 이것들을 해결하기 위한 지적능력은 자연, 균형과 조화를 찾을 수 있는 방향으로 모색되어야 한다. 다시 말해 여러 종류의 문제를 동시에 해결하기 위해서는 전체적으로 볼 수 있는 거시적인 지적 실행이 필요한 것이다. 도서관은 정보를 제공해 주는 기관이다. 도서관은 추상적인 사고를 할 수 있는 능력을 제공해 주는 정보의 보고이며, 학습하는 능력을 길러주는 학습의 길잡이 이다. 우리는 도서관에서 책을 읽고 사고하며 새로운 아이디어를 창출해 낸다.

빌 게이트는 "오늘날 나를 있게 한 것은 우리 마을 도서관이었다."라고 하였다. 어릴 때부터 도서관을 이용하며 꿈을 키웠고 독서를 통해서 얻은 아이디어로 세계적인 컴퓨터 프로그램 전문가가 된 것이다. 또한 미국의 토크쇼 진행자 오프라 윈프리도 책을 읽었다. 그녀는 자신이 불우했던 어린 시절을 이겨낼 수 있었던 것은 책이 없었다면 불가능했을 것이라고 말한다. 위인의 이야기가 담긴 책을 보면서 꿈과 희망을 키우며 흑인이라는 인종적 콤플렉스를 벗어날 수 있었다는 것이다. 북 클럽을 조직해 책 읽는 문화운동을 조성하고, 일주일에 두 번은 유명한 저자를 자신의 쇼에 출연시키면서 많은 사람들에게 책읽기의 중요성을 강조하고 있는 오프라 윈프리 그녀의 희망은 미국을 다시 책 읽는 나라로 만드는 것이다.

헐리우드의 경쟁력은 책에서 비롯되었다. 오늘의 헐리우드를 지탱하고 있는 유명 배우 및 감독들의 이야기이다. 다이하드와 클리프행어를 감독한 레니할린, 타이타닉과 터미네이터 3을 감독한 제임스 카메룬, 트루 라이즈와 블루 스틸 그리고 왼디라는 이름익 물고기 등에 출연했던 지성파 여배우 제이미 리 커티스는 책읽기의 중요성을 강조 하였다. 헐리우드 영화배우의 대부격인 헐리우드 명예시장 자니 그랜트는 "하루 일과 중 30~40%의 시간을 책읽기에 할애하지 않으면 이 곳에서 버틸 수가 없다."고 하였다.

한국의 대표적인 IT기업 「안철수 바이러스 연구소」의 CEO 안철수, 한국의 컴퓨터 바이러스 백신 전문가 안철수 박사도 역시 어렸을 때부터 독서광으로, 도서관에서 읽은 책을 통하여 꿈을 키웠다. 삼성그룹의 창업자인 고 이병철 회장은 해마다 정초에 일본에 가서 기업 경영과 하이테크에 관한 책을 사서 읽고. 이른 바 동경 구상을 하였다고 한다. 오늘날 삼성전자가 세계적인 반도체 기업이 된 것은 바로고 이병철 회장의 독서에 기인한 것이라 한다.

독서 능력과 학업 성취는 어떤 관계가 있을까? 이영석 외5) 연구를 보면 빠르고 정확한 독서 능력을 갖춘 학생은 많은 양의 정보나 짓을 보다 효과적으로 획득하고 있고, 반대로 독서 능력이 부족하거나 결여된 학생은 글을 읽는 속도, 어휘력이 부족하기 때문에 전부 읽었다 하더라도 그 내용을 정확히 파악하지 못하는 경우를 많이 볼 수 있다.

---

5) 이영석, 이은진, "독서력과 학업성취와의 관계," 한국행동과학연구소 연구노트 14권 제5호(1975. 5), p.38.

위티(P. A. Witty)와 코펠(D. Kopel)은 독서 능력과 지능과의 관계를 "지능과 독서 능력과의 관계는 정비례적이다." …… 개인의 지적 행동의 기준은 사회적인 가치와 활동 가운데 나타나진다. 그리하여 독서를 연락 수단으로 이용하는 사회에서는 이 능력의 습득을 중시하고 이것을 지능이라 하는 개념 가운데 포함시키고 있다. 따라서 독서는 지적 행동의 하나의 형태라 할 수 있으므로 정확한 독서 테스트는 적당한 지능테스트와 밀접한 일치를 나타내고 있다."6)하고 있다. 또한 게이츠(A.I.Gates)도 "읽기의 성공과 지능지수 사이에는 아주 높은 상관관계가 있다.7)고 지적하고 있다. 이처럼 독서능력의 발달과 지능적 요인과는 밀접한 관계가 있는 것이다.

독서에 필요한 최저의 지능 연령 즉 정신연령은 어느 정도인가.

모피트(M. V. Morphett)와 워시번(C.W. Washburne)은 공동 연구에서 정신연령이 6세 이하인 아동은 독서능력이 거의 발달되지 않고 6세 반 이상에서 거의 모두 급속한 발달을 보여 준 것으로 밝히고 있고,8) 그레이(W.S. Gray)는 6세 이하도 독서자료나 지도법이 적절하면 읽기 학습을 할 수 있으나, 6세의 지능을 가진 사람은 만족할 수 있는 진보를, 6세 반은 급속한 진보를 보여준다고 주장하고 있으며,9) 해리스(A.J. Harris)도 정상적인 지능지수와 6세 이상의 정신연령을 갖고 있고 다른 면에 결함이 없다면 1학년생으로서의 읽기 학습에 성공한다고 주장하고 있다.10) 그러므로 이들의 견해를 종합해

---

6) Paul A. Witty and David Kopel, *Reading and the Educative Process*(Boston: Ginn, 1939). p.225.ginn)

7) Arthur I. Gates. *mproment of Reading*, 3rd ed.(*New York: Macmillan*, 1947), op.cit., p.143.

8) M. V. Morphett and C. Washburne, "*When should Children Begin to Read?,*" Elrmentry School Journal, vol.29(1931), pp.496-503(阪本一郎, 讀書指導, p.120 재인용-).

9) 岡田明, "讀みのレディネス," 수록처: 阪本一郎 編, 現代 の讀書心理學, p.147.

10) Harris, op. cit., p.27.

보면 본격적인 독서레디네스는 정신연령(지능연령)이 6세부터 6세 반에 이어진다고 볼 수 있다. 이러한 견해에 대한 다른 이론도 많이 제시되고 있다. 미국의 덴버의 스쿨의 연구 결과는 평균 만 4세 반이면 훌륭히 글을 깨칠 수 있는 것으로 나타났고,11) 데비드슨(H.P. Davidson), 12) 게이츠(A.I. Gates),13) 베츠(E.A. Betts),14) 등도 6세 이하의 아동을 대상으로 한 읽기지도에 성공함으로써 독서 레디니스란 정신 연령의 문제가 아니라 환경과 지도 방법, 독서 자료에 등에 따라 달라질 수 있는 것으로 나타나고 있다. 여리 연구결과를 보.면 대체로 6세의 아동으로 보통의 지능이나 혹은 6세 이상의 정신연령을 가진 아동이라면 특수한 결함이 없는 이상 미숙한 아동보다 독서학습에 보다 좋은 성적을 올릴 수 있는 연령 계층의 아동이라고 할 수 있다.15)

다시 정리하면 지능과 독서 능력과의 관계는 정비례한다고 말 할 수 있다. 그러므로 독서능력의 습득은 곧 지능을 높게 한다. 따라서 독서는 지적 행동의 하나의 형태라 할 수 있으므로 정확한 독서 테스트는 적당한 지능테스트와 밀접한 일치를 나타내고 있는 것이다. 게이츠(A.I. Gates)도 "읽기의 성공과 지능지수 사이에는 아주 높은 상관관계가 있다고 지적하였다. 결론적으로 말하면 독서능력의 발달과 지능적 요인과는 밀접한 관계가 있는 것이다.

도서관에 가면 독서능력이 발달하고 독서능력이 발달하면 지능이 높아지는 것이다.

---

11) 金炳元, 讀書와 讀書指導, p.284.
12) 阪本一郎, 讀書指導, p.120.
13) Betts, loc. cit.
14) 金炳元, 讀書와 讀書指導, pp.284-285.
15) 각국에서 읽기지도를 조직적으로 시작하는 연령을 미국과 일본은 6세, 스코틀랜드는 5세, 스웨덴은 7세부터로 나타나고 있다.(岡田明, "讀みのレディネス," p.148).

제2장 도서관이란 무엇인가

2.1 도서관은 어떻게 만들어졌나[1]

　도서관은 인류의 모든 사상과 활동의 기록을 찾는 것을 목적으로 가장 과학적이고, 가장 경제적인 방법에 의해서 그 기록을 보존하고, 정리하여 사회의 모든 사람에게 편리하게 사용할 수 있도록 함으로써 인류문화의 창달에 기여하는 기구이자 사회제도이다.

　인류는 말에 의한 정보 전달이나 사물의 형체를 그림으로 그려서 정보를 전달하는 과정을 거쳐서 점차로 문자나 기호 등의 발명이래 기록 정보를 수집하고 축적하는 작업을 계속해 왔으며 이러한 기록 정보는 거의 영구적으로 보존될 수 있었기 때문에 정보자료의 축적량은 매우 비약적으로 증대될 수 있었다. 정보의 축적량이 점차로 증대되자 이를 개인적으로 독점하지 않고 일정한 장소나 시설에 모아두고 이용하게 되었다. 이러한 기록정보가 일정한 장소에 머물러 있게 되고 그것이 점차 축적되어 도서관을 형성하게 된 것이다. 초기의 도서관은 성직자나 귀족들의 개인도서관에서 시작하여 차차 사회엘리트 집단을 주된 봉사대상으로 삼았다. 인류는 이로써 어떤 자료에 모든 주요한 정보를 기록하여 타인에게 전달하게 된 것이다. 행동정보나 구술정보는 정보전달에 있어서 시간성과 공간성이 한정되어 있다. 그러나 기록정보는 시간적으로 반 영구히 보존될 수 있으며, 동

---

　1) 정필모 지음. 『문헌정보학원론』, 서울 : 구미무역출판부, 1996. p.55-56.

일한 형태로 생산하여 자유로 운반하여 배포할 수 있고, 어떠한 장소
에서 많은 사람들에게 읽혀서 전달될 수 있는 것이다. 또한 기록정보
는 오랫동안에 필요한 사람에게는 언제나, 어디서나, 지속적으로, 때
로는 산발적으로 전달되는 경우가 많다. 수백 년 전 또는 수천 년 전
의 기록정보(고문헌)가 현재 전달되고 있으며, 소멸되지 않는 한 영
구히 전달되는 것이다. 다시 말하면 기록정보는 항상 그 전달이 잠재
적이고 반복적인 특성을 지니고 있기 때문에 정보의 유통과정에서
언제나, 누구에게나 전달될 가능성을 가지고 주어진 장소에서 머물러
있게 되는 것이다. 이러한 기록정보가 일정한 장소에서 머물러 있게
되고 그것이 점점 축적되어 도서관을 형성하게 된 것이라고 볼 수
있다. 그러므로 도서관은 현재나 미래의 효과적인 정보전달을 위해서
필연적으로 가능한 한 많은 정보자료를 수집하고 이를 조직하고 운
영 관리하여 이용자에게 전달하는 하나의 사회적 장치가 된 것이라
고 볼 수 있다.

2.2 도서관이라는 말의 어원은 무엇인가2)

    도서관이라는 낱말은 영어의 library, 독일어의 bibliothek, 불어의
bibliotheque를 번역한 말이다.

    Library는 본래 라틴어계의 liber/수피/樹皮에서 유래한 것으로 이
수피를 건조하여 필사에 사용했기 때문에 이것이 책을 의미하게 되
었던 것이다. 그 책을 보존하는 곳을 Librarium이라고 부르고, 책에
관계하는 사람이나 서적상, 서고 등은 librarie 라고 하고, 14세기 이
후부터 도서관을 library 라고 하게 된 것이다. Bibliothek는 그리스어

---

2) 정필모. op. cit., pp.56-58.

의 biblos에서 유래한 낱말인데, 이것은 또한 papyrus에서 변화된 말이며, 이 papyrus 종이는 그 원료인 papyrus에서 유래된 말이다. 현재 영어의 paper 어원이나 bible의 어원도 이것이다.

이 파피루스는 처음에 말아서(卷) 사용했기 때문에 두루말이/권물/卷物/biblion는 책을 의미하는 말이 되었고, 두는 곳/theke가 부가되어 도서관을 의미하게 되었다. 이 두 낱말은 종교개혁 시대까지 같이 사용되었으나, 그 후에 독일어, 불어계에서는 Bibliothek라는 말을 사용하고, 영·미어계에서는 library라는 말을 사용하게 되었다.

동양에 있어서 근세 이전에는 '도서관'이라는 명칭이 사용되지 않고 도서관마다 각기 다른 명칭을 써 왔다.

예를 들면 중국 고대의 궁중에 있었던 장서처는 책부/冊府, 비부/秘府, 장서각/藏書閣 또는 장서루/藏書樓 등으로 불리었다.

한대/漢代에는 난대/蘭臺, 제/齊나라는 학사관/學士館, 양/梁나라에는 문덕전/文德殿, 비서성/秘書省, 수/隨나라에는 동도수문전/東都修文殿, 당/唐나라에는 홍문각/弘文閣, 문덕전/文德殿, 사고/四庫, 송/宋나라에는 존경각/尊經閣, 비각/秘閣, 명/明나라에는 비각/秘閣, 청/淸나라는 칠각/七閣, 소인전/昭仁殿 등이 있었다.

한편 우리 나라에는 고려시대에 비각/秘閣, 비서성/秘書省, 문덕전/文德殿, 홍문관/弘文館, 장경각/藏經閣 등이 있었다.

조선시대에는 집현전/集賢殿, 춘추관/春秋館, 사고/四庫, 홍문관/弘文館, 규장각/奎章閣, 존경각/尊經閣, 장서각/藏書閣 등이 있었다.

이와 같이 동양에서는 장서처나 도서관적인 기능을 가진 어떤 시설을 지칭하는 일반적인 통칭이 없이 각기 장서나 도서관을 상징하는 추상적인 다른 명칭을 사용했던 것이다. 그러나 이러한 명칭은 19세기 말기부터 영어의 library를 문고/文庫, 서적종람소/書籍縱覽所, 서적관/書籍館 등으로 번역하다가 1877년에 도서관이라고 번역하여[3]

---

3) 정필모. "도서관 명칭에 대하여,"『도서관학』제2집, 한국도서관학회, 1971, pp.74-76.

그 후부터 점차 도서관이나 도서실이라는 이름으로 통일되게 되었다. 오늘날에는 의학도서관을 비롯한 대학도서관에서 정보센터, 공공도서관에서 평생학습관이라는 명칭을 사용하는 경향이 있다.

2.3 도서관이란 무엇인가

도서관은 처음에는 주로 기록류를 축적하여 보존하고, 특수한 층의 사람만이 이용하는 곳이었다. 그러나 오늘날의 도서관은 사회의 발전과 더불어 대중화하여 도서와 비도서자료를 수집해서 이용자의 교양, 오락 및 조사 연구를 위하여 이바지함으로써 인류사회의 발전에 필요한 문화시설로서의 지위를 차지하게 된 것이다.

도서관에 대한 정의는 매우 다양하지만, 그 중에서 몇 가지만 소개하면 다음과 같다.

미국도서관협회/ALA의 『도서관용어 해설집』은 도서관이란 "① 독서, 조사, 연구를 위해서 정리하여 관리되는 도서 및 그와 유사한 자료의 집서 ② 도서 및 유사자료가 독서, 조사, 및 연구를 위해서 정리하여 관리되고 있는 사옥/舍屋 또는 건물"4)이라고 정의하였다. 이 정의를 정리하면 "독서, 조사, 연구를 위해서 정리하여 관리되고 있는 도서 등의 모든 문헌자료와 이러한 모든 자료를 관리 보존하고 있는 건물"을 의미하는 것이다.

일본도서관협회의 『圖書館ハントフツク』은 도서관은 "기록된 지적 문화재를 수집, 조직, 보존하여 이용에 이바지하는 사회기관"5)이라고 정의하였다. 한편 한국도서관협회편 『도서관·정보학 용어사

---

4) ALA. 『Glossary of Library Terms』, Chicago, ALA, 1943.
5) 日本圖書館協會. 『圖書館 ハンドブック』, 改訂版, 東京 : 同協會, 1960, p.17.

전』은 도서관이란 "도서 및 그와 유사한 자료를 수집, 정리, 보관하여 독서, 조사, 연구, 참고, 취미, 오락에 이바지할 목적으로 조직 운영되는 시설"6)이라고 정의하였다. 중화서국 편집부의 『圖書館學要旨』는 도서관은 "인류의 모든 사상과 활동의 기록을 찾는 것을 목적으로 가장 과학적이요, 가장 경제적인 방법에 의해서 그 기록을 보존하고, 정리하여 사회의 모든 사람에게 편리하게 사용할 수 있도록 하는 기관"7)이라고 정의하였다.

도서관 및 독서진흥법에는 도서관을 "도서관자료를 수집·정리·분석·보존·축적하여 공중 또는 특정인의 이용에 제공함으로써 정보 이용·조사·연구·학습·교양 등 문화발전 및 평생교육에 이바지하는 시설8)이라고 정의하고 있다.

위의 정의를 종합하여 정리하면 도서관은 "정보자료의 효과적인 이용을 위한 최선의 조건 조성에 봉사하는 기관"9)이라고 할 수 있다.

---

6) 사공철 등편. 『도서관학·정보학 용어사전』, 서울 : 동협회, 1986, p.53.
7) 中華書局編輯部. 『圖書館學要旨』, 臺北 : 中華書局, 1968, p.5.
8) 도서관 및 독서진흥법 제1장 제2조 1항.
9) 정필모. "문화창달을 위한 조건 조성론," 『도협월보』, vol.8, no.3. 서울 : 한국도서관협회, 1967, pp.2-3.

제3장 도서관에는 어떤 종류가 있는가

3.1 실립자에 따라 나누어 보자

(1) 국립도서관/National Library

국가가 설립 운영하며 전 국민에게 봉사하는 도서관이다. 다시 말하면 정부재정으로 운영되고 봉사범위가 국가 전체에 이르는 도서관으로서 소장도서는 단지 관내 참고용으로만 이용된다. 그리고 이 도서관은 자국 내에서 출판된 도서, 정기간행물 신문 등 자료를 법률에 의하여 납본하도록 하여 수집 보관한다. 또한 종합목록의 편찬, 국가서지 작성 및 서지 센터 등의 기능을 가진다.

(2) 공립도서관/Public Library

지방자치단체나 공공기관에서 설립·운영하는 도서관이다.

(3) 사립도서관/Private Library

한 개인이나 학회 또는 단체 즉 법인, 단체, 개인이 설립·운영하고 소유하는 도서관이다.

3.2 설립 목적에 따라 나누어 보자

(1) 국립중앙도서관/National Central Library

국가가 설립 운영하여 전 국민에게 봉사하는 도서관이다. 국립도서관 중에서 가장 대표적이고 중심적인 역할을 담당하는 도서관을 말한다.

(2) 공공도서관/Public Library

공중의 정보이용·문화활동 및 평생교육을 증진함을 주된 목적으로 하는 도서관이다.

경비의 전액 또는 일부를 공공재정으로 유지하며 지역의 특정 계층에 제한을 두지 않고 누구나 무료로 이용할 수 있는 도서관이다.

공공도서관은 지방자치단체의 주민에 대한 봉사이며, 국민의 창조적 교육과 삶의 터전을 제공하는 곳이다.

(3) 대학도서관/University Library

교육법에 의하여 설립된 대학(교육대학·사범대학·방송통신대학·개방대학·전문대학 및 이에 준하는 각종학교를 포함한다.) 및 다른 법률의 규정에 설립된 대학 교육과정 이상의 교육기관에서 교수와 학생의 연구 및 교육을 지원함을 주된 목적으로 하는 도서관이다.

(4) 학교도서관/School Library

고등학교 이하의 각급학교(이에 준하는 각종 학교도 포함)에서 교

원과 학생의 교수·학습활동을 지원함을 주된 목적으로 하는 도서관
으로 사서교사나 사서에 의하여 운영된다.

(5) 전문도서관/Research Library

　그 설립기관·단체의 소속원 또는 공중에게 특정 분야에 관한 전
문적인 도서관 봉사를 제공함을 주된 목적으로 하며 전문적인 연구
를 수행하는데 필요한 전문자료와 시설을 갖춘 도서관이다

(6) 특수도서관/Special Library

　장애인, 기타 대통령이 정하는 자에게 학습·교양·조사·연구 및
문화 활동을 위한 도서관 봉사를 제공함을 주된 목적으로 하는 도서
관이다.

제4장 도서관은 어떤 기능을 하나

4.1 도서관의 일반적 기능은 무엇인가

도서관의 기본적 기능은 문헌과 이용자를 연결시켜 기록자와 독자 간에 커뮤니케이션이 이루어지게 하는 것이다. 도서관의 기능에는 여러 가지가 있으나 모든 도서관이 공통적으로 갖는 기능은 1) 자료의 수집 2) 자료의 조직 3) 자료의 축적 4) 자료의 제공 기능이다.

(1) 자료의 수집 기능

도서관은 정보자료의 생산자와 유통구조를 조사하고 자료에 대한 정보를 조사하여 그 도서관의 특수한 기능과 목적에 따라 이를 수집한다. 도서관의 문헌 수집 기능은 장서에 대한 입력 기능이다. 수집 기능은 도서관 자료를 구입, 교환, 기증, 이관의 방법으로 입수하고, 서지 조사, 선택, 주문, 수서 등에 관련된 업무를 말한다. 서지는 출판사의 출판목록이나 서점의 판매목록, 선정 목록, 서평지 등을 활용하여 조사하고, 선택은 이용자 집단의 요구를 정확하게 파악한 다음에 문헌의 가치 즉 그 속에 포함된 지식과 정보의 가치와 서술 방식의 적합성을 검토하여야 한다. 자료의 수집을 담당하는 사서의 기본적 자질에는 문헌의 가치와 특성, 이용자 집단의 요구 등에 관한 지식과 능력이 요구된다. 모든 도서관의 활동은 자료의 수집 기능부터 시작된다.

〈그림 1〉 도서관의 일반적 기능1)

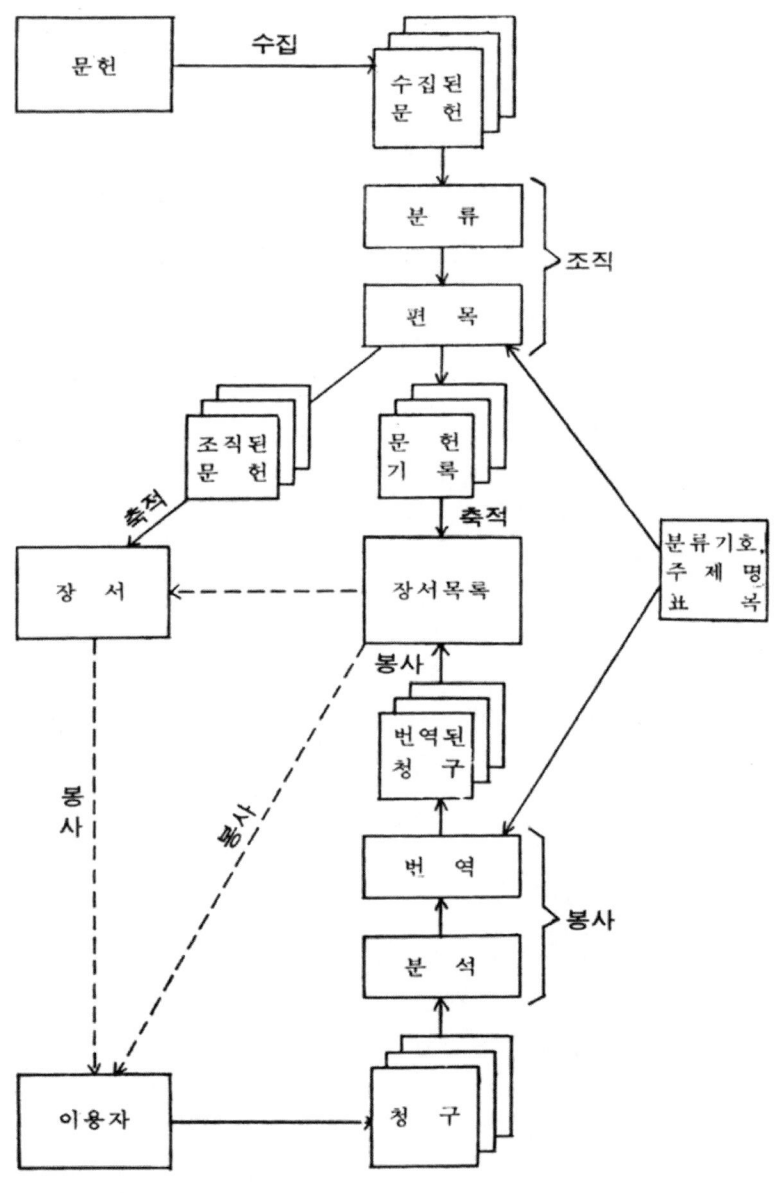

1) 최성진. 『도서관학통론』, 서울 : 아세아문화사, 1993. p.120.

(2) 자료의 조직 기능

수집된 자료가 편리하게 이용될 수 있도록 이를 체계적으로 조직하기 위해서 이를 분류 배열하고, 목록 색인 등을 작성한다. 이와 같이 문헌을 조직하는 궁극적인 목적은 이용자의 요구에 부합되는 문헌을 검색하기 쉽게 하려는 것이다. 분류는 어떤 기준에 따라 같은 종류의 문헌을 한 곳에 모아 배열하고 다른 종류의 문헌은 서로 떼어서 배열하는 일이다.

세계에서 가장 많이 쓰이는 분류법은 듀이의 십진분류법, 미국의회도서관이 개발한 의회도서관 분류법, 블리스의 서지 분류법, 랑가나단의 콜론 분류법, 국제도큐멘테이션 연맹이 개발한 국제십진분류법 등이 있고, 우리 나라에서 만든 한국십진분류법이 있다.

목록은 도서관에 소장되어 있는 문헌들의 색인이며, 이용자들이 문헌을 찾는 데 사용하는 편리한 도구이다. 편목을 한다는 것은 도서관에 수집되는 문헌의 내용과 범위를 이용자에게 알리기 위하여 해당 문헌의 청구번호, 저자명, 서명, 판차, 출판사항, 대조사항, 주제명, 총서명, 서지의 유무 등을 일정한 규칙에 따라 목록 속에 적어 넣는 과정이다.[2]

목록은 도서관 소장 자료를 이용하는데 쓰이는 검색도구인 것이다.

(3) 자료의 축적 기능

축적이란 문헌을 다시 찾을 수 있는 형태로 보존하는 것으로, 재이용이 목적이며 검색하기 편리하도록 해야 한다.

축적은 개정판을 수집하는 등 장서의 내용이 계속 유용성을 유지하도록 하는 지적 측면과 파손된 책을 고치는 등 장서의 외형적 상

---

2) 최성진. op. cit., p.134.

태에 유의하는 물리적 측면으로 나눌 수 있다.

지적측면의 장서관리에는

① 장서의 주제간 균형을 유지하며, 수요에 맞게 적당한 수의 복본을 확보한다.

② 목록에 있는 문헌이 모두 서가에 있는지 확인한다.

③ 장서 속에 포함되어 있는 문헌의 개정판을 수집한다.

물리적 측면의 장서관리에는

① 효율적 문헌 보존 방법의 연구

② 서고의 적정 온도와 습도

③ 방충법, 방풍법, 소화법 등의 고안

④ 마이크로 폼 자료화

⑤ 영인본 제작 등이다.

(4) 자료의 제공 기능

자료의 제공 기능이란 도서관에서의 봉사 기능 중에서 가장 중요한 기능을 말한다.

도서관 봉사란 일반적으로 이용자들의 요구를 충족시키는 일에 관련된 사서들의 활동을 말하나, 좁은 뜻으로는 이용자에게 원하는 문헌이나 정보를 직접 제공하는 활동을 가리킨다.

여기에서는 대출봉사, 참고봉사, 기타 봉사로 나누어 간단히 소개하고자 한다.

문헌의 제공은 대출을 통하여 이루어진다. 대출은 관내의 열람과 관외 대출을 포함하나 대개 관외 대출을 의미한다.

대출은 도서관의 목적과 성격, 규정, 형편에 따라 차이가 있으나 대출 규정에 따라 허용 책 수와 기간을 정한다. 대학도서관이나 학교도서관에서는 과제도서 또는 지정도서라 하여 관내에서만 열람할 수 있게 하며, 도서관간에 협약에 의하여 시행하는 상호대차 제도가 있다. 참고문헌은 대출하지 않고 정기간행물은 제본하기 전에는 보통 대출하지 않는다.

참고봉사는 정보를 구하는 독자에게 제공하는 사서의 여러 가지 개인적 지원을 말한다.[3] 참고봉사 업무를 담당하는 사서를 참고사서라 하는데 고도의 커뮤니케이션 기술이 요구된다.

기타봉사에는 자동차 문고, 선박문고, 기차문고, 썰매문고, 우편문고, 해변문고 등과 같은 이동문고 봉사가 있고, 점자도서와 녹음도서를 제공해 주는 신체장애인을 위한 봉사가 있다.

4.2 도서관은 종류에 따라 어떤 기능을 하나

(1) 국립도서관의 기능

국립도서관은 국가가 설립 운영하며 전 국민에게 봉사하는 도서관으로, 정부재정으로 운영되고 봉사범위가 국가 전체에 이르는 도서관이다. 국립중앙도서관으로 영국의 대영박물관 도서관, 미국의 의회도서관, 프랑스의 국립도서관, 소련의 레닌도서관, 일본의 국회도서관, 대만의 국립도서관을 예를 들 수 있다. 국립도서관의 기능은 그 국가의 전통과 형편에 따라 다르나 다음과 같이 제시할 수 있다.

1) 국가 문헌의 수집

자기 나라에 관한 문헌을 수집·축적하여 후세에 영구히 전하는 기능이다.

2) 납본

우리 나라는 도서관 및 독서진흥법과 국회도서관 법에 의하여 국

---

3) Harrod. L. M.. 『The Librarians' Grossary of Terms Used in Librarianship and Book Crafts and Reference Book』, London : Andre Deutsch, 1971.

립중앙도서관과 국회도서관이 납본 도서관으로 지정되어 있다.

3) 외국 문헌의 수집

체계적이고 광범위한 수집 계획을 세워 외국문헌을 구입, 교환, 수증에 의하여 수집하는 것이다.

4) 문헌의 국제교환

정부간행물을 국립도서관간에 교환하는 것이다.

5) 국내 도서관에 대한 지도 및 지원

국가 대표 도서관으로서 공공도서관을 지도하고 지원하는 기능이다.

6) 국가 서지의 간행

우리 나라의 경우에는 국립중앙도서관의 『대한민국출판물총목록』, 국회도서관의 『한국박사·석사학위논문목록』, 『정기간행물기사색인』을 간행하고 있다.

7) 서지 정보 봉사

국립도서관은 그 국가의 서지 정보 센터이다.

8) 국가 차원의 도서관 발전 계획 수립

국가의 도서관 특히 공공도서관의 발전에 관한 종합 정책을 수립한다.

9) 도서관간의 협동 지원

도서관간의 협동체제 구성과 운영을 지원한다.

10) 공공도서관 봉사

일반 독자를 위하여 공공도서관 역할과 같은 봉사를 담당한다.

(2) 공공도서관의 기능

공공도서관은 그 지역사회의 필요에 따라 그 전통과 형편에 맞게 설립되므로 목적과 기능, 봉사 내용과 방법, 운영 주체 등이 다양하다.

공공도서관은 지역사회의 주민들이 내는 세금으로 설립되고, 운영되며 주민에게 무료로 제공되는 특징이 있다. 미국은 1852년에 세계 최초로 보스턴 공공도서관을 설립하였고, 우리 나라는 1906년에 평양 종로에 최초로 대동서관/大同書觀이라는 사립 공공도서관을 설립하였다.

공공도서관은 지역사회 안의 개인이나 집단을 위하여 다음과 같은 기능을 한다.

① 공중의 교양을 위해서 지역사회의 사회교육 기관 또는 평생교육 기관으로서의 기능을 가진다.

② 조사연구기관으로서 그 지역사회의 발전과 학술이 발전에 기여하도록 학술적인 자료를 수집하고 조직하여 조사연구에 봉사하는 것이다.

③ 지역사회에 있어서 문화센터 또는 정보센터로서의 기능을 가진다.4)

(3) 대학도서관의 기능

대학도서관은 대학의 기본 목적인 연구와 교육, 봉사를 위하여 정보자료를 수집하고 조직해서 지원하는 기관이다.

대학도서관은 교육적 기능과 조사연구를 위한 보조 기능을 가진다. 교육적 기능으로 학생들에게 교양과 전공에 필요한 문헌을 선택하여 최대한으로 수집해서 편리하게 이용할 수 있도록 하고, 대학도서관이 학습과 학술의 광장이 되도록 봉사하는 것이다.

조사연구 보조 기능은 교수진과 대학원 학생에게 문헌조사와 연구에 최신정보주지 등을 통하여 보조하는 기능을 말한다.

---

4) 정필모. op. cit., p.68.

(4) 학교도서관의 기능

학교도서관은 현대의 학교교육에 있어서 필수적인 시설로서 정보자료를 수집, 조직, 보존하여 이용에 봉사하는 자료센터의 기능을 가진다.

학교도서관에는 학생들에게 정보자료와 도서관을 이용하는 방법을 지도하는 교육기능이 있다.

(5) 전문도서관의 기능

전문도서관은 특정한 전문분야에 한정된 주제의 정보자료를 수집·조사·축적하여 각각의 주제사항에 관한 전문가에게 봉사하는 기관이다.

특정한 연구소나 협회, 기업체, 회사, 은행, 병원, 신문사, 방송국 또는 관공서 등에 부설된 도서실과 도서관이다.

전문도서관은 각각의 전문분야의 정보자료를 수집·조직·축적하여 해당 전문가들에 신속하고 정확하게 이용될 수 있도록 봉사하는 기능을 가진다.5)

(6) 특수도서관의 기능

특수도서관은 특수한 환경에 처해 있는 시민에게 봉사하는 도서관을 의미한다. 특수도서관은 교인들을 위한 교회도서관, 맹인들을 위한 점자도서관, 환자나 그 가족들을 위한 병원도서관, 형을 살고 있는 사람들을 위한 교도소도서관, 군인들을 위한 병영도서관 등으로 공공도서관의 기능과 대체로 동일하다.

---

5) 정필모. op. cit., p.73.

제5장 공공도서관이란 무엇인가

5.1 공공도서관이란 무엇인가

도서관이란 도서관 자료를 수집·정리·분석·보존·축적하여 공중 또는 특정인의 이용에 제공함으로써 정보 이용·조사·연구·학습·교양 등 문화 발전 및 평생 교육에 이바지하는 시설[1]이며 공공도서관은 공중의 정보이용·문화 활동 및 평생 교육을 증진함을 주된 목적으로 하는 도서관을 말한다.[2]고 정의하고 설립 주체에 따라 도립, 시립, 군립 및 공립과 사립으로 나눌 수 있다.

공공도서관이 오늘날의 근대적 개념으로 사용하게 된 것은 영국의 경우 공공도서관법/Public Library Act성립으로 부터 비롯되었고,[3] 미국은 영국의 영향을 받아 19세기 초에 지방행정기관으로부터 재정 지원을 받는 공공도서관들이 생겨나게 되었다. 1803년에 커네티커트 주 솔리스베리/solishbury에 세워진 Ingham Library for Youth, 1827년에 매사추세츠 주 렉싱톤/Lexington에 세워진 아동도서관, 근대도서관의 패턴으로 1833년 뉴햄프셔 주 페텔버그/Peterborough에 세워진 도서관이 있었는데,[4] 미국의 근대 공공도서관 운동의 진정한 시

---

1) 도서관 및 독서진흥법 제1장 제2조 1항.(1994.3.24.법률 제4746호)
2) 도서관 및 독서진흥법 제1장 제2조 4항(1994.3.24.법률 제4746호)
3) 이용남. "근대도서관 개념의 성립 과정에 대한 연구," 『한성대 논문집』, 1990, p.300.
4) 이진영. "대영도서관의 상호대차에 관한 고찰," 『청대춘추』, 27권, 1983,

작은 1854년 보스톤 공공도서관의 창설이라 할 수 있다.5) 1876년 미
국 교육성/United States Bureau of Education에 제출된 보고서에서
풀/Pool6)은 "공공도서관은 주법에 의해 설립된 기관으로 지방세나
자선기금으로 유지되며 공공관리위원회가 관리하고 그 도시나 마을
의 모든 주민이 동등하게 대출과 참고 봉사를 받을 수 있는 곳이다.
"라고 정의하였다. 또 공공도서관을 근대개념으로 구체화시킨 영국의
에드워드 에즈워즈/Edward edwards, 1812~867)는 공공도서관 일반
원칙에서 "모든 시민에게 무료로 개방되고 비용은 세금으로 충당되
며 유지되는 도서관이다" 라고 하였고, ALA에서는 "열람 · 조사 · 연
구를 위해 정리, 관리된 도서 및 유사한 자료를 수집하고 이를 정리
관리하고 있는 방"이라고 정의하였다. 우리 나라는 1895년에 유길준
의 『서유견문』에 소개한 「서적고」를 통해서 서양 도서관의 아이디
어를 도입했으며 1906년에 설립하여 서적 발간과 공중에게 무료로
열람시켰던 「대동서관」이 사립 공공도서관의 효시이다.8) 공공도서관
이야 말로 세금에 의해 지원되며 장서, 설비, 봉사가 모든 시민들에
게 차별 없이 개방되는 사회기관이라9) 할 수 있다. 다시 말하면 공
공도서관의 현대적 의의는 공개되는 도서관, 공비로 운영되는 도서
관, 무료로 이용되는 도서관으로 지역 주민들의 정보원이요, 문화 활

---

  p.57.
 5) Michael. H. Harris. "the purpose of the American Public Library,"
    『Public Library Purpose』, 2ed, 1978, p.39.
 6) Jesse H. Shera. 『Foundations of the Public Library : The Origins of
    the Public Library Movement in New England 1629~1855』,
    Metuchen, N. J. : Shoe String Press, 1965, p.157.
 7) Jean Key Gates. 『Introduction to Librarianship』, New York :
    McGraw-Hill Co., 1976, p.49.
 8) 유만철. 공공도서관 기능의 활성화를 위한 실태분석, 성대 행정대학원
    석사학위논문, 1991, pp.7-8.
 9) 홍의균. 근대 공공도서관 발전의 배경에 관한 연구, 이화여대 대학원 석
    사학위 논문, 1986, p.1.

동 공간이요, 자기 교육의 장이며 여가 선용의 장으로 활용되는 종합
적인 사회교육 센터이다.

5.2 공공도서관의 목적은 무엇인가

영국에서는 19세기 중반 근대적인 공공도서관 개념이 형성되면서
초창기에는 사회 안정, 20세기 초에는 민주주의 이상 실현이라는 사
명을 위해 대중 교육에 1차적인 목적을 두었고,[10] 개성을 풍요하게
하고 풍만하고 훌륭한 생활을 촉진하는 사회기관, 지역 사회의 문화
적, 지적 생활의 센터로서 역할을 강조하였다.[11] 그 후 단일 문서로
된 「공공도서관의 목적(1971)」에서는 ① 교육 : 개인과 그룹의 자기
발전을 위한 방법을 조성하고 제공하며 개인과 기록된 지식 사이의
격차를 불식 ② 정보 : 개인과 그룹에 정확한 정보를 특히 현재 관심
사에 관한 정보를 신속하고 상세하게 제공 ③ 문화 : 문화생활의 주
요 센터 가운데 하나가 되며 모든 예술에의 참여와 향유, 사상을 보
다 열심히 하도록 조장 ④ 여가 : 여가의 적극적 이용을 권장하는 일
과 생활의 변화와 휴식을 위한 자료 제공이 목적이라고 천명하였다.
미국에서는 초창기에 공공도서관을 학교 교육을 보완하는 훌륭한 대
중교육기관이라 믿었고,[12] 공공도서관의 목적을 레크리에이션 제공
에 두었다.[13] 또한 ALA가 밝힌 「전후 공공도서관 기준(1943)」에서

---

10) 조보규. 지역사회 문화발전을 위한 공공도서관의 운영 개선 방안, 전남
   대 행정대학원 석사논문, 1993. p.13.
11) 이병목. "공공도서관의 역할," 『도서관』 28권 10호, p.12.
12) R. Ellis Lee. 『Continuing Education for Adults Through the Ameri-
   can Public Library 1833~1964』, Chicago : ALA, 1966, pp.5-6.
13) Michael H. Harris. "Public Libraries and the Declines of the
   Democratic Dogma," 『Library Journal』, No.101, 1976, p.26.

는 미국 공공도서관의 목표를 교육, 인포메이션, 예술의 감상, 조사연구, 레크리에이션의 5개로 제시하였다.14) 그리고 「공공도서관을 위한 최저 기준(1966)」에서는 교육, 정보, 문화, 레크리에이션으로, 「공공도서관 사명 선언(1979)」에서는 교육, 문화, 정보기관인 동시에 장애자나 일탈자를 위해서 사회 참여 능력을 도와주는 기관의 역할을 요구하였다. 우리 나라에서는 한국도서관기준(1981)에서 공공도서관의 목적을 9개항으로 제시하고 있는데 그 내용을 요약하면 교육과 문화 및 여가활동을 포함하고 있으나 정보 봉사는 찾아 볼 수 없었다. 1987년에 개정된 도서관법에는 정보이용, 교양, 조사, 연구 및 교육, 문화 활동의 증진에 두었으며 도서관진흥법(1991. 3. 8일 개정)과 도서관 및 독서진흥법(1994. 3. 24일 개정)에서는 공공도서관의 주된 목적을 공중의 정보 이용과 문화 활동 및 평생 교육을 증진함이라고 제시하고 있다.

공공도서관의 궁극적인 목적은 지역 주민의 생애 교육과 문화 활동 및 지역 문화의 발전을 위하여 도서관 자료를 이용하도록 안내하고 봉사하는데 있다고 할 수 있다.

5.3 공공도서관은 어떤 기능을 하나

도서관은 다양한 문헌 정보를 체계적으로 수집·정리·축적하여 수요자에게 제공하는 지식의 보고이며 정보의 공급원으로서 이용자에게 풍부한 정신적 양식을 공급하고 건전하고 합리적인 사고력을 함양시키는 문화 개발의 원천이다. 특히 공공도서관은 문화 유산의 원천으로서 기초 학문을 개발하고 각 전문 분야를 세분하여 새로운

---

14) 한국도서관협회. 『공공도서관의 시설』, 서울 : 동협회, 1966, p.13.

이념과 철학을 추구하게 하고 시민의 대학으로서 지식의 대중화에 기여하며, 정신 개발과 시민 생활 향상에 공헌하여 문화 발전의 원동력이 된다. 한편 국가 발전의 기초적인 원동력은 국민 개개인의 능력과 과학 기술 및 정보 활용의 효율화에 달려있다. 다시 말하면 지식 정보의 관리와 활용 여하에 따라 국가 발전은 좌우된다 할 수 있는 것이다.15)

유네스코 공공도서관 선언문에 기술되어 있는 ① 끊임없이 스스로 자기 교육을 발전시켜 가도록 할 것 ② 모든 지식 분야의 발달에 뒤떨어지지 않게 할 것 ③ 표현의 자유와 모든 공공문제에 대하여 건설적이며 비판적인 태도를 유지케 할 것 ④ 자신의 국가와 세계의 보다 훌륭한 사회적, 정치적 시민이 되도록 할 것 ⑤ 일상 생활의 활동에 있어서 더욱 유능한 기능을 발전시킬 것 ⑥ 예술과 문학에 있어서 그들의 창조력과 감상력을 발전시킬 것 ⑦ 전반적인 지식의 증진에 기여하게 할 것 ⑧ 여가의 시간을 개인적인 행복과 사회적인 번영을 증진시키는데 활용토록 할 것과 같은 8개의 격려조항을 보면 봉사 활동을 위한 기능을 알 수 있다.16) 또 1995년 3월에 확정된 공공도서관 선언 개정문에 나타난 공공도서관의 기능을 정리해 보면 ① 독서의 습관화 ② 교육의 지속화 ③ 창조력의 증진 ④ 문화의 진흥 ⑤ 역사의 계승 ⑥ 정보의 배포 ⑦ 준 문맹자의 퇴치와 같은 7개의 항목으로 나눌 수 있다.17) 위와 같은 의미에서 고찰해 볼 때 공공도서관은 문화의 창달에 기여하고 경제 발전에 필요한 지식과 정보를 제공하며 국민 교육의 기능을 갖고 있다. 또한 공공도서관의 기능을 문화적 기능, 문화 전달자로서의 기능, 사회교육적 기능18)과 다

---

15) 현승종. "국가발전과 도서관," 『도서관문화』 제33권 제2호, 1991, pp. 14-19.

16) 한국도서관협회. 상게서, p.13.

17) 현규섭. "유네스코 공공도서관 선언의 개정과 의의," 『도서관문화』 37권 2호(통권 297호), 서울 : 한국도서관협회, 1996, p.10.

18) 이희권. 강원지역 공공도서관 발전 방안에 관한 연구, 청주대학교 대학

음과 같이 지역 사회 정보센터, 지역 사회 문화센터, 평생 교육기관
으로 나누어 생각할 수 있다.

(1) 지역사회 정보센터이다.

유네스코의 공공도서관 선언문에는 "공공도서관은 모든 이용자가
다양한 종류의 지식과 정보를 간편하게 얻을 수 있게 하는 지역 사
회의 정보 센터이다."19) 라고 하는 공공도서관의 정보 센터 기능을
천명하고 있으며 공공도서관은 "자료의 수집·정리·보존·축적 및
공중 이용, 공중에 필요한 정보의 제공, 지방 행정 및 산업 분야에
필요한 정보의 제공" 등과 같은 정보 센터로서의 역할을 할 수 있도
록 법적 근거가 마련되어 있다. 공공도서관은 지역 사회 주민들의 정
보 욕구를 충족할 수 있도록 적시에 신속 정확하게 제공해 주고 안
내해 줄 수 있는 지역 사회 정보 센터이다. 일반자료는 물론 최신의
학술 정보와 다양한 일상 생활 정보 전반에 자료 즉 그 지역 사회에
서 출간되는 자료, 공공기관의 출판물, 향토 자료, 취업, 관광, 구인,
특산물의 가격과 수요 및 공급, 산업 현황과 전망, 계절에 따른 농수
산물의 가격과 수요 및 공급, 인적 자원, 부동산 정보, 자동차 매매
정보, 교육, 교통, 노인문제, 복지 문제 등, 기타 지역 사회 개발 및
발전에 필요한 각종 정보 체제를 구축하고 개발하여 지역사회 주민
들을 돕는 봉사 기관이다. 공공도서관은 지식과 경험의 자료 즉 최신
의 과학, 기술, 의료, 법률, 교육, 문화 등에 걸친 학술 정보나 다양한
생활 정보를 신속히 수집해서 지역 주민들에게 편리하게 이용할 수
있도록 해야 한다.

원 석사학위논문, 1992, pp.17-20.
19) 현규섭. 전게서, p.5.

(2) 지역사회 문화센터이다.

유네스코 공공도서관 선언문의 공공도서관 임무에서 "⑤ 전통 문화 인식, 예술, 과학의 업적이나 혁신에 대한 인식의 촉진 ⑥ 모든 공연 예술의 문화적 표현과 접촉할 수 있게 함 ⑦ 이문화간의 교류를 조장하고 다양한 문화가 공존할 수 있도록 함."[20]이라고 하는 공공도서관의 문화의 진흥 기능을 천명하고 있으며 영국도서관 협회의 공공도서관 목적에는 "공공도서관은 개인의 적극적인 방법으로 예술 활동에 참여할 수 있는 센터이며, 공공도서관의 사서는 문화 행사의 발안자 및 조직자로서의 역할을 담당하고, 공공도서관의 사서가 지방 사회 단체 및 문화 단체와 유대를 갖도록 권장한다."와 같은 내용을 명시하고 있는데 그 속에는 공공도서관의 문화적 기능이 잘 요약되어 있다. 몬로는(Monroe)[21] "지역 사회의 문화 관련 자료 요구에 대한 봉사, 지역 사회에 예술 공연 및 전시 시설의 제공, 지역 사회 문화 단체간의 예술 활동 프로그램의 조정, 문화 기관들의 조직망 개발, 인간적인 가치를 문화 활동으로 구현하도록 하는 활동에의 협력, 예술의 경험에 필요한 문화적 소양의 제공"같은 공공도서관의 문화 활동 내용의 모델을 제시하였다. 도서관 및 독서진흥법에는 "강연회·감상회·전시회·독서회 기타 문화 활동의, 주최 또는 장려(제3장 제20조), 각종 문화 시설과의 긴밀한 협조를 위하여 공공도서관에 도서관 운영위원회를 둔다.(제3장 24조)"라고 하여 지역 사회 문화 센터로서의 역할을 할 수 있도록 법적 근거가 마련되어 있다. 공공도 서관은 지역 사회 주민들을 위하여 시설을 개방하고 각종 전시회나 세미나, 영화감상, 발표회 강습회 뿐만 아니라 어린이나 노인, 장애자들의 문화 활동을 돕는 프로그램을 개발하고 제공해야 한다. 또한 지

---

20) 현규섭. 전게서, p.5.
21) Michael H. Harris. 『Advances in Librarianship』, New York : Academic Press, 1981, pp.6-14.

역 사회 문화재에 대한 자료를 향토사료관이나 문화원, 박물관, 향교 등 지방 문화에 관련된 기관과 연계하여 열람하며 안내하는 역할을 담당해야 한다.

공공도서관은 지역 사회 주민들이 변화하는 정보 시대에 능동적으로 대처하여 살아 갈 수 있도록 교육 및 문화적 욕구에 필요한 도서관 자료를 체계적으로 정리하여 봉사하고 지역 사회의 전통 문화를 중심으로 각종 문화 행사를 주최하는 지역 사회 문화 센터이다.

(3) 평생교육기관이다.

현대는 과학 기술의 발달, 매스컴의 발달, 정보의 급증, 경제적인 수준 향상, 생활 양식의 변화 등, 급격한 사회 변화로 평생 교육이 요청된다. 평생 교육은 연령의 제한 없이 누구에게나 기회가 주어지며 생애를 통한 계속적인 학습과 변화하는 사회에 적응과 삶의 질적 향상을 추구하는 모든 교육 체제와 교육적 노력이라 할 수 있다. 오늘날은 지식 정보사회로서 교육이 학교 교육으로 끝나는 것이 아니라 평생동안 정보 자료를 통하여 스스로 학습하고 새로운 정보를 얻어서 생활하고 있다. 사람은 요람에서 무덤까지 배우고 익히는 것이다. 우리 나라 헌법에 평생 교육 조항에 있으며,[22] 교육부에서도 평생교육국 신설을 하여 국민들이 평생을 통하여 자신의 교육에 관심을 가질 수 있도록 국가적으로 정책을 펴가고 있다. 유네스코 공공도서관 선언문에는 "① 어린 시절부터 아동의 독서습관을 증진 창발시키며 이를 더욱 강화한다. ② 각 단계별로 이룩되는 정규교육에 대한 지원과 개인적 내지는 자주적으로 이루어지는 교육을 지원한다."[23] 고 하는 공공도서관의 임무를 제시하여 공공도서관의 평생 교육적 기능을 강조하고 있다. 우리는 학교 교육을 마치고 사회에 진출하여

---

22) 헌법 제29조 5항.
23) 현규섭. 전게서, p.3.

직장에서 근무하면서 직전교육에 만족할 것이 아니라 변화하는 정보 사회를 살아가기 위해서는 부단히 연구하고 공부하여야 한다. 다시 말하면 직무 교육과 교양 교육을 위하여 자기 연수를 해야 하는 것 이다.

공공도서관은 바로 자기 연수의 장이며 지역 사회의 어린이로부터 노인에 이르기까지 남녀노소를 막론하고 누구든지, 언제나 가까이 있어 찾아 갈 수 있는 편안한 휴식처요, 만남의 장소요, 스스로 자료를 찾아 조사 연구하고 새로운 지식을 터득할 수 있는 자기 교육 기관 이다.

5.4 공공도서관의 다른 이름은 무엇인가

(1) 평생학습관

서울시 교육청 조례 제3561호에 근거하여 고덕평생학습관 (구 고덕도서관) 마포평생학습관, 마포평생학습관 아현분관(구 마포도서관), 중계평생학습관 (구 중계도서관), 영등포평생학습관(구 영등포도서관) 4개 관이 있다.

1) 고덕평생학습관24)

고덕평생학습관은 1984년 고덕도서관으로 개관한 이래 지역주민의 정보욕구와 독서생활화에 기여하고자 노력하여왔습니다. 이제 세계화, 정보화 시대를 대비하여 서울시교육청 조례 제3561호에 근거하여 1999년 7월 16일자로 고덕평생학습관으로 거듭나게 되었다. 열린학습관으로 지역주민의 삶의 질을 높이고 여러분의 생활 속에 자리매김

---

24) http://koduk.lib.seoul.kr/

할 수 있도록 더욱 노력하여 지역평생학습센타로서의 그 역할을 다하고 있다.

1984년 3월 7일에 서울특별시 조례 제1868호에 의하여 고덕도서관이 설치 공포되었다.

1984년 6월 12일에 건물이 준공되고, 1984년 8월 30일에 고덕도서관이 개관되었다.

1986년 11월 25일에 종합자료실이 개설되었으며, 1992년 6월 22일에는 전관 개가제로 운영하게 되었고, 1996년 10월 1일에 전자정보코너가 개설되었으며, 1997년 2월 16에는 길동 성당문고가 개설되었다. 또한 1999년 1월 15일에는 서울특별시 조례 제3561호로 고덕평생학습관이 설치 공포되었다. 그리고 1999년 7월 16일에는 고덕평생학습관으로 개관되었다.

〈조직〉

도서관장 아래 자문하는 자료선정위원회와 학습관 운영위원회가 있으며 일반서무, 예산, 회계관리, 시설관리 업무를 맡고 있는 관리과와 자료수집, 정리, 열람, 대출, 장서관리, 열람실, 자료실운영, 전산시스템관리 업무를 맡고 있는 자료봉사과, 평생교육 및 문화활동 지원, 평생교육프로그램 기획 및 홍보, 각종 행사 주관, 문화교실운영 업무를 맡고 있는 평생학습지원과가 있다.

〈시설 현황〉

대지 10,000㎡ 에 건물 2,952㎡ 로 전기실, 기계실, 식당 및 매점이 있는 지하 1층, 종합자료실, 디지털자료실, 어린이실, 자료봉사과, 평생학습지원과, 관리과, 관장실, 평생교육실 1이 있는 1층, 시청각실, 일반열람실1, 일반열람실2, 컴퓨터교육실, 휴게실이 있는 2층 건물이다.

〈전산화 현황〉

주 전산기 SSM5200이며 웹서버 SGI O2이다. PC는 총84대 이다. 디지털자료실 18대, 컴퓨터교육실 31대, 도서검색용 6대, 대출업무용

4대, 사무용 21대, 어린이실 인터넷 4대)를 맡고 있다. 도서관리 프로그램은 SDLPro 이고, 인터넷 속도는 전용회선 E1급(2,048K)이다.

〈평생교육 목표〉

누구나, 언제, 어디서나 원하는 교육을 받을 수 있는 열린 교육체제 구축과 학습자의 자발적이고 자율적인 방법에 의한 평생교육 사회 구현을 목표로 한다.

과학기술의 발달에 따른 사회경제적 변화의 적응과 창조, 그리고 학교 교육의 한계를 극복하기 위하여 각자의 자발적인 의사에 기초하여 필요에 따라 자기에 적합한 학습과정을 자유롭게 선택하도록 하여 평생을 통해서 자기주도적 학습을 도와주며, 이로 인하여 자기향상, 생활향상, 직업능력향상 및 기술습득 등 누구나 언제든지 학습할 수 있는 기회부여로 자아실현을 이룰 수 있도록 도와주는 역할을 한다

〈문화행사〉

가족백일장 대회, 독서표어 및 포스터전, 독서회 운영, 여름/겨울독서교실 이야기 시간 운영, 순회문고 운영, 서화 및 꽃꽂이 전 등이다.

2) 마포평생학습관[25]

마포평생학습관은 1957년 9월 20일부터 23년간 운영하던 국립중앙도서관 아현 분관을 1980년에 인수받아 공공도서관의 역할을 수행하여 왔으나, 그 규모나 시설 및 지역 여건이 공공도서관으로 부적합하여 서울시의 예산지원으로 마포평생학습관이 서교동 현위치에 새로 신축됨으로써 구 마포평생학습관은 아현분관으로 개칭하여 자료 및 일반열람봉사에만 치중하고, 새로 서교동에 신축된 현 건물은 마포평생학습관 중앙관 으로 도서관의 정보, 교육, 문화라는 세 가지 기능에 역점을 두고 1995년 6월 22일 개관하여 7개의 자료실을 개설, 정보적 기능에 충실하고 있으며, 평생교육기능에 충실하고자 문화교실

---

25) http://www.mapollc.or.kr/

을 개설, 98개반 4,000여명의 회원이 교육을 받고 있으며 수영교실,
헬스장 등을 운영하고, 각종 문화행사와 교육프로그램을 주관, 유치
함으로써 명실상부한 문화기관으로서 지역사회 문화발전에 최선을
다하여 왔으며 1999년 7월 15일부터 공공도서관의 기능을 유지하면
서 서울특별시 교육청 행정기구 설치조례 제3561호('99. 1. 15) 에 의
거 마포평생학습관으로 개편 운영하게 되었다.

〈운영의 역점 방향〉

* 이용자가 만족하는 수준 높은 서비스행정을 구현한다.
  이용자 편의를 우선한 학습관을 운영한다.
  쾌적한 환경을 위한 시설 여건을 조성한다.
  친절 근무자세로 이용이 즐거운 학습관을 운영한다.
* 삶의 질을 높이는 평생학습사회를 건설한다.
  주민이 쉽게 참여하는 평생학습교실을 운영한다.
  주민 생활체육 교실을 운영한다.
  시대변화 및 지역 특성에 맞는 신규 프로그램을 개발 운영한다.
* 지식과 정보를 얻을 수 있는 문헌·정보 기능 강화와 지속적으로
  추진한다.
  디지털 자료 이용을 활성화 한다.
  문헌정보 자료의 지속적 확충 및 필요 도서를 확보한다..
  주민의 독서 생활화 제고를 위한 행사를 개최한다.
  서울 지역 내 거주 외국인을 위한 코너를 설치한다.
* 지역사회 정보 · 문화센터로서의 역할을 증대한다.
  평생교육단체 및 평생교육 시설의 상호연대 체제를 구축한다.
  평생교육 종사자 연수 및 프로그램 개발 보급한다.
  평생학습사회 구현을 위한 인적자원을 개발한다.
* 주민들이 행복을 찾는 평생학습 및 문화활동의 열림 공간을
  조성한다.
  평생학습 프로그램 참여자의 성취욕구 충족을 위한 전시 및 발표

기회를 제공한다.

지역주민의 문화활동 장소로 이용 가능한 시설을 개방한다.

* 지역중심 평생학습관을 운영한다.

지역 평생학습기관간 네트워크 협의회 및 담당자 연수를 한다.

지역 평생학습기관(초·중등 교육기관 4개관) 시범 무료연수(교육부 지원사업)를 한다.

강사 및 프로그램 DB를 구축한다.

홈페이지를 통한 지역 평생학습기관 안내 및 프로그램을 소개한다.

〈마포평생학습관 아현분관〉

1980년 7월 11일 서울시 조례 제1444호에 의하여 마포도서관을 설치하기로 공고하고,

1980년 7월 12일에 국립중앙도서관의 마포도서관 아현분관을 인수하였다. 1981년 11월 2일에 서부교육청 이전으로 확정을 개관하였고, 1991년 1월 2일에 마포도서관 이전을 추진하여 1993년 7월 20일에 마포도서관 신축공사 착공(서교동 341-1번지)하였다. 1995년 6월 22일에 마포도서관 확장 이전 신축 개관하였고, (서교동 341-1 번지) 구 마포도서관은 마포도서관 아현 분관으로 개칭하였다. 그리고 1999년 7월 15일에 마포평생학습관으로 개편하여 개관하고 마포평생학습관 아현분관으로 개칭하였다.

3) 영등포평생학습관26)

1972년 8월 7일에 영등포 간이도서관 설치조례가 공포 (조례 제717조)되었고, 동년 12월 25일에는 청사가 준공 되었다. 1974년 6월 1일에 영등포 간이도서관 개관되었으며, 동년 12월 10일에 영등포도서관으로 조례가 개정 공포(조례 제901조)되었다. 그리고 1993년 1월 11일 4,896㎡의 건물이 증개축 공사를 끝내고 준공 되었다. 1993년 3월 2일 종합자료실 개설, 1996년 11월 12일 전자자료실 개설 1999년

---

26) http://www.ydpllc.or.kr/

7월 16일에 지방교육자치제에 관한 법률 제41조와 서울특별시교 육청 행정기구설치 조례 제30조에 의거 영등포도서관이 "영등포평생학습관"으로 명칭 변경 2003년 1월 30일에는 디지털자료실을 확장 이전하였다.

《평생학습교실 및 행사의 특색사업》

〈장애인 문고〉

지체장애로 인하여 평생학습관 이용이 어려운 분들을 위하여 가정이나 직장으로 방문하여 도서를 대출하여 준다. 대출기간은 1~2개월이며 대출도서는 15~30권이다.

〈직장 문고〉

이웃·직장동료와 함께 독서할 수 있도록 일정기간동안 직장으로 도서를 대출하여 드립니다. 대출기간은 1~2개월이며 대출도서는 30~100권이다.

〈부모 교실〉

지역주민의 평생교육 기회 확대 청소년의 문화를 이해함으로써 올바른 부모상 확립 다양한 주제의 교육을 통해 교양을 증진하는데 있다.

평생교육정보센터 지원사업으로 영등포지역 학부모 초청 연수(연 4회 실시) 자녀교육, 성교육 등 부모로서의 자신감을 갖기 위한 교육 지역사회 평생교육공동체 구축을 위한 사업교류를 추진하고 있다.

〈년중 행사〉

가. 여름·겨울독서교실

방학기간을 이용하여 초등학교 5학년을 대상으로 5일간 독서지도를 한다.

영등포평생학습관이용법, 독후감작성법, 도서선택법, 독서방법 등을 지도하여 독서 능력의 신장과 독서생활화의 습관을 길러준다.

나. 초등학교 1일 독서교실

인근 초등학교 4~5학년 어린이를 대상으로 평생학습관 이용의 생활화 및 바른 독서습관 형성을 위한 독서교실을 운영한다. 학급단위로 오전 중에 평생학습관을 방문하여 강의 수업, 독서, 영등포평생학습관 견학, 비디오감상을 한다

다. 유치원 1일 독서교실

영등포 소재 유치원생을 대상으로 평생학습관 이용법, 평생학습관에서 하는 일, 바르게 책을 읽는 법 등의 교육을 매일 10시 30분부터 11시 30분까지 실시하고, 영어학습 비디오 상영, 평생학습관 견학 등이 이루어진다

라. 작품전시실 운영

연 10회 정도로 지역주민에게 작품전시실을 무료 대여함으로써 지역사회 문화활성화에 기여하고 평생학습교실 회원들에게 작품발표의 장을 열어주어 자기 성취감 및 만족감을 고취시킨다.

마. 도서관주간(4.12~4.18) 행사

책과 도서관을 가까이 할 수 있는 기회가 되도록 각종 전시회 및 무료 특강 실시한다.

바. 청소년의 달 (5월) 행사

청소년을 위한 각종 전시회 및 무료 특강 실시한다.

사. 독서의 달 (9월) 행사

도서전 및 모범도서인을 선정하여 시상한다.

아. 문화의 달 (10월) 행사

문화 관련 전시회 및 무료 특강 실시한다.

〈시설 현황〉

대지 1,792㎡, 건물 4,422㎡, 열람석 좌석 915석이다.

1층 어린이열람실, 청소년상담실, 평생학습지원과, 작품전시실(상설), 휴게실, 식당, 헌책사랑방이 있고, 2층에는 제2강의실, 어학문학실, 문화사랑방, 순회문고, 제1강의실, 관장실, 관리과, 3층에는 제1평생학습실, 제2평생학습실, 자료봉사과, 컴퓨터교육실 , 4층에는 종합자료실, 디지털자료실이 있다.

〈자료 현황〉

2002년 12월 31일 현재 도서자료 24,933권이며 비도서자료로 신문 73종, 잡지 386종 비디오 1,390점, CD-ROM 891점, DVD 32. CD 21, 카세트 218, 슬라이드 9, 음반 511, 지구의 2 실패할 가능성이 높다.

〈찾아오는 길〉

전철 – 5호선 영등포 시장역 2번 출구(도보 5분) 영등포역, 당산역
    (1・2호선)에서 버스 이용

일반버스 : 은송병원, 구 신화병원 – 5, 9, 70-2, 70-3 96, 103, 118,
    128, 160, 303, 326번

좌석버스 : 은송병원, 구 신화병원 – 82, 87, 631, 700, 914번

마을버스 :남부교육청) – 16-6

주소 : 서울시 영등포구 당산동 121-22

4) 중계평생학습관

중계평생학습관은 1990년에 중계도서관으로 개관하여 공공도서관의 역할을 수행하여 왔으며, 1999년 7월 15일부터 공공도서관의 기능을 유지하면서 서울특별시 교육청 행정기구 설치조례 제3561호('99.1.15)에 의거 중계평생학습관으로 개편 운영하게 되었다. 중계평생학습관은 지역주민과 더불어 평생교육기반의 장으로 거듭나기 위해 전 직원 이 최선을 다하여 봉사하고 있다.

《찾아오는 길》

〈지하철/버스 등의 교통편안내〉

지하철은 7호선 하계역 하차 ①번 출구

버스는 노원구민회관 앞 하차 (일반버스 : 15, 35, 117, 215 / 좌석 731)

주소는 노원구 중계3동 508번지이다.

〈시설 현황〉

대지 3,055㎡(924평), 철근 콘크리트 건물로 지상 3층, 지하 1층

(3,401.65㎡. 1,030평) 건물이다.

층별 현황은 지하에는 휴게실, 식당이 있다.

1층에는 관외 대출실, 어린이실, 시청각실, 제1강의실, 제2강의실, 컴퓨터교육실, 관리과, 관장실이 있다.

2층에는 종합자료실(간행물코너), 디지털자료실, 옥외 휴게실, 자료봉사과, 평생학습지원과가 있다.

3층에는 제1열람실, 제2열람실, 제3열람실, 청소년상담센터가 있다.

열람실은 관외 대출실, 어린이실, 시청각실, 컴퓨터실, 제1강의실, 제2강의실, 종합자료실(간행물코너), 디지털자료실, 제1열람실, 제2열람실, 제3열람실이 있다.

〈이용 안내〉

정기 휴관일은 매월 둘째, 넷째 월요일, 일요일을 제외한 법정 공휴일이다.

임시휴관일은 관장이 도서의 정리, 보수공사, 장서점검 및 기타의 사유로 휴관이 필요하다고 인정하는 날이다.

《각 실별 이용 안내》

〈자료검색〉

관내 검색용 단말기를 통하여 온라인 검색을 할 수 있고, 인터넷 홈페이지를 통하여 웹검색을 할 수 있다.(대출 예약 및 연기 가능)

〈자료복사〉

복사가 가능한 곳은 종합자료실, 어린이실이다. 출력 가능한 곳은 디지털자료실이다.

복사 가능 자료는 학습관 소장 자료(저작권법에 의하여 부분 복사만 가능)이다.

이용 요금은 1장당 A4용지 30원, B4용지 40원이다. 이용 방법은 동전 사용, Self Service 이다.

〈도서대출〉

대출 가능한 곳은 관외 대출실, 어린이실이다.

이용 방법은 회원 가입(무료), 서울시립도서관 및 타 평생학습관 대출 회원이다.

회원 가입 대상은 서울시에 주민등록 등재된 초등학생 이상이다.

가입 시 준비물은 증명사진(2cm×2cm)1장, 신분증(초·중·고생은 주민등록등본 1통)이다.

대출 권수 및 대출기간은 1회 3권, 14일간(반납기한 이전 1회에 한하여 7일간 대출 기간 연장 가능)이다.

대출도서의 반납기한이 늦었을 경우에는 늦은 일수만큼 대출 중지한다.

〈종합자료실(간행물코너)〉

모든 주제의 도서와 각종 잡지, 신문, 관보, 사보 등의 자료를 비치하여 개가제로 운영하고 있으며, 보관함에 소지품을 보관한 후 자유로이 모든 자료의 열람이 가능하다.

〈관외 대출실〉

어린이도서를 제외한 모든 주제의 도서를 비치하고 있으며, 간단한 가입절차에 의해 회원에 가입하시면 도서를 무료로 대출해 주고 있다.

〈디지털 자료실〉

지역주민을 위한 정보문화교육센터의 기능 강화와 다양한 전자정보의 제공을 위하여 인터넷, 위성방송, A/V, 원문D/B, 멀티미디어 제작, 문서작성, 프린트, 스캔, 개인 노트북 사용이 가능하며, 컴퓨터 21대를 비롯한 각종 기자재 및 DVD 등 시청각자료가 비치되어 있다.

〈어린이실〉

어린이용 도서와 잡지, 신문 등을 비치하여, 밝고 쾌적한 분위기로 어린이들의 정서발달과 지식제공에 노력하고 있으며, 1일 현장학습 및 유아, 어린이들의 견학을 위한 교육의 장으로 운영되고 있으며, 열람 및 대출이 가능하다.

〈전시실〉

교양강좌, 어학강좌 및 지역주민의 건전한 여가선용과 작품 활동에 대한 의욕을 고취시키기 위하여 서예, 미술, 사진, 꽃꽂이 등을 전시할 수 있는 문화공간으로 운영하고 있다.

〈평생학습실〉

지역주민들의 평생학습과 여가선용의 기회를 부여하고, 지역사회 문화센터로서의 역할을 수행하기 위하여 한문서예, 한글서예, 한국화, 사군자, 꽃꽂이, 어학강좌(영어, 일본어, 한문), 컴퓨터 등 다양한 평생교육 프로그램을 개발하여 운영하고 있다.

(2) 평생교육정보관

1) 춘천평생교육정보관

춘천시 중앙로 3가에 자리 잡고 있으며, 평생학습관의 기능과 평생교육의 정보제공, 평생학습상담과 도서자료의 수집·분류·열람·대출 및 독서 진흥 등을 수행하기 위하여, 1998년 12월 11일 개관한 이래 각종 정보제공을 위해 자료를 수집, 정리, 분석하여 이용 목적에 따라 5개의 자료실로 구분 정보를 제공하고, 이동문고를 통하여 방문 이용이 어려운 분들의 편의를 돕고 있으며, 강원교육 100년 사를 한눈에 볼 수 있는 교육 사료관을 운영하고, 공연장과 소극장, 기타 시설을 이용한 문화 행사와 다양한 평생교육프로그램을 운영하여 지역 주민의 평생교육과 문화발전에 기여하고 있다. 더욱이 2000년도에는 평생교육법에 의하여 교육부로부터 강원지역평생교육정보센터로 지정 받아 평생교육의 도내 대표기관으로 각 지역 학습관과 연계 체제 운영은 물론 각 기관의 평생교육프로그램을 자료화하여 언제, 어디서, 누구나 원하는 교육을 받을 수 있도록 종합 안내를 해 드리고, 보다 활성화된 평생교육을 실시하고자 변화하고 있다.

2) 강릉평생교육정보관

1990년 12월 28일 개관한 이후 10만여권의 장서와 2,500여 점의 비도서 자료를 구비하여 인터넷을 통한 각종 온라인 정보를 제공하고,

다양한 학습·문화프로그램을 운영하고 있습니다. 지역주민에게 보다
나은 교육환경을 조성하고 새로운 자료와 새로운 정보, 새로운 학
습·문화 프로그램을 개발하여 지역사회의 평생교육기관으로서의 역
할을 충실히 하기 위해 노력하고 있다.

3) 속초평생교육정보관27)

속초평생교육정보관은 1986년 5월 17일 문을 연 이래 10만 여권의
장서와 각종 정보자료를 비치하여 속초시민은 물론 정보관을 찾는
모든 분들께 다양한 정보와 자료를 제공하고 있다. 문화관광부로부터
"한국문화 학교"로 지정을 받아 다양한 교양강좌 프로그램을 운영
하고 있으며 2001년 2월 20일 강원도 교육청으로부터 "속초 지역 평
생학습관"으로 지정받아 지역 주민들의 여가선용과 삶의 질을 향상
시키기 위해서 평생교육 프로그램을 개발하는 등 평생교육기관으로
서의 역할도 충실히 할 수 있도록 전 직원이 노력하고있다. 1985년1
월 25일에 속초시가 공공도서관 설치 조례를 공포하였고, 1986년 5월
17이 속초시공공도서관을 개관하고, 속초도서관 개축하여 1987년 12
월 4일에 속초도서관 본관 개관, 2001년 2월 20일에 지역평생학습관
으로 지정 받았으며, 2001년 6월 16일에 속초평생교육정보관으로 명
칭 변경되었다. 조직은 관장, 문화학교운영, 평생교육강좌를 담당하고
있는 평생학습과와 자료의 수서·정리, 정보봉사, 독서진흥 행사를
담당하는 문헌정보과, 서무, 경리, 보안을 담당하는 행정지원과가 있
다. 장서는 일반도서 8,6672권, 아동 도서 16,290권, 비도서 5,139건
이다.

4) 삼척평생교육정보관 28)

삼척평생교육정보관은 지역주민들의 풍요로운 삶을 위하여 쾌적한
환경을 조성하고 정보화시대에 맞는 양질의 자료를 신속하게 제공하

---

27) http://www.library.or.kr:8080/design01/user/index_intro.php
28) http://www.samleic.or.kr/

고 각종 문화강좌를 운영하여 지역의 정보·교육·문화센터로서의 역할을 다하고 있다. 정보화 사회를 선도하고 항상 주민과 함께 호흡을 같이하는 정보관이 되기 위해 다양한 정보자료와 각종 교육·문화프로그램을 개발하여 지역사회에 널리 보급하여 최선을 다하고 있다.

삼척평생교육정보관은 1974년 12월 10일에 삼척군 공공도서관이 개관되어 1987년 7월 1일에는 삼척군 중앙도서관으로 명칭이 변경되었다. 1991년 3월 25일에 삼척도서관으로 명칭이 변경되었고, 1999년 9월 21일에는 한국문화학교로 지정(문화관광부) 되었다. 2001년 2월 20일에는 지역평생학습관 지정(강원도교육청)되었고, 2001년 6월 16일에 삼척평생교육정보관으로 명칭이 다시 변경되었다. 2002년 2월 20일에는 디지털자료실 개설(70석)되었다. 특징은 삼척시민 누구나 이용할 수 있는 곳으로 문학. 교양서를 비롯한 각 주제별 전문자료. 연속간행물을 비치하고 있는 종합자료실, 초등학생을 위한 공간으로 도서 및 신문, 잡지는 물론 인터넷 검색도 가능한 어린이 열람실, 미취학 아동들이 부모님과 함께 책을 읽고 놀이도 즐길 수 있는 공간으로 부모님을 위한 자녀교육, 가정학 자료를 비치하고 모자열람실, 직접 정보관을 이용하지 못하는 원거리 지역주민을 위해 현지에 찾아가 자료를 대출 및 독서지도를 하는 이동도서관이다. 또한 문자, 음성, 영상정보 등 각종 정보를 디지털 형태로 저장하여 시간과 공간을 초월하여 편리하게 접근 할 수 있고 디지털형태로 된 국내·외 정보와 멀티미디어 자료를 이용할 수 있는 미래지향적 자료실인 디지털자료실이다.

디지털자료실은 초고속 국가망을 통해 빠르고 편리하게 전 세계의 정보를 검색할 수 있다. 그 특징은 지역주민의 정보화 능력 향상을 위한 컴퓨터 교육, 영어·일어 등 어학테이프와 VCD를 통해 1대 1로 외국어 학습, 공공기관·민간기업에서 제공하는 원문DB 검색 및 출력, 위성안테나 및 공중파·케이블채널을 통하여 위성방송 및 유선방송 시청, 소장된 DVD 및 VTR자료 시청, 개인별로 문서를 편집·

출력 및 홈페이지 제작, 일한·영한 번역SW를 이용하여 원문 번역, 자료 스캐닝 및 개인 노트북 사용, 소장된 디지털자료 열람 등이다.

5) 원주평생교육정보관[29]

원주평생학습관은 강원도교육청에서 지정하고 원주평생교육정보관에서 운영하는 지역사회의 평생교육의 장(場)이다. 원주평생학습관에서는 지역주민을 위하여 새로운 정보, 다양한 문화, 새로운 프로그램을 개발하여 지역의 평생교육 활성화를 위해서 노력하고 있다. 원주평생학습관은 지역주민들께서 만들어 가는 것이다. 원주평생학습관을 이용하는 시민여러분의 많은 관심과 참여를 부탁드린다.

〈연혁〉

1986년 3월 12일 원주공공도서관이 개관되었고, 1987년 11월 27일에 열람석 466석의 2층 건물이 증축되었다. 1991년 3월 26일에 조례 개정에 따라 원주도서관으로 이름이 변경되었다. 1992년 9월 21일에 강원도 교육청 직속기관으로 승격되었으며, 1994년 11월 17일에 문화체육부에서 문화학교로 지정되었고, 1996년 11월 1일에 이동도서관 운영 시작되었다. 1998년 4월 8일에 지역 중심 평생학습관으로 지정되었으며, 199년 4월 1일에 도서관 협력망 강원지역 대표도서관으로 지정되었다. 2000년 1월 4일에 전자정보실이 개설되었고, 2001년 6월 16일 원주평생교육정보관으로 명칭이 변경되었다.

〈도서현황〉

일반도서 80,785권, 아동도서 21,485권, 이동도서 14,654권, 모두 116,924권이다.

비도서는 CD-ROM 2,439종 이며, DVD 2종 이며, 비디오테이프 322개이며, 합계 2,273개이다.

〈이용시간 안내〉

일반열람실은 하절기(3월1일~10월 31일)에 오전 7시부터 오후 10

---

29) http://www.wonjulib.or.kr/

시까지이다

동절기(11월 1일~다음해 2월 28일)에 오전 8시부터 오후 10시까지
이다.

종합자료실과 참고열람실은 하절기에 평일 오전 9시부터 오후 7시
까지이다. 주말 오전 9시부터 6시까지이다. 동절기에 평일 오전 9시부
터 오후6시까지이다. 주말에는 오전 9시부터 오후5시까지 이다. 어린
이열람실과 전자정보실 그리고 논문자료실은 하절기에는 오전 9시부
터오후 6시까지이다. 동절기에는 오전 9시부터 오후 5시까지이다.

〈평생교육프로그램〉

- 운영 목표는 원주지역 주민들에게 문화향수의 기회를 부여하고,
  여가선용 및 교양증진의 기회를 부여하며, 자기발전 및 평생교
  육의 기회를 부여한다.
- 추진 방향은 지역주민의 문화적 소양 함양 도모하고, 지역의 특
  색에 맞는 프로그램개발/운영하며, 개설강좌·강사의 전문성을
  강화한다.
- 세부 사업 개요
- 사업명은 원주평생교육정보관 평생학습강좌로 하고, 운영 기간
  은 매년 3월~11월이다.
- 접수기간은 2003년 2월 3일(월)부터 2월 28일(금)까지 이다.
- 접수장소는 원주평생교육정보관 평생학습과이며 문의 사항은
  033)735-8341/FAX : 033)735-8345이다.

〈평생교육기관 상호 연계 운영〉

- 방침 : 지역주민들의 평생학습에 대한 욕구에 부응하기 위하여
  지역 사회 평생학습기관·단체 간에 상호 정보 교류 망을 구축
  하여 연계 운영한다..
- 방법 : 연계 운영 기관·단체 간에 인터넷, 전화, 문서, 직접방문
  등을 통하여 상호 정보 를 교류 수집하여 강좌개설, 강사섭외,
  강좌일정에 활용한다.

- 연계운영기관 : 원주문화원, 횡성도서관, 원주YMCA, 참여자치시
민쎈타, 원주YWCA 등이다.

〈금빛 평생교육봉사단 운영〉

- 목 적 : 퇴직자의 인적자원개발을 도모하고 지역사회의 평생교육
을 활 성화 하고자 봉사를 희망하는 분들을 모집하여 운영한다.
- 활 동 내용 : 컴퓨터, 건강관리(침술), 일본어, 인성교육, 문학/논술
등이다.
- 활동기관 : 카톨릭복지회관, 안나의 집, 명륜초등학교, 꿈자람학교,
귀래중 학교, 노인정(2개지역) 등이다.

〈찾아 오는 길〉

교통편은 시내버스 15번, 17번, 81번 정보관 앞에 하차한다.

(3) 문화정보센터

1) 강북문화정보센터[30]

강북문화정보센터는 강북구 오현길인 번동 산 27-108번지에 있으
며, 서울특별시 강북구가 설립하고 강북구 도시관리 공단에 의하여
운영되고 있는 도서관이다. 조직은 관장과 관장을 자문하는 자료 선
정위원회, 운영위원회를 두고, 서무과와 자료봉사과를 두고 있다. 서
무과는 서무과 총괄서무, 기계실 및 시설물관리, 전기 및 방송통신장
비관리, 환경관리 및 셔틀버스 운행 업무를 맡고 있으며, 자료봉사과
는 자료봉사 업무총괄, 수서·정리팀은 수서와 정리 업무 그리고 열
람팀은 점자·향토·연속간행물실, 초등학생열람실, 모자열람실, 회원
증과 어린이정보자료실, 인문과학열람실, 사회자연과학열람실, 전자정
보실, 문화교실 및 각종 행사 기획 업무를 맡고 있다. 시설은 식당,
페가서고, 기계실, 중앙감시실, 전기실, 전시실, 지하 저수실이 있는

---

30) http://www.gangbuklib.seoul.kr/index_general.htm

지하 1층, 지상 4층 건물이다. 그 외 강북청소년문화정보센터가 있다.

2) 분당문화정보센터31)

분당문화정보센터는 성남시 분당구 정자2동에 자리 잡고 있는 있으며, 성남시가 설립하고 성남시 시설관리공단이 운영하고 있는 도서관이다. 사회 각 분야의 자료를 수집·정리·보존하여 시민에게 필요한 지식과 정보를 제공하고, 독서 및 문화프로그램을 지속적으로 전개하여 보다 차원 높은 봉사로 21세기를 열어 가는 문화·정보·평생교육센터로서 건전한 독서문화 및 지역문화 발전에 최선을 다하기 위하여 설립하였다. 1998년 1월에 착공하여 동년 7월 2일에 도서관 지원 준비단을 구성하고, 1999년 8월 준공하여 9월 1일에 문화정보센터를 개소하고 10월 27일에 개관하였다. 시설은 대지 40,525.0㎡ (1,226평), 8,525.2㎡(2,579평), 4층에 1, 2일반열람실, 5층에 사무실, 제3열람실, 3층에 문헌정보실, 2층에 VOD와 CD-NET을 검색할 수 있는 전자정보실, 제1문화교실, 제2문화교실, 어학실, 세미나실, 전시실, 1층에 검색실, 어린이 및 모자 열람실, 장애인실, 연속간행물실, 지하 1층에 식당 및 매점, 시청각실, 보존서고가 있다.

3) 중원문화정보센터32)

중원문화정보센터는 성남시 중원구 성남동 산에 자리 잡고 있는 있으며, 성남시가 설립하고 성남시 시설관리공단이 운영하고 있는 도서관이다. 1997년에 5월 1일에 착공하여, 1999년 120월 6일에 준공하였으며, 2000년 5월 2일 개관한 중원문화정보센터는 주민들의 정보센터, 사회교육 문화시설로서의 기능을 다하기 위하여, 지역 정보를 비롯하여, 각 분야의 정보 및 지식의 제공과 다양한 문화프로그램을 통해 보다 차원 높은 봉사로 21세기를 열어가는 정보문화의 산실로서 특히 취업 및 생활정보, 컴퓨터 분야에 중점을 두어 전산교육, 인터

---

31) http://www.snbundanglib.or.kr/
32) http://www.snjungwonlib.or.kr/

넷 교실 등을 운영하고 있다. 특히 폭넓은 분야의 문화행사를 마련, 강연회·감상회·전시회를 개최하고, 독서활동에 관심을 가진 성인 및 청소년을 대상으로 계층별 구성하여, 그 활동을 지원하고 독서토론 및 발표, 독서상담 등 독서회 활동을 지원하고 있다. 조직은 관장, 운영위원회, 자료선정 위원회, 관리계, 수서정리계, 정보봉사계이다. 시설규모는 부지 8,264㎡ (2,500평), 건물 13,164.33㎡(3,982평), 지하 1층, 지상 4층, 좌석수는 2,500석이다. 1층에는 어린이열람실, 연속간행물실, 장애인열람실, 2층에는 문헌정보실, 전자정보실, 컴퓨터교육실, 3층에는 일반열람실과 시청각실, 4층에는 일반열람실이 있다.

4) 수정문화정보센터[33]

수정문화정보센터는 성남시 수정구 산성동에 자리 잡고 있으며, 성남시가 설립하고 성남시 시설관리공단이 운영하고 있는 도서관이다. 2000년 5월 20일에 승인을 받아 동년 6월 13일에 준공하고 동년 7월 20일 운영하고 2000년 8월 1일에 열람실이 일부 개관되고 2000년 10월 25일에 개관하였다. 조직은 관장, 운영위원회, 자료선정 위원회, 관리계, 수서정리계, 정보봉사계이다. 특징은 족보사이트가 링크되어 있고, 독후감 한마당, 문화강좌 등이다. 시설은 대지 21,077㎡, 건물 7,922.7㎡(2,397평), 규모는 지하 1층, 지상 4층이며, 좌석수는 2,000석이며, 주차장은 54대(지상 44대, 지하 10대)이다.

5) 성동문화정보센터[34]

서울시 성동구 행당동에 자리 잡고 있는 성동문화정보센터는 도서 및 각종 자료의 수집·보존·열람·대출과 부속 시설을 공중의 이용에 제공하고 다양한 프로그램을 활성화함으로써 지역문화예술 진흥과 지역 사회 정보화, 평생교육에 이바지하기 위하여 설립하였다. 모범독서인 표창, 구민독서경진대회, 독서표어 및 포스터 공모전, 문화

---

33) http://www.snsujeonglib.or.kr/
34) http://www.sdlib.or.kr/

교양 강좌 등 취미생활 강좌 등을 개설 운영하고 있다. 소장 자료는 일반도서로 총류, 철학, 종교, 과학, 예술, 어학, 문학, 역사 등 총 5만 여권과 어린이도서는 총류, 철학, 종교, 과학, 예술, 어학, 문학, 역사 등 총 2만 여권이 있다. 비도서는 비디오, VCD, DVD, CD-ROM 타이틀, 음악 CD, 카세트테이프, 지도 등 총 5천여 점이고, 전자도서는 인터넷으로 직접 읽을 수 있는 e-book 서비스 406종 3,585 권이다. 시설은 1층에 물품보관실(400개), 일반열람실(114석), 어린이열람실 (32석), P/C 교실(20석)이 있고, 2층에 장애인열람실(24석), 신문잡지 코너(68석), 참고봉사실(32석)이 있으며, 3층에 제1열람실(84석), 도서 기증자 코너, 4층에 제2열람실(102석), 5층에 회의실(72석), 선생님 자원봉사 센터, 지하1층에 전자도서실(74석), 영화감상실(63석), 매점, 옥탑에 간이식당이 있다. 교통은 지하철은 2호선, 5호선, 국철 왕십리 역 9번 출구이며, 버스는 왕십리 방면은 19, 62, 69, 77, 542, 543, 570-2번, 금호동 방면은 29, 77-1, 81, 81-1, 117, 235번이다.

(4) 문화관/도서관

관악문화관/도서관[35]은 서울 관악구 신림 9동에 자리 잡고 있으며, 지역 사회 주민에게 문헌정보서비스를 제공하고 교육·문화·여가 활동에 이바지하고자 2002년 10월에 개관하였다. 지방자치시대에 지역구민을 위한 진정한 도서관 봉사를 하고, 교육·문화 향상이 관악 문화관/도서관 발전이란 생각으로, 지역 실정과 상황에 맞도록 교육·문화정보센터로서 기능을 위해 기존의 정보서비스 중심의 방식을 개선하여 구민이 필요로 하는 교육·문화·여가 프로그램을 부가적으로 개발하여 운영하고자 하며, 자료수집은 특성화, 전문화하여

---

35) http://www.gwanakcullib.seoul.kr/
   http://www.gwanakcullib.seoul.kr/dlsearch/TGUI/Theme/Gwanak/main.
   asp

수집, 축적 제공하고 있다. 배움을 추구하는 모든 이용자에게 정보, 지식, 문화 서비스를 제공받을 수 있도록 하여 문화시민의식 함양에 일익을 담당하고자 하며, 평생교육센터로서의 기능과 지역 중심기관의 역할을 수행하고 봉사하는 열린 문화관/도서관을 만들고자 노력하고 있다. 조직은 관악문화관도서관장과 관장을 자문하는 운영위원회와 서무과와 사서과 그리고 문화과를 두고 있다. 특지으로는 E-Book, CD-NET, 교양강좌로 영어, 컴퓨터, 글쓰기, 독서논술, 구연동화, 오색점토, 조이접기, 철사공예 등이다.

(5) 정보도서관

1) 중랑정보도서관36)

중랑구립정보도서관은 민간의 창의성 확보 및 인력운영, 예산절감을 극대화하기 위하여 민간 경영 기법을 도입하여 운영하고 있는 우리나라 최초의 민간 위탁 도서관이다.

1999년 3월 개관이래 4주년을 맞은 우리 도서관은 지역주민들의 지적수준 향상과 지역 문화 창출에 많은 변화를 가져오게 되어, 현재 약 8만 3천여 권의 장서와 5천여 점의 비도서자료(녹음도서, CD-ROM, 비디오테이프) 및 다양한 소프트웨어를 구비하여 명실상부한 중랑구지역의 종합정보센터로서의 역할을 충실히 수행하고 있다.

특히 2003년도 3월에는 문화관광부가 추진하고 있는 '공공도서관 디지털자료실 설치작업'과 연계하여 개관 초부터 운영해온 멀티미디어실을 대폭 확장하고, 인터넷을 통한 각종 전자저널 및 원문제공서비스, CD-ROM, DVD 등과 같은 다양한 전자정보를 제공하는 첨단 디지털자료실을 설치하였습니다. 이로써 우리 도서관은 최첨단정보를

---

36) http://chungnanglib.seoul.kr/

신속히 제공하고 있다.

또한 서울시 최초로 국립중앙도서관에서 개발한 공공도서관 표준 관리시스템인 웹기반의 KOLAS II를 도입하여 비도서자료 및 연속 간행물의 통합관리는 물론 이용자가 시간과 공간의 제약없이 인터넷 상에서 도서관에 소장되어 있는 모든 자료를 검색할 수 있는 실시간 검색서비스를 제공하고 있다. 특히 2001년도에는 개관 3년차라는 짧은 역사임에도 불구하고 문화관광부가 주최하는 '전국문화기반시설 관리운영평가'에서 문화관광부장관상을 수상하였다. 그리고 2002년 도부터는 최신의 정보를 좀더 신속하게 이용자에게 전달하기 위한 도서관 뉴스레터 서비스 및 어린이들이 손쉽게 도서관 이용을 할 수 있도록 하는 어린이도서관 웹사이트의 신설, 이용자들의 참고질의 및 새로운 정보를 제공할 수 있는 게시판 기능 등을 보강한 홈페이지를 새롭게 단장하였습니다. 이러한 홈페이지의 새로운 단장을 통하여 우리도서관은 항상 지역주민과 가까이 있는, 지역주민의 작은 소리에도 귀를 기울이는 '주민과 함께 하는 도서관상'을 확립하기 위하여 계속 노력하고 있다. 또한 학교도서관 순회 운영지도 (도서분류법, 도서목록법, 자료이용법 등), 사서교사를 위한 도서관 관련 세미나 실시, 자원봉사자 활용방안을 강구하고 문고 운영 (자료선정방법, 자료정리방법, 대출회원관리방법 등)을 지원하여 지역중앙도서관의 역할을 수행해 나가고 있다.

더 나아가서 중랑구립정보도서관은 항상 현재의 상황에 만족하지 않고 지식 정보화 시대에 최고의 지역 공공도서관으로 더욱 성장 발전하고자 중장기 발전계획을 수립하여 철저한 준비와 더불어 세부실천계획을 통한 도약을 시도해 나가고 있다.

즉, 국내 최고수준의 정보화 선도 기반 구축, 정보전문가로서의 창의적인 미래형 전문사서교육, 공동자료 활용을 위하여 지역내 학교도서관, 대학도서관, 전문도서관과 각종 문화시설과의 공동협력망 구축, 도서관과 유사한 문화시설인 문화원, 문화의 집, 박물관, 미술관과 유기적인 연계로 문화시설의 효율성을 높이는 방안 들을 강구하여 지역 공공도서관이야말로 평생교육을 위하여 공공기관이 제공할 수 있는 가장 적합한 교육시설로서 지역사회에 봉사할 수 있도록 발전시켜 나가고 있다.

〈도서관 연혁〉

중랑구립정보도서관은 지역사회 주민들의 지적수준 향상과 지역문화 창달을 목적으로 1999년 3월에 개관하였습니다. 현재 7만여권의 장서를 소장하고 있으며, 일일 이용자가 2천여명에 이르는 명실상부한 지역 공공도서관으로 성장하게 되었다.

특히 컴퓨터를 중심으로 전개되는 정보사회에서 지역주민들이 도서관을 통한 정보의 세계를 마음껏 접할 수 있도록 멀티미디어실을 갖추고 각종 전자정보를 제공하고 있습니다. 또한 중랑 어린이 동화구연대회를 비롯하여 어린이과 학생들을 위한 문화행사, 교양과 정서함양을 위한 문화교실 등 다양한 문화교육 행사를 전개하고 있습니다. 앞으로 중랑구립정보도서관은 지역사회를 위한 지역주민 중심의 공공도서관으로서 새로운 정보환경에 신속히 발맞추어 나가면서 21세기 지역정보화를 선도하는 종합정보센터로 발전해 나가고 있다.

1997년 4월에 도서관 신축 공사 기공을 하고,1998년 12월에 도서관 위탁 운영 협약 체결을 하였다. 199년 1월 도서관 직원을 채용하고, 1993년 3월에 도서관 개관식을 하였다. 2000년 12월에 공공도서관 표준자료관리시스템 (KOLAS II)을 도입하였고, 2001년 11월에는 문화관광부 주최 '제 4회 전국문화기반시설 관리운영평가' 도서관 부문 우수기관으로 선정되었다.

《향 후 계획(2002년~2003년)》

〈전산화 계획〉

멀티미디어실 확충 및 전자정보자료를 비치한다. 문화관광부의 도서관정보화 사업(디지털자료실 기반조성사업)과 연계하여 추진한다. CD-ROM, DVD 등의 멀티미디어 전자정보자료를 다량 비치할 계획이다. 멀티미디어 DB등 디지털 도서관을 구축한다.

〈지역 내 중앙도서관으로서의 역할〉

마을문고를 지원하고, 이동도서관 운영을 활성화하며, 학교 도서관을 지원한다.

〈자료 확충〉

2004년에 장서 10만권 소장을 목표로 하고, 도서관 자료개발지침 마련, 이용자 및 지역주민 대상 설문조사결과를 반영한다. 1가구 1책 기증운동을 전개하며 중랑구 향토자료를 적극 수집한다.

〈도서관 과학화〉

직원의 전문성을 제고하고 이용자 만족도를 극대화하기 위하여 도서관과학화를 지속적으로 추진한다. 사서는 본연의 업무인 정보전문가로서 정보의 가공과 제공에 주력하도록 하고, 사서를 위한 전문교육과 재교육을 실시한다. 사서의 노동집약적 업무요소를 해소하고 지적업무 및 대민 서비스를 제공하도록 하여 연구하고 변화하는 도서관으로 발전시킨다.

〈문화프로그램 활성화〉

문화교실에 대한 이용자 조사, 타 도서관 사례 조사 등을 지속적으로 실시한다. 지역주민 정서와 요구에 맞는 전시회 및 강연회 기획, 개최한다. 독서활동을 지원할 수 있는 프로그램을 개발, 문화시설기관과 연계할 수 있는 프로그램을 개발한다.

〈네트 워크, 협력〉

국립중앙도서관의 국가자료 공동목록시스템(KOLIS-NET)과 연계하여 해외 도서관과 교류협력을 한다.

〈주인에게 찾아가는 도서관〉

지역주민의 작은 소리에도 귀를 기울여 지역주민이 이용하기 편리한 시스템을 구축, 주민의 욕구를 충족시킬 수 있는 서비스를 제공한다.

도서관 홈페이지 게시판 및 건의함을 통하여 민원을 즉시 수렴하여

적극 개선한다. 잠재적인 이용자(각 학교 및 장애인, 노인 등)의 요구
사항을 이용자 설문조사 및 지역주민 설문조사 등 정기적인 여론조사
를 통하여 도서관 운영에 참고함으로써 이용자 개발에 주력한다.

〈독서인구 저변 확대〉

1인 1대출회원증 갖기 운동 전개한다. 장애인과 노인, 청소년 대상
독서토론회 구성

4월 도서관 주간행사, 5월 동화구연경진대회, 9월 독서의 달 행사
등의 연례행사를 내실있게 추진 운영함으로써 도서관 활동을 적극
홍보하고 지역주민의 도서관 참여를 유도하는 한편, 잠재 이용자 개
발 및 범 주민독서 생활화에 기여한다.

《해외 교류 사업》

〈추진경위〉

2000. 5. 중랑구 대표단 숭문구도서관 방문. 상호 도서교환 제안

2001. 6. 중랑구립정보도서관 실무대표단 숭문구도서관 방문

2001. 10. 숭문구도서관 실무대표단 중랑구립정보도서관 방문

〈우호교류 내용〉

도서교환을 정례화 한다. 교환 횟수는 년 1회로 하고, 도서 수량은
50권 내외로 한다. 도서주제는 양 구 발간자료 및 홍보자료, 역사, 전
통생활, 문학명저, 과학 분야이며. 2001년 숭문구도서관 교환도서 목
록 및 해제는 중국통사 외 32권이다.

〈정보코너 설치운영〉

정보코너 설치 목적은 양 도서관에 중국관련 상대 구에 대한 자료
코너를 설치하여 지역주민에게 각종 정보를 제공하고자 한다.

정보코너 설치 추진 협의사항은 양 구 발간자료 및 홍보자료, 상대
구 기증도서 코너 설치, 상대 구 정보 검색용 전용 PC 설치이다.

향후 발전 방향은 본 도서관이 해외자료(중국) 특화도서관으로 특
성화하는 방안 모색하는 계기를 마련한다.

* 도서관 행사 및 문화 교류의 개요는 각종 전시회 개최 시 상호

지원 및 문화교류분야, 교류방법 등 협의한다.

 * 교류 희망 분야는 숭문구도서관 포장 자료 이관 개최한다.

서예 및 미술 상호 이관 개최한다. 숭문구도서관의 고서자료 이관 전시회 개최한다.

 * 도서관 정보화 교류의 개요는 양 도서관 정보화 추진현황 등을 교환하고 인터넷을 활용하여 상대 도서관을 홍보하는 방안 등에 대하여 협의한다.

협의 사항은 인터넷을 이용한 상대 두서관을 소개하고 홍보한다. (홈페이지 상 상대 도서관 소개, 배너 교환 등이다.)

각종 멀티미디어자료 상호교환 활용에 대한 운영환경 협의한다.(서버 및 PC 운영체제, 보유하고 있는 멀티미디어자료 유형 등이다.)

 * 기타 도서관 운영분야 정보교환은 양 도서관의 운영분야에 대한 각종 정보를 교환한다. 이용자 서비스에 대하여 비교한다.

 2) 성북정보도서관[37]

새로운 상상이 있는 곳... 성북정보도서관

성북정보도서관은 서울시 성북구청이 설립하여 지방공사인 성북구 도시관리공단에 위탁운영 중이며, 문헌정보학 전공 박사급 전문직 총괄팀장과 운영팀장을 포함하여 1급 정사서 2명, 2급 정사서 10명, 준사서 2명 등 총 직원 27명의 팀 조직으로 운영된다. 성북정보도서관은 지금까지의 공공도서관이 변화하지 못했던 여러 가지 고정 틀을 깨는 새로운 도서관을 만들어 갈 것이다.

공공서비스가 모두 무료여야 한다는 고정관념에서 탈피하여 공공서비스의 질을 높이고 서비스 개선을 통하여 국가경쟁력을 키워가는 도서관이 될 것입니다. 우리는 공공서비스 부문도 민간부문과는 물론 세계와도 경쟁할 수 있어야 한다고 생각한다.

도서관 1층에는 아늑하고 아름다운 공간에서 차를 마시며 신간 도

---

37) http://www.sblib.seoul.kr/dlsearch/TGUI/Theme/seongbuk/main.asp

서를 읽을 수 있는 "북카페"를 유치하였으며, 5층에는 지역사회의 발전을 이끌고 갈 젊은 연구 인력들이 저렴한 비용으로 쾌적한 환경에서 비전의 나래를 펼 수 있는 고품격의 개인연구실(미래연구실)을 마련하였다.

앞으로 이들에게 고급정보서비스를 제공하여 연구 활동을 돕고 연구 성과를 도서관 교육 및 문화프로그램으로 연계하여 많은 이용자에게 제공할 수 있도록 운영할 계획이다.

공공도서관이 더 이상 공부방화 되어가는 추세는 지양되어야 한다.

공공도서관은 도서와 디지털컨텐츠를 통한 정보서비스의 제공 및 문화프로그램을 통한 문화적 서비스를 제공하는 기능과 전산교육 등 교육기능이 어우러져 종합적인 문화공간이 되어야 한다고 본다.

성북정보도서관은 "정보사서"를 배치하여 연구에 필요한 각종 정보조사서비스를 제공할 예정이며 SDI서비스도 제공한다. 홈페이지를 통하여 참고질의에 대한 응답은 물론 필요한 경우 인터넷 정보검색을 통한 웹데이터를 수집 제공하는 서비스도 제공 예정이다.

도서관에 있는 모든 방들에는 방의 특성을 고려하여 아름다운 고유 명칭을 부여하여 이용자들이 보다 친밀한 느낌을 가지도록 하였다.

성북정보도서관은 매직정보센터(디지털자료실) 옆에 마련된 전산교육장 3개실을 활용하여 성북구에서 유일한 "성북매직 IT교육원"을 설립 운영합니다. 전문 교육 경험이 풍부한 기관에 위탁 운영한다.

성북정보도서관 사서들은 정보전문직으로서의 소명의식을 가지고, 이 땅에 공공도서관을 통하여 애국 애족했던 선각자 박봉석 선생님의 사상과 정신을 가슴속에 새기며, 나라를 사랑하고 민족의 미래를 생각하면서 어머니의 자애로운 사랑의 마음으로 이용자들을 만날 것을 약속드린다.

〈연혁〉

1999년 1월에 착공하여 2000년 10월 성북구도시관리공단 위탁되었다. 2000년 11월에 평면 설계되었고 2001년 12월 5일에 준공되었다. 2002년 2월 1일에 사전 개관되었고 미래연구실을 개관하였다. 2002년 3월 19일에 공식 개관하였다. 2002년 4월 1일에 한국도서관협회 단체 회원에 가입하였다. 2002년 4월 1일에 한국어린이 예술단 프로그램을 개설하였다. 2002년 4월 9일에 국회도서관 원문서비스를 제공하고 있다. 2002년 5월 1일에 문화교실프로그램 7개 강좌를 개설하였다. 2002년 6월 1일에 성북매직IT 교육원의 컴퓨터교육프로그램을 개설하였다. 2002년 6월 9일에 제1회 성북구 어린이 독후감쓰기 대회 개최하였다. 2002년 6월 20일에 공공도서관 협의회 서울지회 모임을 최초로 참여하였다. 2002년 7~8월에 어린이 여름 독서교실을 운영하였다. 2002년 9월 1일부터 어린이 독서회 "책꾸러기들" 운영(매주 1회 수요일 14:00~16:00)하고 있다. 2002년 11월 21일에 2003~2004년도 서울지역 시범도서관 선정(국립중앙도서관 선정) 되었다. 2002년 12월에 성북매직IT교육원 서울시 고용촉진 훈련실시기관(2003년도)으로 지정하였다. 2002년 12월에 성북정보도서관과 한국어린이예술단이 공동운영하는 "미래를 여는 아이들-애니메이션반"을 개설하였다. 2002년 12월에 KERIS(한국교육학술정보원) 문헌복사 서비스를 실시하였다.

〈꾸러기 열람실(어린이열람실 1층)〉

이용 대상은 초등학생이다.

도서관에 소장된 모든 자료는 관내에서 열람이 가능하며, 매직정보센터에 소장된 비도서자료, 네오간행물실에 비치된 간행물, 각 자료실에 비치된 참고자료, 만화, 수험자료 등의 특수한 자료를 제외한 모든 자료의 대출이 가능합니다(아래 표 참조). 모든 자료는 관내 자료실 내에서 자유롭게 열람 가능하다. 자료를 관외 대출하고자 할 경우에는 회원가입을 하야 한다.

〈엄마사랑열람실(모자열람실 1층)〉

이용 대상은 학부모, 유아이다. 미취학 아동을 위한 유아도서, 주부

도서, 부모님과 선생님을 위한 정기간행물인 잡지, E-Book을 소장하고 있다. 넓은 공간이 온돌마루로 되어 있어 어린이가 안전하게 열람할 수 있다. 또한 유아들이 편히 쉴 수 있는 침대와 어린이 전용화장실도 마련되어 있다.

〈네오간행물실(정기간행물실)〉

도서관 2층에 있으며, 중학생 이상이 이용 대상이다.

네오간행물실의 모든 자료는 대출할 수 없고 열람실내에서만 열람할 수 있다.

소장자료는 정기간행물, 부정기간행물, 사보 등의 잡지와 주요일간지 및 각종 신문 등이다.

〈연속간행물 딸림자료 이용안내〉

- CD-ROM / DVD는 담당사서에게 필요한 딸림 자료를 요청한다. 신분증이나 회원증을 담당사서에게 맡긴 후, 4층에 위치한 매직정보센터에서 딸림자료를 이용한다. 이용 후, 다시 네오간행물실로 딸림자료를 가져와 담당사서에게 반납하면 신분증(회원증)을 돌려준다.
- TAPE 는 네오간행물실 담당사서에게 간행물에 딸린 TAPE를 요청한다. 신분증이나 회원증을 담당사서에게 맡긴 후, 이용할 수 있다.
- 별책부록/접지는 네오간행물실 담당사서에게 간행물에 딸린 별책부록이나 접지 등을 요청한다. 신분증이나 회원증을 담당사서에게 맡긴 후, 이용할 수 있다.

〈월곡열람실(종합자료실)〉

도서관 3층에 위치하고 이용 대상은 초등학교 4학년 이상이다. 참고도서, 수험자료, 향토행정자료, 만화, 지도를 제외한 일반도서는 대출할 수 있다.

일반도서는 KDC 분류표에 의한 각 주제별 도서 20,553권, 향토·행정자료는 지역향토자료, 행정자료 190권, 참고도서는 백과사전, 각

종사전류, 도감, 연감 등 659권, 수험자료는 정보처리기사, 공인중개사, MCSE, SCJP 등 각종 수험자료 299권, 만화는 삼국지, 사기, 임꺽정, 객주, 먼나라 이웃나라 등 181권, 지도는 세계지도, 세계각국지도, 우주전도 등 64종 모두 21,946권이다.

〈매직정보센터(디지털 자료실)〉

도서관 4층에 있으며, 이용 대상은 중학생 이상이다. 매직정보센터의 자료는 대출할 수 없고, 담당사서의 안내(이용신청서)를 받아 실내에서 이용허실 수 있다. 이용 목적이 인터넷 및 문서편집인 경우에는 해당 좌석의 좌석표와 회원증(신분증)을 교환하여 이용할 수 있다. 노트북을 직접 가져와서 이용할 수 있는 노트북 전용석도 마련되어 있다. 도서는 컴퓨터 및 인터넷 관련 서적 20권, 잡지는 컴퓨터 및 인터넷 관련 잡지 9종, 비도서는 CD, DVD, 비디오, 디지털 자료 등 1,073종 이다.

〈북카페 장애인 열람코너(1층)〉

시각장애인을 위한 열람코너는 정보화로부터 소외되기 쉬운 시각장애인들의 알 권리, 읽을 권리를 보장하여 정보격차를 줄이고 정보장애를 극복할 수 있도록 지원하고 있다. 또한 일반 인쇄물을 읽는데 있어서 장애를 가지는 노령자, 문자해독장애인, 지체장애인, 시각장애인 및 학습장애인 등 독서장애인까지 포괄하여 서비스하고 있다. 일반도서는 143권으로 신간, 베스트셀러, 교양서, 취미서 등으로 북카페 내에서의 열람만 가능하다. 점자도서는 465권으로 점자도서는 손가락으로 더듬어 읽도록 한 맹인용 기호문자로 지면에 돌기한 여섯 개의 점을 일정한 방식으로 결합하여 제작된 도서이다 (일반글자는 '묵자' 라고 한다).

녹음자료(DAISY 디지털토킹북)은 117종으로 디지털 토킹북(CD-ROM)은 시나 수필, 소설 등 활자로 되어 있는 저작물을 음석녹음하여 음성파일로 디지털화하여 CD에 저장한 도서입니다. 디지털토킹북 전용 플레이어나 PC를 이용하여 청취할 수 있다 자료검색

및 인터넷 코너에는 자료검색과 인터넷검색을 할 수는 2대의 PC가
마련되어 있다. 시각장애우용 PC와 점자프린터 코너에는 스크린리더
기가 설치된 1대의 PC와 점자프린터기가 마련되어 있다. 독서확대기
코너에는 약시자는 독서확대기를 이용하여 활자를 확대하여 책을 보
실 수 있다. 정보장애를 극복할 수 있는 열린 세상 코너에는 손끝으
로 여는 세상, 귀로 만나는 세상." 시각장애우들의 정보이용을 위한
길잡이를 준비 중이다.

〈성북매직 IT교육원〉

　매직IT교육원은 지역 주민들에게 전문적인 IT교육의 기회를 제공
함으로써 주민의 정보화 능력향상은 물론 지식정보사회에 크게 기여
하고자 설립하였다..개강은 매월 첫째 주 월요일이다. 모집 인원은 각
과정 선착순 27명이다. 모집 기간 매월 말까지이다. 접수는 도서관 1
층 안내데스크이다. 동절기(11~2월) 09:00~17:00 /하절기(3~10월)
09:00~18:00

　시설현황은 교육실I(28석), 교육실II(18석), 교육실III(18석)으로 도서
관 4층에 위치하고 있다.

　운영취지는 지역 주민들에게 전문적인 IT교육의 기회를 제공함으
로써 주민의 정보화 능력향상은 물론 지식정보사회에 크게 기여하고
자 성북매직IT 교육원을 설립하였다.

　성북정보도서관이 지역주민들에게 전문적인 IT교육기회를 제공하
고 컴퓨터 시설활용의 극대화 및 정보도서관 이미지 구축을 위하여
설립한 성북매직IT교육원이 2003년도 고용촉진 훈련실시기관으로 지
정받았다.

　고용촉진훈련 실시기관이란 실업자(고용보험 비적용), 비진학청소
년, 군전역 예정자 등 실업상태에 있는 사람에게 국가가 직업훈련을
실시하여 취업을 대비하고 취업기회를 제공하기 위하여 서울시에서
지정하는 기관이다.

　성북구는 인근지역에 소재한 대학교육기관에서 배출되는 우수한

인력에 비하여 IT교육기관이 빈약하여 본 도서관을 IT교육원으로 충분히 활용함으로써 이들 인력을 최대한 지원하여 공공도서관으로서의 역할을 충실히 하고자 한다. 교육과정은 월별 교육과정(기초~고급)과 고용촉진훈련과정으로 구분한다.

3) 광진정보도서관

변화하는 시대에 주민에게 필요한 생활동반자가 되겠습니다.

국내외적 환경이 모든 분야에서 빠르게 변모하고 있는 이 시대를 어떻게 대응하여야 하는가는 현재를 살아가는 사람들의 과제가 되고 있습니다.

IT산업의 발달과 수많은 매체의 출현으로 인한 혼돈 속에서, 올바른 가치관과 비전을 가지고 준비하고자 하는 자에게 길을 인도해주는 바른 지식과 풍부한 지혜에 대한 갈증이 그 어느 때 보다 높아져, 그 적임자로 도서관에 대한 의미와 역할이 새롭게 재조명되고 있습니다.

그 중 공공도서관은 유아부터 노인에 이르기까지 다양한 계층을 위하여 정보제공자로서 뿐만 아니라 문화와 교육까지도 제공하여 삶의 질을 높여나가는 중요한 공간으로 주민들의 사랑과 기대를 받는 기관이 되어야 한다고 생각합니다.

광진정보도서관은 자연과 인간의 친화적 공간구성으로 설계된 아름다운 도서관으로 2001년, 2002년 서울시 최우수도서관과 우수도서관으로 선정되어 주민의 사랑을 듬뿍 받아 왔습니다. 공공도서관으로서 SDI서비스, 메일링서비스, 국회도서관 및 학술정보원의 원문복사서비스, 어린이전자책도서관 등을 앞장서서 시행하여 왔으며 여러 가지 웹서비스를 홈페이지를 통하여 제공함으로서 명실상부한 주민의 디지털정보제공자가 되었습니다.

특히 미래를 위하여 가장 섬세하게 배려하고 있는 곳은 2층에 위치한 어린이도서관으로 가족열람실, 유아열람실, 시청각실, 모자테이블, 어린이열람실, 어린이정보실 등으로 구성되어 있고, 어린이들의 눈높이에 맞춘 운영으로 어린이의 독서지도와 독서생활이 자연스럽게 이루어지도록 하여 이용자들의 커다란 호응을 얻고 있습니다.

또한 광진정보도서관은 광진문화원과 더불어 주민과 문화를 공유하는 체제로 운영되고 있어 주민의 평생학습장의 역할도 하고 있습니다. 정보를 제공할 뿐 아니라 정보를 가공하고 창출하여 진정으로 변화하는 시대에 주민에게 필요한 생활의 동반자가 되길 추구하며, 끊임없이 깨어 미래를 준비하는 역동적인 도서관으로 지속적인 연구와 최선을 다하겠습니다.

〈연혁〉

1996년 2월 16일에 도서관건립계획을 수립하고, 1996년 9월 1일에 설계를 현상공모하여, 1997년 12월 29일에 도서관 신축공사 기공식을 거행하였다. 2000년 3월 22일에 도서관조례를 제정하였고, 2000년 5월 22일에 도서관규칙을 제정하였다. 2000년 8월 10일에 건축공사 준공을 하였다. 2000년 9월 15일에 광진문화원 위탁관리협약을 체결하였다. 2000년 11월 10일에 광진정보도서관이 개관되었다. 2000년 12월 15일에 서울시 우수화장실로 선정되었다. 2001년 5월 31일에 제19회 서울특별시 건축상(동상)을 수상하였으며, 2001년 6월 15일에 2001년도 서울시 시민만족도 최우수도서관으로 선정되었다.

2001년 11월 2일에 제3회 월드컵 『아름다운 화장실』우수상을 수상하였으며, 2002년 6월 15일에 2002년도 서울시 시민만족도 모범도서관으로 선정되었다. 12월 21일에 멀티미디어실 및 광진어린이도서관을 확장 개실하였고, 2003년 1월 18일에 광진전자책도서관을 개실하였다.

〈자료현황〉

도서는 52,520권이며, 신문 50종과 잡지 354종으로 모두 연속간행물이 404종이다. 비도서자료는 4,150종으로 비디오테이프가 1,343종, Digital talking book이 39종, CD-ROM이 353종, 피코 팩이 25종, 지도가 32점, 음악 CD가 953종, 점자도서가 308권, VCD, DVD가 971

종, 카세트 테입이 126점으로 모두 4,150종이다.

원문이미지 자료는 광진구자료가 49점, 민간 DB 즉 학술지, 학술논문기사, 한국학 및 기타정보원, eBook이 단행본이 1,0811, 기사가 309,803로 모두 108,160종이다.

〈전산화〉

광진정보도서관에서는 (주)미르테크에서 개발한 패키지 SLIMA-ST를 도서관 환경에 맞도록 수정/보완하여 홈페이지, E-BOOK, 원문 시스템 등과 연계하여 운영하고 있다

〈문화활동 지원〉

지역주민에 대한 문화 및 예술적 생활을 지원하고 문화발전에 기여하고자 각종 문화 및 예술행사를 실시하여 지역의 문화활동의 장으로써 한강변미니콘서트, 입체구연동화, 영화상영/연극공연, 작가와의 만남, 독서회운영 등의 역할을 성실히 수행하고 있다.

〈평생교육〉

미래의 지식사회는 정규교육 연장선상에서 다양한 평생교육을 요구함으로써 지역의 평생교육센터인 광진정보도서관은 각종 교육프로그램을 통하여 새로운 지식을 얻고 교양을 넓혀 문화시민으로서의 자질을 갖추도록 평생교육을 지원하고 있다.

지원 프로그램은 독서교실운영, 추천도서 및 권장도서 선정 발표, 도서관 견학, 각급학교 CA 활동 지원, 독서경진대회 및 다독자 선발, 지역문고지원, 각종 강연회 등이다.

〈광진어린이도서관〉38)

* 어디에 있을까요 ?

도서관 동 2층에 있다.

* 무슨 무슨 실이 있을까요?

우선 책을 볼 수 있는 곳으로 아기열람실, 가족열람실, 어린이열람

---

38) http://www.gwangjinlib.seoul.kr/slima/junior/

실과 e-book과 각종 CD-R OM 자료를 이용할 수 있는 e-book/디지털정보실, 어린이영화를 볼 수 있는 어린이전용 극장인 어린이시청각코너가 있다.

① 아기열람실 : 24석으로 3~4세 아기들과 부모님들이 함께 이용
② 가족열람실 : 34석으로 5~7세 어린이들과 부모님들이 함께 이용
③ 어린이열람실 : 73석으로 초등학생이상 이용
④ E-book/디지털정보실 : 10석으로 5세 이상 어린이들 이용
⑤ 어린이 시청각코너 : 12석으로 5세 이상 어린이들 이용

* 어떻게 이용할까요?

열람실에서 책보기 (열람) : 자유롭게 나이에 맞는 열람실에서 조용히 책을 보면 된다.

책 빌려가기(대출) : 종합안내 사서선생님께 회원카드와 빌려가고 싶은 책을 함께 내면 대출이 된다.

E-book/디지털정보실 이용 : 어린이도서관 사서선생님께 좌석표를 받아서 이용한다.

어린이 시청각코너 이용 : 영화 상영시간에 자유롭게 바른 자세로 앉아 영화를 보면 된다.

* 어떤 자료가 몇 권이나 될까요? (2003. 2. 28 기준)

아기열람실 1,703권 가족열람실 3,351, 어린이열람실 9,958권 모두 15,012 권이다.

4) 소양정보도서관

춘천 Hi-tech 벤처 타운에 접해 있으며, 시청에서 5분 거리에 위치하고 있는 소양정보도서관은 애니메이션과 생물 산업에 관한 자료·정보를 중점적으로 수집·가공하여 제공하는 전문 디지털도서관으로 우리나라 지식기반산업 발전에 크게 기여할 뿐만 아니라, 시간과 장소의 제약없이 도서관 소장도서를 검색할 수 있으며 디지털화 된 자료는 원문까지 열람할 수 있도록 서비스하고 있다.

5) 대구정보생활도서관

대구정보생활도서관의 설립 목적은 주민의 입장에서 운영하는 도서관의 필요성이 증대하고 있고, 정보의 집산지 및 효율적 유통공간으로서의 역할이 기대되고, 올바른 주민 생활문화를 창출하여 주민 주체의 지역 문화 창달에 기여하고, 지역과 주민의 조건과 처지에 맞는 다양한 사회 교육의 기회를 제공하고, 지역 자치적인 생활 공동체를 형성하여 각종 현안에 대한 민주적인 여론 공간을 만들고, 지역 사회의 발전 및 지역 주민의 삶의 질을 향상시키고자 설립하였다.

대구정보생활도서관의 주요 업무는

* 무료로 책을 빌려 준다.
* 각종 무료 주민상담을 실시한다.
  (법률상담, 노동상담, 교통사고 상담 등)
* 각종 사회교육을 실시한다.
  (아동 글쓰기교실, 아동 생활 program, 주부한글교실 등 각종 강좌)
* 다양한 문화·체육 활동을 한다.
  (문학-역사 기행, 영화제, 등산모임, 독서 camp 등)
* 지역 사랑 운동을 한다.
  (우리 지역 문화유산 답사, 우리 동네 독거노인 돕기, 우리 마을 깨끗이 하기 등)

제6장 근대 공공도서관

6.1 근대 공공도서관의 발전

고대사회에서는 개인이 자신의 목적을 하여 설립한 개인도서관과 관계되는 여러 사람이 이용하는 공공도서관이 있었다. 또한 로마시대에는 학생, 학자, 성직자, 관리에게도 문호를 개방한 공공도서관이 30여개 정도 있었다.[1] 중세에는 책을 사슬에 매어 고정한 도서관이 많았으며, 수도원 도서관이 발달하여 성직자들이 학문을 독점한 경향이 많았다. 그러나 르네상스와 종교개혁을 거치면서 학문이 발달하고 인쇄술의 발달로 책이 증가와 함께 도서관의 정보량과 이용자의 증가로 도서관이 특권층의 점유물에서 벗어나 일반대중과 가까운 관계를 갖는 근대 시민사회의 출현과 그 시기를 같이하여 공공도서관의 형태를 갖춘 도서관들이 17세기 말부터 나타나기 시작한 것이다.

(1) 교구도서관(敎區圖書館)/Parish Library

근대공공도서관의 선구적 도서관의 중의 하나는 영국의 브레이(Thomas bray) 목사가 성직자들을 위한 종교적인 훈련과 영혼을 위한 책을 공급하기 위하여 각 교구에 도서관을 설치하는 교구도서관

---

1) Frank B. C. Sessa(1978), "History of the Public Libraries," *Encyclopedia and Information Science*, vol. 24, p.268.

운동의 전개로 영국에 건립된 교구도서관이다.

브레이 목사는 1696년에 미국으로 발령을 받게 되자 미국에도 교구도서관을 설립하였다. 그는 메릴랜드 주에 30여개, 보스톤 주와 남캐롤라이나 주의 찰스톤에 모두 39개의 교구도서관을 설립하였다.[2]

찰스톤에 교구도서관이 설립되면서 남캐롤라이나 주에서는 1700년 미국 최초로 도서관법이 통과 되었다. 이 법의 특징은 목사가 도서관의 책임자가 되고, 상세한 이용규칙을 규정하였으며, 성직자뿐만 아니라 원하는 사람은 누구든지 이용할 수 있게 되어 있었다. 교구도서관은 그 지역에서 대중봉사에 큰 관심을 가지고 공공도서관 역할을 담당하였다.

1817년 스코틀랜드의 브라운(Samuel Brown) 목사가 각 마을에 50권 정도의 장서를 가진 소규모의 도서관을 설치하여 2년 정도 운영하다가 다른 마을로 옮겨가는 순회도서관(Itinerant Library) 계획을 세우고, 허딩턴(Huddington)에서 실제로 운영을 한 결과 1836년에는 47개 도서관에 2,380여권의 장서를 갖추고 활발한 활동을 벌였다.[3] 그러나 대체로 대부분의 교구도서관은 규모가 너무 작고, 재정적인 지원 부족과 경영상의 미숙 등으로 큰 성공을 거주지 못하고 쇠퇴하고 말았다.

(2) 회원제도서관(會員制/圖書館)/Subscription Library

회원제도서관은 일반 대중을 위해서 책을 이용 가능하게 최초의 시도였으며[4], 사회도서관(Society Library)의 한 형태로 근대 공공도서관 출현에 가장 중심적인 역할을 담당한 도서관이다. 사회도서관이

---

2) Jean key gates(1976), *Introduction to Librarianship*,(New York : McCgraw-Hill Co.), p.54.
3) Frank B. C. Sessa(1978), p.269.
4) Elemer D. Johnson(1960), p.117.

란 개념은 영국에서 먼저 시작되었는데, 1720년대에 영국에서 유행했
던 독서클럽(Book Club)이 사회도서관의 한 형태이다. 사회도서관은
자료를 나누어 보고 그 값을 나누어 지불하기 위한 목적으로 설립된
것으로 책 구입을 위해 사용되는 공동기금에 돈을 투자한 개인들이
모인 자발적인 단체이다.5)

　미국의 회원제도서관은 1731년 프랭클린(Benjamin Franklin)이 필
라델피아 도서관회사(Library Company of philadelphia)를 세운 것이
시초이다. 이것은 미국의 공공도서관 발달에 결정적인 역할을 한 것
이다.

　프랭클린은 영국에서 돌아와 친구들과 함께 필라델피아에서 쟌토
우 클럽(Janto Club)을 만들고, 영국에서 운영되고 있는 방법에 따라
모든 회원들이 이용할 수 있는 책을 구입하기 위하여 50여명의 회원
들이 2파운드씩 회비를 내어 공동기금을 모아 회원제도서관을 설립
하였던 것이다. 이 도서관은 내용이 충실해지고, 누구에게나 개방하
여 실질적으로 공공도서관의 역할을 하였으며, 미국 헌법 제정 시에
는 관련자들이 실제로 이용할 수 있었던 유일한 도서관 역할을 하였
다. 1789년에는 독립 건물로 옮겨와 오늘날의 필라델피아 공공도서관
의 핵심이 되었다. 필라델피아 도서관회사의 성공으로 미국 각 처에
서 회원제도서관이 등장하기 시작하였으며, 크게 번창하였다. 18세기
중반까지 뉴잉글란드 지방에는 12개 정도의 회원제 도서관이 설립되
었다.6)

　미국의 남부지방에는 남캐롤라이나 주의 찰스톤에 설립된 찰스톤
도서관조합(Charleston Library Society)으로 1748년 17명의 청년들이
영국에서 출판되는 새로운 잡지나 팜프렛을 수집하기 위하여 기금을
모을 목적으로 스스로 모인 단체였는데, 회원들이 대부분 지식층으로

---

5) Milton S. Byam(1966), "History of branch Libraries," *Library Trends*,
　14호 p.368.
6) Jean key Gates(1976), p.57.

훌륭한 고전문헌들을 많이 갖추고 귀중하고 가치 있는 문화재산으로 지역사회에 봉사하였다. 독립전쟁 때에 크게 손실을 입었으나, 1790 년에 재조직되어 현재의 찰스톤 공공도서관의 중심을 이루고 있다.[7] 한편 뉴욕에는 1754년에 뉴욕조합도서관(new York Society Library) 이 설립되어 회원제도서관으로서 성장하였다. 그러나 회원제도서관은 소액의 회비로 운영되어 재정이 부족하고 장서 규모도 작아 존립 기 간이 35년을 넘기지 못한 곳이 전체 도서관의 50% 가까이 되었다.[8]

1733년과 1850년 사이에 뉴잉글랜드 지방에 설립된 회원제도서관 의 형태와 수는 일반회원제도서관(906), 기계공 및 견습도서관(30), 아동 및 청소년 도서관(21), 여성전용도서관(20), 청년도서관(16), 농 업도서관(14), 근로자 및 노동자도서관(12), 학회도서고관(20), 음악도 서관(1), 과학도서관(4), 법학도서관(3), 공제조합원도서관(3), 의학도 서관(3), 군인도서관(3), 정기간행물 클럽(3), 상업도서관(2), 노예제도 반대모임(1), 소방대도서관(1) 등이다.[9]

(3) 아테네움/Athenaeum

18세기 후반부터 학문 활동에 많은 부분을 보조하는 도서관인 아 테네움[10] 설립이 활발였다. 아테네움은 대도시에서 지역의 유력한 인사들에 의해서 후원, 설립되어 지역사회 문화생활의 한 부분을 담 당하였다. 영국에서는 런던이나 리버어풀 등지에 아테네움이 많이 설 립되었으나, 미국에서는 1807년 세워진 보스톤 아테네움이 최초였다. 아테네움은 하바드(Harvard) 졸업생이었던 쇼우(William Smith

---

7) Frank B. C. Sessa(1978), p.277.
8) Jesse H. Shera(1965), p.73.
9) Jesse H. Shera(1965), p.72.
10) 아테네움이란 '아테네 신전'이란 뜻인데 로마의 하트리아누스가 '학술 진흥을 위해 세운 아카데미를 아테네움'이라고 이름 붙인데서 유래한 말이다.

Shaw)가 주축이 되어 문학을 접할 수 있는 곳, 유럽이나 미국의 정기간행물을 볼 수 있는 장소로 1805년 명시학회(名詩學會)/Anthology Society/도서관 설립 계획으로 제안하였는데, 이 계획이 발전하여 보스톤 아테네움이 세워지게 된 것이다. 보스톤 아테네움은 1,000권 이상의 장서와 미국, 영국, 불란서의 각종 정기간행물 및 신문을 보유하고, 1807년 1월 1일 메사츄세츠 의회로부터 설립허가를 받아서 개관하게 되었다.

보스톤 아테네움은 사회도서관의 한 형태로 회원들에게 주식을 팔았는데 상류층 인사들이 회원으로 많이 가입하였고, 특징으로는 대규모 열람실이 유명하였으며, 외국어로 된 학술 문헌들과 특히 미국에서 구하기 힘든 자료들을 소장하였고, 일반 대중들을 위한 자료도 점차 구입하여 학문과 문화의 센터로 성장하였다. 또한 보스톤 아테네움은 설립 당시부터 16년 동안 헌신적으로 봉사한 쇼우에 의하여 발전하였으며, 지역사회에 지적향상과 탐구정신을 지향하는 분위기를 향상시켰고, 후에 보스톤 공공도서관 설립에 큰 영향을 미쳤다.

(4) 기계공도서관(機械工圖書館)/mechanics' Library과
상업도서관(商業圖書館)/mercantile Library

기계공도서관은 회원제도서관의 변형으로 처음부터 공장 지대의 고용인 그룹을 대상으로 한 기관이었다. 이것은 1760년 영국의 글라스고우(Glasgow)에서 시작된 노동자를 위한 강연이 발전된 것으로 1977년 버크 백(George Birkbeck) 교수에 의해 계속 성장하여 1823년 최초의 기계공학교와 도서관이 글라스고우에 설립되고, 에딘버러(Edinburgh), 리버어풀 등과 영국의 산업중심지인 북부지방으로 확산되었다. 초기에는 버크 백 교수가 직접 런던에 6개의 기계공학교와 도서관을 설립하기도 하였다.11)

기계공도서관은 산업사회를 지향하는 영국에서 크게 번성하여,

1850년에는 잉글랜드의 모든 지방과 웨일즈(Wales), 스코틀랜드, 아일랜드(Ireland)의 작은 마을에 이르기까지 약 400여개가 설립되었으며, 미국에까지 확산되어 보스톤, 뉴욕, 필라델피아, 포틀랜드 등과 같은 대도시에 설립되었다. 미국의 기계공도서관에 공을 세운 사람은 보스톤 상인인 우드(William Wood)이며, 19세기 산업의 성장으로 직공의 수요가 늘어 도시로 유입되었는데, 이들의 교육까지 기계공도서관이 담당하여 학교 역할을 하기도 하였다.

상업도서관의 회원은 기계공도서관의 회원보다 사회적 수준이 높았으며, 미래의 상업인이 될 젊은이들에게 적절한 교육적 시설을 제공하는 도서관이다. 상업도서관은 우드가 상업분야에 종사하는 젊은이들을 위하여 기계공도서관과 비슷한 목적으로 비슷한 시기에 설립되었다. 1875년경에는 장서량이 각 도서관 마다 장서량이 50,000권 이상에 이르렀으며, 특히 필라델피아와 뉴욕 상업도서관은 크게 발달하였다.

기계공도서관이나 상업도서관은 모두 산업 분야와 도서관 사이의 최초의 협력 형태로 회원제 도서관의 다양한 형태 중 하나인데, 산업분야의 종사자들을 중산층의 위치로 올려놓기 위하여 교육에 큰 역점을 두었다. 그러나 19세기 후반까지는 목적을 잘 수행하였으나, 경제적 기반이 약해져 운영이 어렵게 되고, 점차 새롭게 등장한 공공도서관에 흡수되거나 없어져 버리고 말았다.

(5) YMCA 도서관/Young Mens' Christian Association Library

도서관 설립을 지지했던 대부분의 사람들은 도서관을 비행과 방탕으로부터 보호할 수 있는 도덕적 시설로 활용할 수 있다고 생각하였다. 1851년 보스톤에 미국 최초의 YMCA가 설립되었고, 1952년에는

---

11) Elmer D. Johnson(1965), p.200.

뉴욕과 워싱톤에도 YMCA가 세워졌다. YMCA가 설립되면 제일 먼저 도서관을 개관하고 청소년들에게 자기 수양의 수단을 제공하는 일을 하였다. YMCA 도서관은 젊은이들이 저녁 시간을 보낼 수 있도록 적합한 장소를 제공해 주었고, 종교적, 도덕적 성격이 강한 서적과 지방에서 온 청소년들을 위하여 고향 신문 등을 제공하여 향수병을 달래주기 위한 방편으로 삼기도 하였다. 1854년 보스톤 YMCA는 뉴잉글란드 지방에서 발행되는 도든 지방신문들 약 40종을 제공하였으며, 뉴욕, 시카고, 워싱톤 등지에서는 외국신문까지 제공하여 그 당시에서 이러한 신문콜렉션을 볼 수 있었던 곳은 YMCA가 유일한 곳이었다.12) 1859년에는 145개의 YMCA 도서관이 미국에 설립되었고, 가장 큰 도서관은 워싱턴 YMCA로 15,000권에 달하였고, 가장 훌륭한 장서를 보유한 곳은 뉴욕 YMCA 도서관 이었다. 그러나 일반 공공도서관이 등장하게 된 후 점 점 쇠퇴하게 되고, 장서가 모두 공공도서관으로 이관 되었다.

⑹ 학군도서관(學群圖書館)/School-District Library

19세기 중엽까지는 무료공립교육의 개념이 성립되지 못하고 있다가, 1852년에 무료의무교육을 규정한 최초의 법률이 메사츄세츠 주에서 통과 되었다. 한편 dno대한 교육자인 만(Horace Mann)과 바나아드(Henry Barnard)의 노력으로 미국 교육시스팀의 기본인 초등학교 의무제, 무료이나 임의의 중등교육, 등록금을 내는 고등교육제도의 개념이 19세기에 확립되었다. 미국의 역사 초기부터 잇어 왔던 교육시스팀의 보조기관으로 책과 도서관의 필요성에 대한 확신이 이 두 사람의 후원으로 세금으로 지원받는 학군도서관이 설립됨으로써 최

---

12) Doris M. fletcher(1971), "Read a Book and Sin No More : The Early YMCA Libraries," *Reader in American Library History*, ed. Michael H. harris,(Washington D.C. : National cash Register Co.), pp.83-85.

초로 그 결실을 보게 되었다. 최초의 학군도서관은 1835년 뉴욕 주에
서 학군 내에 도서관을 설립하기 위한 과세 및 설립 후 매년 10불씩
세금으로 지원하는 법안이 통과됨으로써, 설립되게 된 것이다. 1839
년에는 학군도서관의 책 구입을 위하여 연방정부의 기금(United
States Deposit Fund)을 제공하는 법이 통과 되자 뉴욕 주의 학군도
서관들은 크게 성정하여 3년 후에는 학군도서관의 총 장서가 42만권
이 넘었으며, 1953년에는 160만권 이상이 되었다.

  미국 최초의 교육성인 메사츄세츠 주 교육성의 초대 장관인 호레
이스 만은 학군도서관법을 제정하였고, 1839년에 본인이 작성한 보고
서13)에서 메사츄세츠 주 교육의 희망은 학군도서관의 설립에 있다고
주장하였다.

  학군도서관은 모든 대중들에게 읽을 거리를 무료로 제공하기 위해
서 설립된 것으로 그 명칭이 학교를 위한 도서관임에도 불구하고 성
인을 위한 장서가 많았다. 학군도서관은 규모가 작고, 재정이 부족하
고, 부실한 관리 등으로 의욕적인 출발과는 달리 성공하지 못하였다.
그러나 메사츄세츠 주에서는 호레이스 만의 노력으로 주민들의 마음
에 자리 잡게 되었고, 도서관에 관한 그의 강연 및 저술 활동은 모든
계층의 주민들에게 호응을 받았으며, 일반 대중 모두를 위한 보스톤
공공도서관 설립을 더욱 용이하게 해 주었다. 학군도서관은 미국의
학교도서관 설립 및 발전에도 커다란 영향을 미치게 되었다. 미국에
서 도덕과 종교를 가르치기 위함 목적으로 설치한 주일학교도서관
(Sunday School Library)이 있었는데, 장서규모가 작고, 대부분 종교
서적이었으며, 주로 책이 없었던 지방에서 많이 설치되었다. 대도시
에서는 같은 종파의 교회들이 연합하여 대규모의 장서로 완전한 도
서실을 꾸미고 시간제 사서를 두고 봉사한 곳도 있었다. 1825년에 시

---

13) 이 보고서는 독서의 목적과 가치를 간결하게 설명한 훌륭한 보고서이
    다.

작된 주일학교도서관은 1950년에는 미국에서 교육적 문헌배포를 위한 주요 매체 역할을 담당하며 1970년대까지 성장을 계속하였으나, 미숙한 운영과 무계획한 장서 구성으로 19세기 말에 이르러 쇠퇴하기 시작하였다.14) 주일학교도서관은 어린이들에게 독서의 즐거움을 알게 하여 공공도서관의 잠재적 이용자를 길러 내는 역할을 하였다고 할 수 있다.

(7) 대출도서관(貸出圖書館)/Circulating Library

대출도서관은 1725년 스코틀랜드의 에딘버러에서 램세이(Allen Ramsay)가 하루에 1페니를 받고 그의 서점에서 책을 빌려 주기 시작한 것이 최초이다. 후에 성장하여 에딘버러 대출도서관으로 알려지게 되고, 100년 이상 번영을 누리였으며, 런던에는 1740년 대출도서관이 설립되었고, 1800년대에는 영국의 주요 도시 대부분이 대출도서관을 갖게 되었다. 영국에서 최대 규모의 대출도서관은 1842년에 머디(Charles Edward Mudie)가 설립한 도서관으로 한 때 런던에서만 25,000명의 회원을 가지고 있었다.15)

미국에서는 1762년 메릴랜드 주의 애나폴리스에서 라인드(William Rind)가 대출도서관을 설립하고 처음으로 개관하여 기대에 미치지 못하고 2년 후에 문을 닫고 말았다.16) 그후 스코틀랜드의 에딘버러에서 서점을 하던 메인(John Mein)이 1765년 보스톤에서 서점과 대출도서관을 같이 시작하여 5년간 영업을 계속하여 성공하였다. 근대 공공도서관의 발달에 대출도서관이 문화적으로 영향력은 그다지 대

---

14) Allen F. Briggs(1971), "The Sunday School Library," *Reader in American library History*, ed. Michael H. Harris,(Washington D.C. : national Cash Register Co.), p.64, p.70.

15) Elemer D. Johnson(1965), p.199.

16) Frank B. C. Sessa(1987), p.277.

단한 것은 아니나, 대출도서관의 존재로 인하여 공공도서관의 서비스
가 변화되었다고 할 수 있다.

6.2 근대 시민사회와 공공도서관

1. 근대 공공도서관 운동의 배경

(1) 근대공공도서관 운동 배경

도서관은 고대사회와 마찬가지로 중세사회에서도 일반 대중과는
먼 거리에 있었다. 도서관이 특권층의 전유물에서 벗어나 일반 대중
과 관계를 갖게 된 것은 산업혁명과 민주주의에 의하여 형성된 근대
시민사회의 출현이다.

영국은 근대 자본주의 발전에 따라 봉건제도를 타파하는 자유주의
운동을 전개하여 절대군주에 의한 통치에서 국민에 의한 통치로 전
환하고, 선거법을 개정하여 참정권을 확대하고 , 노예법 폐지, 차아티
스 운동(Chartist Movement)[17] 등으로 민주주의를 발달시키게 되었
다.

근대 공공도서관 운동은 산업혁명 과정에서 나타난 과학과 기술의
발전, 인쇄술과 통신수단의 발달과 민주주의의 성장, 대중 교육의 확
산 등으로 상류층의 지식 독점이 깨어짐으로서 19세기 중엽부터 시
작되는 서민의 시대와 그 시기를 같이 하고 있다.[18]

---

17) 1838년 조직된 도시 노동자들이 중심이 된 개혁 운동이며, 노동자들이
    전개한 정치운동의 효시로 영국 민주주의의 촉진제가 된 운동
18) Sidney Ditzion(1971), "Democratic Strivings," Reader in American
    Library History, ed Michael H. harris,(Washington) D. C. : National

지식에 대한 관심을 가지고 있는 일반 대중들에게 1850년대까지도 충분한 자료가 부족하였으나, 회원도서관과 대출도서관이 이를 어느 정도 충족해 주었으며, 대중들의 지식에 대한 열망이 직업도서관을 번창하게 하였고, 무료공공도서관의 출현을 가능하게 해 주었다. 19세기를 풍미했던 인간주의, 합리주의, 인도주의 사상은 무료 공공도서관의 설립 및 발전의 배경이 되었으며, 세금으로 유지되는 근대공공도서관은 민주주의의 이념에 합치되며, 민주주의 사회의 다양한 요구에 응할 수 있는 수단을 제공해 주었다.[19] 주권재민, 인권, 정치적 평등을 건국이념으로 민주공화제를 채택한 미국에서는 근대공공도서관의 꽃을 피웠다.

(2) 근대공공도서관의 목적

1876년 미국 교육성(United States Bureau of Education)에 제출한 보고서에서 푸울은 "공공도서관은 주법에 의해 설립된 기관으로 지방세나 자선기금으로 유지되며, 공공관리위원회가 관리하고, 그 도시나 마을의 모든 주민이 동등하게 대출과 정보조사제공을 받을 수 있는 곳이다."라고 정의하였다. 근대공공도서관은 사회적으로 교육적으로 설립된 기관으로, 세금으로 지원되며, 대중을 위한 민주적인 고등교육기관의 역할을 담당하는 도서관을 말한다. 공공도서관을 창설한 사람들은 공공도서관의 설립 목표를 동등한 교육 기회의 제공, 과학의 발전, 젊은이들을 타락행위로부터 보호, 근로자들의 직업적 성장을 도와 주는 것 등 매우 명확하고 실질적인 것에 두었다.

Cash Register Co.), pp.127-128.
19) 상게서, p.125.

⑶ 근대공공도서관의 의의

* 교육적 의의

18세기까지 교육을 선택된 계층에만 필요한 것으로 인식하였으나, 19세기에 들어서면서 비로소 일반인들에게도 필요하다는 생각을 받아들이기 시작하였다.

미국에서는 독립 전쟁 이후 공립교육에 관한 관심이 많았으나, 1852년에 이르러서야 메사츄세츠 주가 최초로 의무교육법을 통과시키기 되었으며, 영국은 1870년에야 교육법이 통과 되었다. 미국인들은 교육과 학교에 대한 욕구가 매우 컸으며, 민주주의 신념이 교육에 대한 신념으로 이어져 참정권이 확대되고, 시민의식이 고취되면서 무료공립교육 이론이 민주주의 기본적인 요소가 되었다. 공립학교는 유능한 청소년들을 많이 배출하였으나, 학교를 졸업한 후 스스로 책을 사볼 여유가 없고, 공부를 계속할 제도가 없으면, 공립학교의 노력이 헛될 수 있기 때문에 독학을 할 수 있는 기관이 필요하게 되었다.

그리하여 오늘날의 성인교육이라고 할 수 있는 리세움20)과 샤토쿠아 21)운동이 전개되었는데, 이와 때를 같이 하여 공공도서관이 출현하게 된 것이다.

공립학교와 공공도서관의 본질적 공통성은 대중의 교육이라는 목적과 세금에 의하여 운영된다는 점이다. 그러나 기능면에서 보면 학교는 의무이며, 도서관은 부수적이며, 자발적인 것이다. 또 공립학교가 학생들에게 읽는 능력을 길러주고, 지식에 대한 호기심을 개발시켜 주기 위한 기관인 반면, 공공도서관의 교육적 목적은 시민대학

20) 강연과 음악회 등을 통하여 대중을 계몽, 지도할 목적으로 조직된 협회. Josiah Holbrook이 1826년 메사츄세츠 주에서 최초로 시작하여 미국문화 운동으로 발전되고 성인교육, 사회개혁, 정치문제에 강력한 세력이 되었다.

21) 남북 전쟁 후 리세움 운동의 뒤를 이은 성인교육 운동으로 감리교 목사가 시작한 강연회, 음악회, 건전한 연예활동 등을 통한 대중 계몽 운동.

(people's University)이며, 훌륭한 공립교육을 보완해 주는 기관이며 평생교육기관이다.

* 사회적 의의

지역사회의 주민들을 위한 공공도서관은 민주주의 발생과 함께 등장하여 사회계몽기관으로, 자기수양과정의 보조 기관으로, 대중훈련기관의 역할을 담당해 왔다. 산업화와 도시화로 인하여 야기되는 도덕적 문제를 치유하고 올바른 윤리관을 확립해 주기 위하여 공공도서관은 노력을 아끼지 않았다. 그리고 공공도서관은 범죄, 음주, 비행에 대항하는 기관으로 의무를 하였으며, 사회적, 문화적 부적응을 교정하고, 직업 훈련을 위해 노력하게 되었다. 다시 말하면 공공도서관은 자유를 지켜주는 보고이며, 지적 학문적으로 공유할 수 있는 만인평등의 장소이며, 민주주의를 상징하는 자랑스러운 기관이다.

(4) 근대공공도서관의 발달

* 경제적 요인

근대공공도서관의 출현을 가능하게 하였던 많은 요인 중에서 가장 기본적인 요소는 경제적인 잠재력이다. 지역사회는 재정적 배경이 없으면 도서관을 설립하여 유지할 수 없는 것이다. 경제적 능력은 자선가들의 개인적 부의 축적과 전체 지역사회의 경제 수준 상승은 도서관 발전에 공헌하게 되었다. 자선가들의 자선행위가 공공도서관 발전에 큰 도움이 된 것이다.

* 사회환경적 요인

공공도서관이 설립된 요인 중의 하나는 지식인들이 보다 나은 도서관을 원하는 열망이다. 특히 미국에서는 역사학자들의 연구에 필요한 장서의 요구와 함께 보존에 대한 촉구가 공공도서관 설립에 큰 역할을 하였다.

문화적 민족주의도 공공도서관 설립을 촉진하였다. 티크너나 에버리트 등은 유럽의 대학에 유학하면서 유럽 대륙의 위대한 도서관들을 부러워하였으며, 보스톤 공공도서관을 계획할 때 유럽문화의 전통에 어깨를 견줄 만큼 훌륭한 도서관을 건립하기 위하여 노력하였다. 특히 보스톤은 뉴욕에 문화 중심지로서의 우위를 빼앗기지 않고 지역적 명성을 만족시키지 위하여 공공도서관 설립을 서두르기도 하였다.

학교는 아동교육의 중심이나 공공도서관은 청소년과 성인의 교육을 장려하고 그들의 독서 욕구를 충족시켜주는 곳으로, 독서의 필요성을 정실히 느끼고 있는 교육받은 성인의 충분한 수적 증가가 공공도서관 발달과 필수적 요인이라 할 수 있다.

* 민주주의의 전통

민주주의 이념은 근대공공도서관의 성장 요인이라 할 수 있다. 왜냐하면 공공도서관은 시민들이 민주정치에 참여하여 많은 사회적, 정치적 문제들을 올바로 결정해 나가도록 자격을 갖추는데 필요한 정보를 제공해 주는 기관으로 출발하여 존재하게 되고 번성할 수 있었기 때문이다.22)

* 직업 훈련

공공도서관은 모든 사람에게 중요한 실용적 정보를 제공해 줄 수 있다. 농부에게는 농업에 관한 서적을, 기계공에게는 기술에 관한 가장 적절한 자료를 제공해 줄 수 있으며, 상인들에게는 부의 축적과 거래에 관한 자료에 접근할 수 있도록 도와준다.

* 종교적 영향

공공도서관 운동에 종교인들의 기여는 크다 할 수 있다. 종교인들은 공공도서관 설립을 위하여 지역 활동을 하고 종교단체들은 장서를 기증하고, 성직자들은 도서관 관리위원으로 활동하고 지역사회에

---

22) Robert, V. William(1981), "The public as the Dependent Variables : Historically Oriented Theries and Hypothesis of Public Library Development," *Journal of Library History,* 16호, p.334.

서 교육적 역할을 담당하기도 하였다.23)

공공도서관의 선구였던 교구도서관과 주일학교 도서관, YMCA 도
서관의 공헌도를 간과할 수 없다. 또한 뉴햄프샤 주 피터보르
(Peterborugh)에 최초로 무료공공도서관을 세운 사람도 목사였다.

* 기타 요인들

공공도서관의 성장 요인은 사서와 지역사회 지도자들의 영향이 컸
다고 할 수 있다. 19세기 중반부터 시작된 사서들의 활동은 미래의
공공도서관 발달에 큰 영향을 미치게 되었다. 1853년 최초의 사서들
의 모임이 뉴욕에서 개최된 이래, 미국에서는 1876년, 영국에서는
1877년에 각각 도서관협회가 창설되어 전문직 단체로서 영향력을 발
휘하기 됨으로써 공공도서관 운동은 큰 힘을 얻게 되었다.

2. 미국의 근대 공공도서관 운동

(1) 근대 공공도서관의 설립

1) 최초의 근대 공공도서관

공공도서관 정의에 있어서, 가장 필수적인 사항이 동등한 조건으로
지역사회의 모든 주민에게 무료로 개방되어야 한다고 볼 때에, 미국
에서의 최초의 공공도서관 시도는 1655~1956년 사이에 르버트 키인
(Robert Keayne)이 300파운드와 자신의 장서를 공공이용을 위해 보
스톤 시에 기증하여 설치한 무료공공도서관을 꼽을 수 있다.24)

또 행정기관으로부터 실질적인 재정지원을 받은 공공도서관은 빙
검 청소년도서관(Bingham Library for Youth)이 최초였다. 1803년 1

---

23) Sidney Ditzion, 전게서, 1971, p.130.
24) Jean Key Gates(1976), p.54.

월 보스턴의 서적상이며 출판업자였던 카벨 빙검(Cabel Bingham)은
도서관이 없어서 책을 읽을 수 없었던 어린 시절을 회상하고, 고향의
이와 같은 처지에 있는 어린이들을 위해 책을 보내고 싶다는 사연의
편지와 함께 커네티커트(Conneticus)주 솔리즈베리(Salisbury)의 그의
동생 다니엘 (Daniel Bingham)에게 150권의 책을 기증하였다. 이 책
은 9세~16세의 이곳 어린이들에게 무료로 제공되었으며, 1810년 4월
읍 의회에서 빙검 청소년 도서관이 적절한 책을 구입할 수 있도록
이 마을의 재정에서 100불을 지불하도록 결정하였다. 그 후 계속하여
읍의 재정으로부터 보조를 받아오다가 19세기 후반에 솔리즈베리 도
서관 조합(Salisbury Library Association)에 흡수되었다가 오늘날의
스코빌 기념도서관(Scoville Memorial Library)으로 발전되었다.25) 이
도서관이 도서관 발달에 일익을 담당하는 것이 지역사회의 기능임을
행정기관이 인식한 가장 최초의 경우였으며, 이로부터 자선기금이 활
성화되고 대중적인 이용을 북돋우게 되어, 도서관 봉사를 위한 공공
지원이 마침내 시작되었다.

17년 동안 솔리즈베리가 행정당국이 도서관을 지원한 유일한 본보
기였으나, 공공도서관 발달의 두 번째 사례가 메사츄세츠 주 렉싱턴
(Lexington)에서 나타났다. 청소년을 위한 도서관의 필요성을 주장하
는 여론이 높아지자, 1927년 읍 의회에서 아동도서관 건립을 결정하
고, 도서구입과 이를 관리할 사서의 고용을 위해 60불을 모금하였으
며, 장서는 마을교회에 보관되었고 부정기적으로나마 읍 예산이 배당
되었으나. 지원이 너무 빈약하여 오래가지 못하고 1839년 문을 닫게
된다.26)

공공도서관이 단체기관으로서 가져야할 영구성과 안정성이 공공지
원에 그 기반을 두고 있다고 볼 때에, 솔리즈베리나 렉싱턴 도서관은

25) Jesse H. Shera(1965), 전게서, pp.158-160.
26) Elmer D. Johnson(1965), p.136..

그 자격조건이 미흡하다고 할 수 있으며 공공도서관의 미래의 패턴은 피터보로 도서관에서 시작된다고 할 수 있다. 1833년에 세워진 이 도서관은 처음부터 진정한 공공기관이었으며, 지역사회화의 모든 관계에서 볼 때도 현저하게 오늘날의 공공도서관과 유사하였다.27)

1921년 뉴햄프셔 주는 주립대학을 설립하기 위해 주 은행을 대상으로 과세하여 뉴햄프셔 주 학문기금(Literary Fund)을 설립하였으나 이 계획의 실현이 어렵게 되자, 이 주의 각 읍은 이 기금을 무료공립학교의 지원 및 유지나 그 이외의 교육적 목적으로 사용할 수 있게 되었다. 그러나 피터보로에서는 이 돈을 책에 투자하기로 하고, 공공소유로 지역사회의 모든 주민에게 무료로 개방되는 읍립도서관을 세우게 된다. 1934년에는 10인의 위원회가 구성되고, 위원회의 추천에 따라 3명의 관리인의 책임 하에 장서를 구입하여 마을의 우체국 내에 보관하고 우체국장이 사서역할을 겸임하였다. 1848년까지 학문기금으로부터 매년 100불 이상의 예산이 도서관의 유지를 위해 배당되었으며, 1849년부터는 뉴햄프셔주법이 도서관 장려를 위한 읍의 직접 예산을 허락하게 된다.28)

피터보로 도서관 설립의 최초의 제안자는 1827년 61세의 나이로 이곳에 부임한 에보트(Abiel Abbot) 목사였다. 그는 도서관을 교육과 같은 의미로 해석하는 데에 큰 영향을 미쳤으며, 그의 나이에도 불구하고 피터보로에서 도서관 설립 운동에 앞장서서 무료공공도서관 지원의 지도적 역할을 담당하였으며, 아동도서관, 성직자도서관 설립에도 관여한 시민정신이 투철한 사람으로 가장 훌륭한 본보기를 보여주고 있다.29)

이 최초의 공공도서관의 장서구성의 성격은 동시대의 회원제 도서

27) Jesse H. Shera(1965), 상게서, p.161.
28) Chris Warntz(1982), "Some Promises Kept : The Peterborough Town Library," *Wilson Library Bulletin*, 56, no.5, p.343.
29) Oliver Garceau(1949), p.27.

관과 비슷하여 신학관계 서적이 많았으며, 1894년에는 장서 수 499권
에 대출 책 수 370권이었으나, 19세기를 통해 성장을 거듭하여 1890
년에는 6,000권의 장서를 보유하였으며, 1893년에는 독립건물을 갖게
되었고, 세금지원과 기부금 등에 의해서 성장을 계속하게 된다.30)

피터보로 도서관은 지역사회의 모든 계층의 사람에게 개방되는 무
료도서관으로 지역사회에 의해 설립된 최초의 기관이며, 처음부터 공
공 기금으로 지원되었고, 근대공공도서관의 모든 특징적인 요소를 갖
춘 최초의 도서관으로 공공도서관의 기본적인 개념을 진보시킨 점에
서 중요한 의미를 지니고 있으며, 이후 뉴잉글랜드 지방의 소규모 도
서관들이 지역사회 도서관의 전형적인 모습으로 오늘날까지 이어 내
려오고 있다.

2) 보스톤 공공도서관 설립

* 설립과정

19세기 중반까지 보스톤 서민들은 공중위생, 교육, 빈민구제, 물공
급 등 지역사회의 복지를 위한 시 행정의 노력을 많이 경험하게 되
었으며, 이러한 과정에서 일반 대중을 위한 무료공공도서관 운동은
시 행정의 적절한 기능으로 별 문제없이 받아들여지게 되었고, 또 사
회적으로도 1840년대의 보스톤은 1812년 전쟁이래 새로운 산업으로
부를 축적하였으며, 문학과 과학의 발달로 문예부흥의 꽃을 피우게
되어 공공도서관 창립을 위한 분위기가 무르익게 되었다.

불란서의 배우이며 복화술 사로 상당한 평가를 받고 있던 바테마
르(Nicholas Marie Alexandre Vattemare 1796~1864)는 1841년 4월
보스톤에서 행한 연설에서 정보의 국제교환에 관한 자신의 계획과
교환된 자료를 받아들일 기관으로 공공도서관의 설립을 제안하였다.
그의 '지성의 국제적 통합' 개념은 보스톤 시민들에게 국제적 사업
에 참여할 수 있는 한 방법으로 환영받게 되고, 이 지적인 무역을 위

---

30) Chris Warntz(1982), p.343.

한 교환 장소로 보스톤 공공도서관의 설립은 필수적이 되었다. 1847
년 10월, 파리로부터 처음 기증된 책들이 도착하게 되자, 시의회는
시가 관리하고 후원하는 공공도서관 설립을 논의하기 위한 위원회를
구성하였다. 이 위원회의 권고로 1848년 1월, 시의회는 공공도서관의
설립자 유지권한을 주 의회가 인가해줄 것을 신청하였고, 이 신청에
따라 같은 해 3월 이를 위한 주법이 통과되었다. 그 내용은 "Boston
시에 공공도서관을 설립하고 유지, 관리할 권한을 부여하며 이에 따
라 필요한 규칙을 제정할 것을 허가한다. 다만, 이 도서관을 위한 시
예산액이 연 5,000불을 초과해서는 안 된다."는 것이었으며, 이 법의
통과로 도서관에 대한 시행정지원의 원칙을 주정부가 처음으로 법적
으로 인정하게 되었다.31)

그러나, 이 법이 통과되고 채택된 후에도 곧 도서관 건립이 실현된
것은 아니었다. 1852년이 되어서야 당시의 시장이었던 시이버
(Benjamin Seaver)가 공공도서관에 관한 특별교서를 발표하고, 공공
도서관의 설립 및 유지를 보스톤 시에게 인가한 법의 통과 된지 4년
이나 지났음을 지적하고, 사서의 임명, 시의 중앙지역에 부지를 사들
일 것, 도서관을 위한 시의회의 상임위원회와 함께 활동할 지역사회
로부터 선출된 5~6명의 시민으로 구성된 이사회를 구성할 것 등의
3가지 사항을 제시하였다. 그 결과, 마침내 1854년 봄, 메이슨가
(Masson Street)의 아담스 학교(Adams School)에서 보스톤 공공도
서관은 그 문을 열게 된다.32)

이와 같이, 보스톤 공공도서관이 시립기관으로 최초로 세금으로 지
원 받는 도서관으로 설립되자, 그 설립자들은 공립학교와 공공도서관
을 같은 개념으로 유도하여 이로부터 보스톤 공공도서관의 공식적인
근거를 세우게 되며, 동시에 대중교육 측면에서 볼 때 공공도서관이

---

31) Jesse H. Shera(1965), p.175.
32) Jesse H. Shera(1965), pp.176-177..

공립학교 못지않게 중요한 기관임을 명백히 하였다.33)

이용규칙은 놀라운 정도로 현대적이었다. 16세 이상 보스톤 주민은 누구나 이용할 수 있었으며, 청소년은 추천으로 임관이 가능하였고, 대출은 1회에 1권을 14일 동안 빌릴 수 있었다. 1857년 쥬이트 (Charles Coffin Jewtt)을 관장으로 맞아들여 도서관은 규모나 이용면에서 크게 성장하게 되며 58년에는 새로운 독립 건물로 옮기게 되고, 68년에는 윈저(Justin Winsor)가 책임을 맡게 되었으며, 당시 영국 최대의 공공도서관인 리버어풀 도서관의 장서가 84,000원이었던데 비해, 보스톤 공공도서관은 144,000권의 도서와 50,000종의 팜플렛을 보유하게 되었다.34)

* 티크너와 에버리트

1850년 2명의 유력한 보스톤 유지가 보스톤 공공도서관 설비계획에 관심을 갖게 되었다. 큰 관심을 보여준 첫 번째 사람이 하바드 대학 교수였으며, 보스톤 시장과 메사츄세츠 지사, 하바드 대학 총장을 역임하고, 곧 미합중국의 국무장관이 된 에버리트(Edward Everett)였고, 또 한사람은 보스톤 지식층의 지도자였던 티크너(Gerge Ticknor)였다. 그는 유럽의 훌륭한 도서관들을 둘러보고 많은 것을 배웠으며, 훌륭한 공공도서관이야말로 교육시스템의 최정상이며, 일반 대중이 독자적으로 그들의 정치적 이념을 명확히 할 수 있는 최적의 기관이 될 것임을 확신하였다. 이 두 사람은 무료공공도서관에 관한 모든 면에 의견의 일치를 보았으나 단 한가지 장서의 성격에 관해서는 서로 입장을 달리하였다. 즉 티크너는 도서관은 모든 계층의 사람들에게 봉사할 수 있도록 구성 되어야하므로, 인기 대중서적과 무료대출정책에 중점을 두어야한다고 주장하였고, 에버리트는 공공도서관은 연구를 위한 기관이어야지 대출 도서관이어서는 안 된다

---

33) Jack David Hurwitz(1974), p.22.
34) Frank B. C. Sessa(1978), pp.281-282.

는 지식층의 생각을 대변하였다. 만약, 에버리트의 견해가 채택되었다면 무료공공도서관은 아마도 시립연구도서관으로 흡수되고 말았을 것이다. 티크너는 독서기호는 나쁜 쪽에서 좋은 쪽으로 개발되는 것으로 우선 대중을 도서관으로 끌여 들이는 것이 중요하다고 하였다. 이 새로운 도서관은 보스톤에서뿐만 아니라, 다른 곳에서도 눈부신 발전을 거듭하여 티크너의 생각을 정당화시키게 되었다.35)

그러나, 그는 시립공공도서관이 진지한 학자들에게도 봉사해야한다는 에버리트의 생각에도 동의하여, 무료대출도서관이 확고하게 자리잡은 후, 연구 부서로서 참고실을 만들 것을 촉구하였다. 보스톤 공공도서관은 1854년 개관된 이전부터 많은 기증을 받았는데, 이미 1852년에 4,000권에 이르는 장서를 갖고 있었다. 또한 보스톤 시장이었던 바질로우(John P. Bigelow)가 1,000불, 에버리트가 많은 귀중한 정부간행물이 포함된 1,000권 이상의 장서를 기증하였고, 티크너가 스페인 역사 및 문학장서를, 또 베이츠(Joshia Bates)가 50,000불과 대규모 참고서적을 기증하여, 이를 중심으로 1861년에 참고열람실이 개설되었다. 이외에도, 1758년경부터 수집되어 왔던 프린스도서관(Prince Library)장서, 산술과 과학장서인 보우디치도서관(Bowditch Library)의 장서가 합해져 보스톤 공공도서관은 학문적 발전도 이루어 가게 되었다.36) 또한 티크너와 에버리트는 보스톤공공도서관의 초기 이사회의 회원으로, 1852년 시의회에 보고할 24페이지에 걸친 보고서를 작성하였다. 이 보고서는 미국 공공도서관의 기능 및 목적에 관한 최초의 포괄적인 기록으로 오늘날까지도, 사회적 상황과 도서관과의 관계를 언급한 가장 훌륭한 보고서로 여겨지고 있다.37)

보스톤 공공도서관의 설립동기 및 교육적 기능을 명백히 표현해 주고 있으며, 도서관은 무슨 일을 해야 하는 곳인가에 대해 구체적으

35) Albert predeek(1947), pp.93-94.
36) Elmer D. Johnson(1960), p.148.
37) Jesse H. Shera(1965), p.181.

로 서술하고, 다른 방법으로 책을 구할 수 없는 사람을 도서관 이용
자의 첫째 고려대상으로 삼아야하며, 책의 안전을 위해 필요한 사항
을 제외 하고는 도서관 이용에 어떠한 제한도 있어서는 안 된다고
하였다. 이 보고서는 발표즉시, 보스톤 공공도서관의 정책으로 채택
되었으며, 이후 많은 뉴잉글랜드 지방의 공공도서관 설립의 기본적
근거가 되어 공공도서관 발달에 광범위한 영향력을 발휘하게 된다.

* 역사적 중요성

　미국의 공공도서관 역사상 보스톤 공공도서관의 창립보다 더 큰
영향을 미친 경우는 없다고 보며, 대규모 시립도서관의 설립 및 성장
에 가장 훌륭한 모델이라 할 수 있다.

　19세기 근대공공도서관 운동이 가장 필요로 했던 것은 주요 대도
시인데, 보스톤이 공공도서관 설립에 대한 역할을 할 수 있는 가장
적합한 도시였다. 이러한 대도시에 최초로 설립된 공공도서관이었다
는 점, 또 근대공공도서관의 2가지 요소를 공공지원과 법적 근거로
볼 때에, 법적으로 인정된 최초의 공공도서관이었다는 점 등에서 보
스톤 공공도서관의 역사적 의의는 대단히 큰 것이라 할 수 있다.

　또 하나 중요한 사실은 이 도서관의 설립자들이 아무도 시도해보
지 않은 자치운영의 모험을 감행했다는 사실이다. 즉, 공공도서관의
관리운영은 거의 전 권한을 이사회가 위임받는다는 전통이 보스톤에
서 시작된 것이다. 1852년 10월 보스톤 공공도서관의 전반적인 관리
는 상원의원 1명, 하원의원 1명, 시민대표 5명으로 구성된 이사회에
맡긴다는 법령이 통과되었다. 이 법령에 의해 이사회는 도서관 예산
을 집행하고 도서관의 이용규칙을 정하고, 하급직원의 임명과 그들의
보수결정들을 관리하는 특별권한을 부여받게 되었고, 시의회는 매년
사서를 임명하고 보수를 결정하는 권한 만을 보유하게 되었다.[38]

　최초의 이사회는 티크너나 에버리트와 같은 유력 인사들이 지배하

---

38) Olivr Garceau(1949), pp.179-180.,

고 있었으므로 이사회의 전적인 자율권에 관해 시의회와 오랫동안 충돌하게 되었으며, 결국 보스톤 시의 성격상 이사회가 점차로 우위에 서게 된다. 보스톤 공공도서관의 중요성이 단지 대도시에 세워진 최초의 공공도서관이라는 사실에만 있는 것이 아니라, 공공도서관 경영의 본보기를 남겨준 초기 이사회의 역할도 공공도서관 발달사에 중요한 위치를 차지하고 있다.

(2) 공공도서관의 법제화

미국의 행정은 성문법에 기초를 두고 있으며, 지역행정부는 법적근거 없이 그 권한을 행사할 수 없으며, 공공도서관 등 세금으로 지원되는 모든 기관에 적용된다.[39]

그러나 보스톤 공공도서관을 설립할 당시 뉴햄프셔 주나 메사츄세츠 주, 그리고 다른 지역에서도 주요한 도서관 활동들이 있었는데, 이들은 주입법의 승인없이 지방 자치적으로 도서관발전을 위해 공공기금을 사용하였다. 뉴잉글랜드 지방은 지방자치 정신의 특히 높았던 지역으로 19세기 중반에 가서야 비로소 주의 지역사회의 관계가 정확하게 구체화되기 시작하였고, 지방행정을 중요시함으로 지체되었던 주정부 우위의 현대적 개념이 차적으로 발달하게 되었다. 그러자, 지역사회의 공공도서관 설립도 주정부가 지역사회에 그 권한을 부여하는 법적 근거를 필요로 하게 되었다.

공공도서관을 위한 법은 1830년대에 뉴욕 주와 메사츄세트 주가 주동이 되어 제정한 학군도서관법의 영향을 많이 받게 되는데, 이 법은 무료도서관 봉사를 위한 과세, 도서관을 위한 주정부의 지원 등 근대공공도서관의 기초를 이루고 있는 주요한 원칙들을 제시하고 있다.

---

39) Frank M. Gardner(1971), Public Library Legislation : A Comparative Study(Paris : Unesco), p.191.

1848년 보스톤 시의 공공도서관 설립을 허가했던 법이 1851년 메사츄세츠 주 전체의 시와 읍에 공공도서관 설립 및 유지를 허가하는 법으로 확대되어 통과되었고, 뉴햄프셔 주에서는 1849년 '공공도서관 설립을 위한 법(An Act Providing for the Establishing of Public Library)'이 통과되었다.40)

이 법은 도서관 설립을 위해 읍에 세금을 부과할 수 있는 권한을 부여하는 포괄적이고 간단한 용어의 법41)으로 그 내용은 다음과 같다.

① 읍은 합법적으로 도서관의 설립, 관리 및 유지를 위해 예산을 집행할 수 있다.

② 이 법 하에 설립된 도서관은 시나 읍의 모든 주민에게 무료로 개방되어야 한다.

③ 읍은 도서관에 기증되거나 유증된 자료들을 보관, 처리할 수 있다.

④ 이 법 하에 설립된 도서관은 주에서 출판되는 법, 잡지, 그 외의 모든 출판물의 1부를 매년 받을 자격이 있다.42)

메사츄세츠 주에서는 브라운대학 총장이었던 웨이랜드(Francis Wayland)가 이 주의 웨이랜드(Wayland)에 도서관 설립을 위해 500불을 기증하자, 주 의회의 이 지역 의원이었던 와이트(John Burt Wight)는 도서관 설립권한을 부여받기 위해 주법의 제정을 서두르게 된다. 웨이랜드는 공공도서관 주 법률 역사상 중요한 위치를 차지하는데, 그것은 와이트가 1851년의 '공공도서관의 설립 및 유지권한을 시와 읍에게 부여하기 위한 법(An Act to Authorize Cities and Towns to Establish and Maintain Public Libaries)' 제정에 기여한 공로와 그 후 공공도서관에 관련된 대중계몽에 기울린 그의 헌신적

---

40) Elmer D. Johnson(1960), p.147.
41) Oliver Garceau(1949), p.38.
42) Jesse H. Shera(1965), pp.187-188.

인 노력 때문이었다.43)

이 법을 지지하기 위한 와이트의 발언은 공공도서관의 목적을 공식화하고 성문화시키기 위한 중요한 시도로 손꼽히고 있다. 그는 공립학교체제의 논리적인 근거로서의 도서관의 위치를 언급하고, 이 법의 주요한 장점들을 다음과 같이 열거하였다.

① 이 법은 강제적이 아닌 자율적인 것이다. 꼭 그렇게 해야 하는 것이 아니라 주민들이 도서관의 설립을 원할 때면 언제든지 실행에 옮길 수 있도록 이 법은 필요한 권한을 부여할 뿐이다.

② 공공지원의 상한선을 규정하여 낭비와 불필요한 지출을 경계하고 있다. 즉, 설립 첫해에는 각 납세자에게 1불씩, 그 다음 해부터는 25센트로 제한하여 과세할 수 있다.44)

③ 유증이나 기증에 관한 사항을 특별히 첨가함으로써, 이를 위해 특별한 법을 만들 필요를 덜어줄 뿐 아니라, 도서관에 기증을 하도록 부유한 자선가들에게 암시를 주고 있다.

또, 와이트는 도서관이 설립됨으로써 기대되는 사회적인 이점을 강조하였고, 이 법이 공공도서관 운동의 추진력이 될 것이라고 하였다. 이 법의 통과 후 그는 자신의 발언내용을 요약하여 약 4,000통의 서한을 전국에 보내고 공공도서관 건립을 촉구하였다.45) 이 새로운 법이 도서관 발전에 효율적으로 작용할 것이라는 와이트의 확신대로, 이 법의 시행 후, 많은 공공도서관이 설립되었으며, 이 후의 다른 주들은 이를 본받아 자신들의 법을 제정하게 된다.46)

---

43) Jesse H. Shera(1965), p.191.
44) Oliver Garceau(1949), p.38.
45) Jesse. H. Shera(1965), pp.194-197.
46) Albert Predeek(1947), p.94.

(3) 근대 공공도서관의 특성 및 발전

1) 미국적 특성

미국의 공공도서관운동은 책을 문화의 위대한 원천으로 생각하도록 그 거대하고 다양한 개척인구 집단을 설득한 대단한 노력이 우선적으로 돋보인다. 이러한 일은 모든 나라에서 해야 할 일이지만, 미국에서 만큼 결의와 열정을 가지고 수행한 나라는 없으며, 미국처럼 뚜렷한 결과를 얻은 나라도 없다. 식민지 시절부터 미국인들은 교육에 막대한 투자를 하였으며, 개척자들이 서부로 이주하게 되면서도, 그들은 교회와 학교를 우선적으로 세웠으며, 목사와 교사는 큰 존경을 받는 직업이었다. 부모들은 자식들이 자신보다 나은 교육을 받기를 원했으며, 초기 개척자들의 이러한 경향은 그 자손들에게도 계속 이어지게 되었다.47)

책은 아주 귀했으며, 첫 이주민들이 영국으로부터 가져온 것으로 귀중한 보배였다. 미국의 초기 도서관들은 책을 공동으로 구입하기 위해 돈을 투자한 개인들이 자발적으로 모여 설립한 다양한 회원제 도서관들이 대부분이었으며, 이들은 미국의 무료공공도서관 출현의 선구적 역할을 담당하게 되는 반 공공 형태의 도서관들이었다.

미국의 공공도서관은 그 유지와 발전을 전적으로 그 지역의 열의와 관심에 의존하고 있는 지역기관으로, 연방정부에도 또, 주정부에도 속하고 있지 않다. 최고의 도서관 발달의 이룩한 나라에서 20세기 초까지도 연방정부는 도서관 관계 업무에 관여하지 않았으며, 대부분의 주정부도 법률을 제정하는 것 정도로 그 역할을 제한하였다는 것은 모순이긴 하지만 사실이었다.48)

---

47) Lucile M. Morsch(1964), "Foundation of the American public Library," ed. Carl M. White, Bases of Modern Librarianship,(new York : Macmillan Company),p.30.
48) Wilhem Munthe(1939), American Librarianship : Form a European

대체적으로 볼 때, 미국의 지역사회는 비슷한 단계들을 거치면 그들의 문화적 생활을 발전시켜왔는데, 도서관도 예외는 아니다. 즉, 각 개인의 활동으로 시작되어 사적인 단체를 형성하게 되고, 그 후 세금으로 지원되는 공공기관으로 발전시키는 단계에 이르게 되며, 각 단계에서 재정적 지원방식은 부유층 → 중산층 포함 →공공책임과 호응으로 계층간의 구별없이 누구나 참여하는 이상적 상태를 밟아간다.

미국이 특히 공공도서관의 필요성을 강하게 느낀 것은 당연한 일이다. 왜냐하면, 유럽과는 달리 왕실 도서관이나 중세 수도원도서관, 또, 봉건영주나 일부 특권층에 의하여 설치된 개인 도서관등의 전통의 압력이 없는 순수한 미개척지였으며, 새로운 국가 형성을 위해 필요한 행정, 입법, 사법에 관한 자료와, 교육제도의 확립과 추진에 필요한 자료들이 절실했기 때문이다.

또, 미국인들의 마음속에는 도서관설립 운동을 지지하는 특별한 감정이 있었다. 그것은 책에 대한 열정으로 개척자들의 학문적 갈증에 대한 국민들의 잠재적인 기억인 것으로 보여진다. 책 한권을 빌리기 위해 20마일을 걸어야 했던 링컨(Abraham Lincoln)의 어린시절의 얘기에서처럼, 작은 마을에서 공공장서를 소유한다는 것을 굉장한 기쁨으로 여기는 깊은 사회적 의지의 감상적인 표현이었다.

미국의 근대공공도서관 운동의 원점은 영국이었다. 영국을 포함해서 미국 공공도서관에 미친 유럽의 영향력은 이중고조로 볼 수 있다. 직접적으로는, 조직패턴의 실제적인 이전으로 공공도서관 증진에 기여하였으며, 간접적으로는 유럽의 위대한 장서와 그 구성으로 미국인들의 마음에 문화의 총체로서의 도서관의 중요성을 심어 주었다. 피터보로, 보스톤 공공도서관등, 공공도서관 설립의 첫발자국을 내디딤으로써 미국 공공도서관 시스템의 기초를 이룩한 이 도서관들은 미국적 특성을 지니고 있지만, 그 기원은 유럽에서 유래한 것이다. 그

Angle,(Chicago: ALA), p.16.

러나, 미국의 공공도서관이 크게 성정하면서, 그 영향력은 유럽으로
역수출되어, 처음에는 영국에, 곧이어 스칸디나비아제국들, 프랑스,
이태리, 스페인에 이르기까지 확산된다. 전통적인 유럽제국들이 국립
도서관이나 대학도서관은 자신들의 방식을 고수하지만, 공공도서관만
은 미국식 방법을 채택하여 그들의 일부 직원을 미국의 도서관 학교
에 보내여 훈련시키기도 하였다.

대중교육기관으로서의 도서관 발달을 꾀하고자하는 취지로 시작된
미국의 공공도서관 운동은 민주주의는 교육의 민주화와 민주주의를
위한 교육을 통해서만이 유지될 수 있고, 대중교육은 정치, 종교, 지
적인 자유에 꼭 필요한 것이라는 확신을 기초로 삼고 있다. 이미 한
세기 전에 미국사회는 도서관을 공공이익기관으로 결정하였으며, 학
교에 못지않게 시민을 교육시키는 중요한 장소로, 새로 이민 온 이
주인들이 새로운 언어와 새로운 고향의 법을 배울 수 있는 장소로,
또 그들의 자녀를 사회적으로 미국화 시킬 수 있는 장소로 인식하게
되었다.

미국 공공도서관의 특성을 한 마디로 가장 잘 표현해 준 것은 보
스톤 공공도서관에 새겨져 있는 '시민에 의해 설립되어, 학문의 진
흥에 바쳐지다'란 말이다. 진정으로 근대공공도서관의 이념은 미국인
들의 손에 의해 수립되었다.

2) 초기 정책 및 업무

19세기 후반의 공공도서관 사서들은 대학도서관이나 연구도서관
또는 교육기관이나 종교기관에서 뽑혀 온 학구적인 사람들이었다. 이
당시, 공공도서관의 기능이란 책의 수집 및 보관이 우선 이었으며,
책의 이용에 관한 노력은 2차 적인 문제였다. 그러므로, 사서의 의무
는 중요한 서적들을 모으고, 책을 안전하게 보관하기 위한 정책을 수
립하고, 책을 보고자 하는 사람들에게 도서관을 개방하는 일이었다.
특히, 공공도서관 사서들은 장서선정 작업에 많은 시간을 보냈는데,
빈약한 예산과 보조직원의 도움도 없어서 큰 어려움을 겪었다.

장서 선정에는 두 가지 요인이 크게 작용하였는데, 첫째는 사서들이 자신의 교육적 책임을 의식하여, 독서 자료의 통제를 통한 대중의 도덕적 향상을 임무로 생각한 점이다. 푸울도 부도덕하고 옳지 못한 책을 서가에서 제외시키는 것이 사서의 의무라고 규정하고 이러한 선정의 한계를 명시하였다. 또 하나는 그 당시에는 보존해야 할 필요가 있는 중요한 자료에 한해서만 완성된 책으로 인쇄하는 것이 보통이었다는 점이다. 이러한 이유로 장서의 대부분은 그 내용이 사색적이거나 유익한 적이었으며, 깊이 있고 학문적인 것이었다. 사서들은 장서선정에 종교적 기준을 적용했으며 대중기호를 위해 타협하지 않았다. 소설류는 극히 일부에 지나지 않았으며, 가족이 함께 볼 수 있는 작품들로 제한하였다.49)

그러나 지적자유의 개념이 점차적으로 표면화되자, 이로 인해 사서들도 '정선된' 봉사철학을 '민주적' 봉사개념으로 바꾸게 된다. 민주주의적 입장에서 볼 때에, 도서관 봉사는 문화의 전달매체로서의 도서관 기능의 한 부분으로 이용자의 권리를 보호하는 데에 그 근거를 두고 있다고 볼 수 있다. 교육수준이 높아지고, 고등교육을 받은 사람들의 수가 증가하게 되었으며, 이용자들은 각계각층의 독서수준을 가진 사람들로 그 범위가 커져 사서는 더 이상 제한된 장서선정 기준을 적용할 필요가 없어졌다. 사서의 이러한 사회봉사 개념은 이용자의 요구를 더욱 중시하게 되었으며, 대다수의 요구가 있다면 어떠한 봉사도 행해져야 한다는 민주주의 원칙 하에 엄격한 가치이론보다는 수요이론에 더 치중하게 되었다.50)

---

49) Dickens, Scott, Thackery , Hawthorne, Cooper 등의 작품이 포함되었다. Robert Ellis Lee(1966), p.12.
50) 공공도서관 장서선정에 관한 이론에는 가치이론(Value theory)과 수요이론(Demand theory)이 있다.
　　가치이론은 도서관의 학문적 가치와 교육적인 기능면을 더 강조하는 이론으로 공공도서관운동 초기에 각광받은 이론이다.
　　수요이론은 세금으로 지원되는 도서관에는 세금을 내는 다수가 원하는 이 새로이 설립된 시민기관의 운영자들은 도서관장서를 개인적으로 소유하고 있는 것 같은 태도로, 보관자의 의무도 다 하였다. 책의 안전보관이 최대의 관심사였으며, 가능한한 사람들을 가까이 접근하지 못하게 하여 책의 빈번한 이용으로 인해 책이 손상되지 않도록 주의하여, 후임자에게 그대로 넘겨주는 것이 의무를 다하는 것이라고 생각하였다.

이용자가 책을 쉽게 이용할 수 있도록 하는 책의 배열방식에는 관심이 없었으며, 그 순서나 방법도 도서관마다 각기 달랐으며, 1876년 듀이의 십진 분류(Dewey Decimal Classification)이 소개되고 카터의 목록규칙(Cutter Cataloging roles)이 출판되기까지 체계적이고 통일된 방식을 갖지 못했다.

이러한 상황 하에서 근대공공도서관이 취한 가장 진보적인 정책은 일반에게 서고를 공개한 것과 개관시간의 연장으로 일요일 개관 문제가 대두된 것이었다. 이 민주적 움직임은 많은 보수적 인사들에 의해 격렬한 반대에 부딪치게 되나, 클리블랜드(Cleveland)공공도서관의 브레트(Wil.liam F. Brett)와 덴버(Denver) 공공도서관 대나(John Cotton Dana)의 주도로 서서히 정착되어 20세기 초에 이르러서는 개가제가 공공도서관의 확고한 정책으로 수립되게 된다.51)

19세기 후반에는 대부분의 도서관들이 특정주제의 책과 특정시간에만 개가제를 허락했으며, 소설류와 아동도서류에는 폐가제를 실시하였다. 항상 누구에게나 모든 책을 개방하는 진정한 의미의 개가제를 실시한 대규모의 도서관으로는 1890년 클리블랜드 공공도서관이 처음이었다.

책을 사도록 요구할 권리가 있다는 민주적 원칙에 근거한 이론으로 1890년대부터 지지받기 시작한 이론이다. 소규모 및 중간 규모의 공공도서관의 장서에 소설류의 비중이 높아지게 되는 책임이 수요이론에 있다.
51) Ernestine Rose(1955), The Public Library in American Life, (New york : Columbia University press), p.27.

일요일 개관 문제는 도시생활의 공적(公的) 제 1호인 음주를 막아보자는 데서 출발된 제안으로 보스톤에서 처음 야기되어 전 보스톤 시민을 격렬한 찬반 논쟁으로 몰아넣었다. 안식을 절대적인 준수를 주장한 보수주의자들의 반대에도 불구하고 일요일에 갈 곳이 없어 거리나 술집에서 방황하는 빈민층의 젊은이들을 위해 도서관은 일요일에 개관되어야한다는 인도주의적 입장이 승리하게 되며 보스톤 공공도서관, 신시내티(Cincinnati) 공공도서관등에서 최초로 실시하게 된다.

3) 공공도서관 발전
* 1850~1875

보스톤 공공도서관의 설립 후, 티크너와 에버리트의 이념이 확산되어 많은 뉴잉글랜드 지역사회에서 공공도서관 설립을 서두르게 된다. 1850년대에 35개의 공공도서관 설립되었는데, 메사츄세츠 주에 30곳, 뉴햄프셔 주에 4곳, 메인 주에 1곳이 설치되었다.

일반적으로, 대부분의 사람들은 도서관을 있으면 좋은 것, 있으면 자랑스러운 것 정도이지, 그들 생활의 필수적인 것으로 생각하지 않았다. 초기의 공공도서관은 이러한 주위환경을 타파해 보려고 노력했으나, 결국은 부유하고 지도력을 갖춘 사람들이 있고, 집중적인 인구를 갖고 있는 곳에서만 보스톤의 예를 따를 수 있었다.

남북전쟁 이전의 공공도서관 성장은 거의 북동부 지방에 한정되어 있었으며, 뉴잉글랜드지방이 가장 활기 있게 발달하였다. 메사츄세츠 주가 선두를 달리고 있었는데 이는, 1850년의 뉴욕 주와 펜실베니아(Pennsylvenia) 주에 세금을 부과할 수 있는 개인재산의 총액이 메사츄세츠 주보다 1억불이 적었으며, 메사츄세츠 주가 공공문화 행위의 습관을 물려받은 집중적인 도시인구를 갖고 있었다는 사실로 설명될 수 있을 것이다. 남북 전쟁 중에는 도서관 발전이 주춤하였으나, 전쟁 후 1870년과 75년 사이 다시 활성화되어 이전의 20년 동안 세워진 수보다 더 많은 공공도서관이 이 기간 동안 설립되었다.

1850년부터 25년 동안 미국에서의 공공도서관 운동은 북동부와 중서부지방에서 확고한 형태를 갖추기 시작하였으며, 이 기간동안 공공도서관법이 10개주에서 제정, 통과되었으며, 8개 도시에서 무료시립도서관이 설립되었다. 1873년 보스톤 공공도서관은 장서수가 30만권에 달했으며, 시카고 공공도서관은 화재를 당한 후 재건되어, 최초의 공공도서관 사서 중 한사람이었던 푸울의 지도로 보스톤 다음가는 공공도서관으로 성장하였으며, 일요일 개관 정책을 최초로 실시한 도서관중 하나인 신시내티 공공도서관도 우수한 장서와 활발한 이용, 착실한 경영으로 크게 성장하게 된다.

1875년까지 11개주에서 총 188개의 무료공공도서관이 설립되었는데, 공공도서관 설립은 교육받은 인구, 또는 적어도 글을 읽을 줄 아는 성인 대중을 전제로 한 것이므로 각 주의 공공도서관 발전은 어느 정도 공립학교가 설립된 순의 지역적 패턴을 따라가고 있음을 알 수 있다.

이 시기의 사서들은 미국의 도서관 발전에 크게 기여하지 못하였다. 오히려 교육자, 학자, 작가, 종교지도자, 시민대표들이 도서관 발전에 지도력을 발휘하였다. 1853년에야 비로서 실무를 담당한 사서들이 도서관 발전을 위해 공식적인 노력을 행사하게 되는데, 스미소니안 박물관(Smithsonian Institution)의 사서였던 쥬이트와 출판업자였던 노튼(Charles E. Norton)이 주동이 되어 53년 9월 뉴욕에서 회의를 개최한 것이 역사상 최초의 사서들의 모임이었다. 공공도서관의 번영과 유용성을 발전시키기 위한 방법을 모색하기 위한 목적으로 13개주의 47개 도서관을 대표하는 82명이 모여 공동난제들을 토의하고, 대중적인 도서관의 설립에 관한 의견들을 교환하였다. 가장 중요한 결정사항은 다음 회에서 영구적인 사서들의 협회를 조직하기로 한 것이었으나, 불행히도 남북전쟁으로 인해 다음회의는 소집되지 않았으며, 이 회의의 소득은 사서들의 단체조직을 위한 최초의 시도였다는 점이라고 볼 수 있다.52)

* 1876~19세기 말

1876년부터 50년간 도서관은 역사상 최고의 시대를 구가하게 된다. 도시의 인구집중과 그 중요도가 급속히 증대되어 1860년에는 전 인구의 16%만이 도시에 거주했었으나 1900년에는 32%로 늘어났으며, 39개 도시가 인구 10만 이상, 15개 도시가 25만, 3개 도시는 100만을 돌파하게 되었다. 또 학교시스템의 빠른 성장과 하루 법정 근무시간이 10시간에서 1890년 이후 8시간으로 정해짐으로써 사람들이 교육시설이나 도서관에서 여가 시간을 보낼 수 있게 되었고, 도서관에 대한 관심이 급증하게 되었다.53)

1880년까지 모든 주가 도서관법을 통과시켰으며, 1890년의 메사츄세츠 주와 91년 뉴햄프셔 주를 선두로 대부분의 주가 자체 내 도서관위원회를 조직하여 지역도서관 설립을 지원하기 위한 계획을 채택하게 되고, 주 예산이 초기의 개인기증을 대신하였으며, 이것이 동기가 되어 많은 회원제도서관이 공공도서관으로 바뀌게 된다.54)

현대적 공공도서관의 개념은 역사상 최초의 사서들의 모임으로부터 약 4반세기가 지난 1876년 다시 회의를 개최하여 미국도서관협회(American Library Association : ALA)를 창설하면서 진정한 발전과정을 밟게 된다. 윈저, 카터, 푸울 등의 뛰어난 역대 회장들의 역할과 듀이(Melvin Dewey)의 강력한 영향력으로 도서관 운동은 자체의 영역과 힘을 얻게 되었다. 1876년은 미국도서관 역사상 가장 중요한 사건들이 일어났던 특별한 해였다. 이 해에 미 교육성은 전국의 공공도서관의 역사, 상태, 관리에 관한 특별보고서(Public Libraries in the United States of America, Their History, Condition, and Management. : Special Report)를 발행하였다. 이에 따르면, 공공도서관은 급격한 증가를 보이고 있었고, 이미 그 개념은 전국으로 급속

52) Jean Key Gates(1976), pp.71-72.
53) Albert Predeek(1947), p.107.
54) 54) Jean Key Gates(1976), p.70.

히 퍼져 나가고 있으며, 사서들의 수요가 급증함을 알 수 있다.

또 하나, 공공도서관 성장에 결정적인 역할을 한 것은 카네기(Andrew Carnegie)의 자선 기증이었다. 19세기말에 이르기까지 대부분의 공공도서관은 세금으로 충당될 수 있는 예산이 필요예산에 훨씬 못 미치는 상태였으며, 보스톤에서 조차도 도서관 세금은 1인당 50센트에 불과했고 시카고는 15센트, 뉴욕은 단 9센트로 당시 학교를 위한 시 예산이 1인당 평균 4불이었던데 비해 너무나 작은 액수였다. 이러한 재정상태에서 공공도서관을 구해준 장본인이 카네기였다. 어린시절 도서관에 대한 깊은 인상으로 그는 자신의 막대한 재산을 도서관 건립에 사용하기로 결정하였으며, 도서관이야말로 대중을 향상시키는 데에 최적의 기관으로 확신하였다. 그는 도서관 건물 비용의 최소한 10%는 도서관 지원을 위해 매년 지역사회에 공공지원 해야 한다는 선행조건을 약속한 지역사회에 도서관 건물을 짓기 위한 재정지원을 하였다. 그는 전 생애를 통해 전 세계 영어권 지역에 2,509개의 도서관 건축을 위해 약 5,600만 불을 기증하였으며, 이중 4,100만 불이상이 미국 내의 1412지역에 1679개의 공공도서관 설립에 기증되었다. 이러한 일은 도서관 역사상 유례없는 일로, 카네기가 '도서관의 은인'이라고 불리우게 된 것도 무리가 아닐 것이다.[55]

1895년에는 보스톤 공공도서관과 함께 현재 미국의 대표적인 공공도서관으로 꼽히는 뉴욕 공공도서관이 설립되었다. 이 도서관은 1854년 개관된 무료참고도서관인 애스터도서관(Astor Library)와 1870년 개관된 레녹스 도서관(Lenox Library), 틸든 재단(Tilden Foundation)을 통합하여 설립된 것으로 오늘날 세계에서 가장 훌륭한 공공도서관으로, 단일화된 대도시 도서관의 개념을 완벽하게 보여주고 있다. 이 후, 이 성공저인 예를 따라 다른 도시에서도 작은 도

---

55) George S. Bobinski(1968), "Carnegie Libraries : Ther History and impact on American Public Library Development," ALA Bulletin 62 : pp.1361-1363.

서관들을 하나의 중앙시립도서관으로 통합하는 사례가 늘어나게 되었다.

오늘날의 미국 공공도서관의 특성인 개가제, 아동을 위한 프로그램, 학교와의 협력작업, 분관, 순회도서관, 예술 및 응용과학 분야의 특별부서 설치, 지역사회센터로서의 역할 등이 이 기간동안 서서히 정착되어가기 시작한다. 1885년에 뉴욕에 최초의 아동도서관이 설립되었으며, 1870년 보스톤 공공도서관이 최초로 동 보스톤 분관을 개관하게 된다.56)

3. 영국의 근대 공공도서관 운동

영국에서도 17세기까지 도서관의 대중 봉사는 거의 이루어지지 않고 있었으며, 시립도서관이 몇 곳 설립되었으나, 진정한 의미의 공공도서관이라고 볼 수는 없었다. 대부분 저명인사들이 사후 남긴 책으로 건립된 것으로 각 시당국의 관리와 보호하에 두었다. 17세기에 세워진 최초의 시립도서관들은 노윗치(Norwich), 레체스터(Leicester), 브라스톨(Bristol) 등이며, 1653년 체삼경(Sir Humphrey Chetham)의 기증으로 설립된 맨체스터(Manchester)의 체삼도서관(Chetham Library)은 크게 성장하여 근대공공도서관의 선구적 역할을 하게 되지만 대부분은 거의 이용되지 않고 방치되어 있었다.57)

18세기는 영국공공도서관의 선두주자였던 교구도서관, 회원제도서관, 대출도서관 등이 전성기를 이룬 시기였으며, 19세기까지도 공공지원으로 지역사회의 모든 계층에게 무료로 개방되는 도서관 봉사개념은 생각하지 못한 상태였다. 19세기 중반에 들어서면서 참정권의

---

56) Arthur E. Bostwick(1929), p.11.
57) Elmer D. Johnson(1965), p.197.

확대, 의원내각제 확립, 교육의 보급 등 정치적, 사회적 개혁이 일어
나면서, 비로소 일반 대중을 위한 도서관 설립의 중요성과 행정의 권
한 및 책임에 대한 새로운 변화로 공공기금으로 지원되는 도서관 봉
사를 생각하게 되었다.

(1) 공공도서관의 성립

1) 에드워즈(Edward Edwards)와 에버트(William Ewart)

19세기 빅토리아(Victoria) 여왕시대 초기의 사회개선은 주로 자원
봉사나 광범위한 개안의 자선행위로 이루어져왔으나, 점차적으로 사
회개혁은 국가의 강제적인 집행력에 의해서만 가능하다는 것을 인식
하게 되었다. 19세기 영국의 도서관 시스팀도 예외는 아니어서 대부
분 자발적인 자선행위에 의존하고 있었다. 1850년의 공공도서관법은
영국이 산업혁명으로부터 막 헤어 나오려는 때에 통과된 개혁법안들
중의 하나였다. 이 법들은 일반 대중의 요구에 의해 제정된 것이라기
보다는 지배계층에서 주체적으로 시작한 것으로 인도적, 민주적 사회
로 향하는 이정표 역할을 하게 된다.

도서관 관계법으로는 앤(Anne) 여왕 통치하인 18세기 초에 교구도
서관의 보다 나은 보존을 위한 법이 통과된 적이 있었으나, 그것은
단지 성직자 대대로 완전하게 물려주기 위한 목적일 뿐이었다. 그로
부터, 약 150년 후 전영국의 일반 대중을 위한 무료공공도서관을 효
과적으로 준비하기 위한 법이 통과된다.58)

이 법은 에와트와 에드워즈의 노력으로 제정되었으며, 오랜 역사적
발전의 과정을 거친 산물이었다. 40년 동안 국회의원으로 봉직하였으
며, 진보주의자로 사형제도의 반대, 출판의 자유보장 등을 비롯하여
많은 개혁법의 일익을 담당했던 에와트는 공공도서관에도 큰 관심을

---

58) JamesThompson(1977), p.74.

가지고 각 주요도시에 공공도서관을 설립할 것을 촉구하였다. 1844년
에와트는 이에 관해 실질적인 일을 행할 기회를 맞게 되었다. 1840년
그 당시 대영박물관의 직원이었다. 에드워즈는 자신이 쓴 수필 "영
국의 예술(Fine Arts in England)"에서 공공 박물관 및 화랑의 설립
을 위한 에와트의 제안을 소개하고, 그 운영은 부분적으로 정부의 지
원금과 세금으로 보조되어야 한다고 밝혔으며, 44년에는 시는 박물관
을 설립할 권한이 있을 뿐만 아니라 이를 위해 세금으로 지원할 권
한도 있다는 좀 더 확실하고 실현성이 있는 제안을 하게 되었다. 에
와트와 브라더톤(Joseph Brotherton), 두 국회의원은 이 제안을 국회
에 상정하게 되고, 공공도서관법의 모델이 된 박물관법이 1845년 국
회를 통과하게 되었으며59), 이 법 하에 켄터베리(Canterbury), 샐포
트(Salford), 워링턴(Warrington)의 3곳에 공공도서관이 설립되었
다.60) 19세기 사회개혁과정에 큰 공헌을 한 평민출신의 한 사람인
에드워즈는 일반 대중의 도덕적 향상과 교육을 위해 공공도서관 설
립을 강력히 지지하였다. 이미 1836년에 그는 대영박물관위원회에 이
기관의 복본을 이용해서 런던에 공공대출도서관을 설립할 것을 제안
하였으며, 1848년에는 런던통계학회(London Statistical Society)회보
에 유럽과 미국의 대표적 공고도서관들을 통계적으로 평가한 글을
발표하여 에와트의 관심을 끌게 되었다. 이후, 두 사람은 손을 잡고,
일반 대중에게 무료로 개방되는 도서관 설립 추진을 위한 의회위원
회를 결성하고, 이 위원회에서 함께 유명한 1849년 보고서를 만들어
내었다. 에와트는 전반적이 계획을 수립하였고, 에드워즈는 상세한
자료를 제공함으로써 보고서에 정확성을 기했으며, 영국 내에 현존하
는 공공도서관 시설의 부족함과 다른 나라시절이 영국에 비해 월등
함을 증명하는 증거와 통계를 제시하였다.61)

---

59) Thomas Kelly(1973), *A History of Public Libraries in Great Britain
    1845~1965,*(London LA), pp.9-10.
60) Thomas Kelly(1973), 상게서, p.23.

이 보고서는 영국의 도서관사정을 개선하고자 하는 의도에서, 그
당시 영국에서 이용 가능했던 책의 정도를 과소평가 했으며, 해외의
도서관들을 과대평가했다는 비판도 있으나, 전반적으로 보기 드문 종
합적인 문서로 도서관계 뿐 아니라, 그 시내의 교육적, 사회적 상황
을 잘 반영한 훌륭한 보고서이다. 이 보고서를 기초로 위원회는 다음
의 2가지 사항을 제안하였다.

① 초등학교를 위해서는 이미 실시되고 있는 정부 지원금의 보조
를 도서관을 위해서도 실시해 줄 것을 제안하였다.

② 도서관의 설립 및 유지를 위한 세금을 시의회가 부과할 수 있
도록 1854년 박물관법의 확대 제정을 제안하였다.

유감스럽게도 제 1안은 이행되지 못했으며, 제 2안은 1850년 공공
도서관법의 기초를 이루게 된다.

2) 의회에서의 찬반 논쟁

국왕의 재가를 얻게 된다. 박물관법과는 달리 통과 시 많은 논쟁이
있었으며, 원안이 어느 정도 수정되어 통과되었다. 통과된 법은 인구
만 명이상의 시의회(에와트의 원안은 모든 시의회가 대상이었다) 일
반 대중이 무료로 이용할 수 있는 도서관이나 박물관의 설립 및 유
지와 이를 위한 목적으로 고정자산 1파운드에 대해 1/2 페니의 지방
세를 부과할 수 있는 권한을 부여하였다. 그러나, 도서구입에 세금을
사용하는 것을 하락치 않았으며, 이 법을 채택하고자하는 시의회는
납세자들에게 특별선거를 실시하여 2/3 이상의 동의를 얻어야 했다.

이 법안의 반대는 대부분 농가의 이익을 대표했던 보수당이 토리
(Tory)당으로부터 나왔는데, 이들은 도시가 우선적으로 이익을 보게
될 기관을 위해 세금을 내야한다는 점을 반대하였다. 이 법의 반대자
들은 도서관이 책의 저장소 역할 뿐 아닐, 강연실로도 이용이 되어
대중으로 선동할 수도 있음을 염려하였으며, 교육의 효과보다는 유흥

---

61) James Thompson(1977), p.75.

과 오락만을 제공하게 될 것이며, 차라리 노동자들은 공공도서관을 교육적, 오락적인 유익을 위한 적극적인 효과를 기대하기보다는 사회악의 반작용요인으로 생각하였으며, 이들은 공공서관의 교육적 역할보다는 사회 개혁적인 역할을 강조하였다. 국회의원으로 무료공공도서관을 지지했던 버킹검(James Silk Buckingham)은 공공도서관이 노동계층 사람들에게 만연되어있는 알콜 중독과 같은 타락행위에서 이들을 구제해 줄 수 있으리라고 주장함으로써 공공도서관 지지의 좋은 본보기를 보여주었다.62)

3) 특성 및 단점

1850년 공공도서관법의 제정은 영국 도서관사에 커다란 자취를 남겼을 뿐 아니라, 당시 사회개혁법 중에서 앞선 법이었다. 이 법의 통과는 개혁을 향한 이 시대 사람들의 마음가짐의 지표로 그 중요성이 크다 할 수 있다.

그러나, 이 최초의 공공도서관법은 도서관의 설립 및 유지의 권한 부여를 최소한 1만 명이상의 인구를 가진 시나 읍으로 제한하였고, 도서관장서는 기증으로 채울 수 있으리라 생각하여 책 마련을 위한 지원금은 필요 없다고 낙관적으로 믿음으로써 도서구입을 위한 경비 사용을 허가하지 않았으며, 과세율을 1/2 페니로 제한함으로써 공공도서관 성장에 큰 장애요인이 되었다. 1854년에는 스코틀랜드와 아일랜드에서도 이 법이 채택되었으며, 같은 해에 이들 지방에서는 최소 인구 제한이 폐지되었고, 잉글랜드도 1855년 공공도서관 및 박물관법을 통과시켜 최소 인구제한이 5,000명으로 낮아지고 과세율은 2배가 되어 1페니가 되었으며, 책 구입을 위한 경비사용이 허가되었다.

1866년에는 공공도서관 및 박물관 개정법이 통과되어 최소 인구제한이 폐지되었으며, 종전에는 이 법의 채택을 위해 납세자들의 2/3 이상의 찬성을 얻어야했으나, 1/2의 찬성으로 이 법을 채택할 수 있

---

62) James Thompson(1977), p.91.

게 되었다.63) 세금의 극히 일부분만을 도서관의 재원으로 사용할 수 있었다는 것이 도서관 발전의 가장 큰 저해 요인이었다. 많은 지역사회가 도서관 예산이 매년 50파운드를 넘지 못했으며, 단지 산업 대도시만이 이러한 재정 궁핍에서 자유로울 수 있었다. 1900년까지도 공공도서관이 공립학교나 다른 시립기관들보다 가치를 인정받지 못했기 때문에, 세금의 극히 소량만을 도서관을 위해 배정해 주었다.

세계1차 대전 후, 영국 도서관협회, 영구 카네기재단, 성인교육위원회 등이 힘을 합하여 1919년 12월 과세율 제한을 철폐한 법을 통과시키는데 성공하나, 그래도 여전히 필요액수에는 못 미치고 있으며, 대개 시예산 중 전체지출의 1% 정도만을 도서관 지원금으로 배정하고 있다.64)

1850년의 최초의 공공도서관법은 장점도 있고, 단점도 많이 갖고 있었으나, 이 법이 기초가 되어 오늘날의 훌륭하고 광범위한 공공봉사로 성장하게 되며, 국가적으로 통일된 도서관시스템을 향한 첫 단계로 큰 의미를 갖고 있다.

(2) 근대 공공도서관의 성장

1) 시기적 특성

영국에서의 공공도서관 발달은 미국에서와 거의 동시에 일어나고 있으며, 서로 밀접한 관계를 갖고 있다. 영국 최초의 시립공공도서관인 맨체스터 공공도서관과 미국의 보톤 공공도서관은 같은 시기에 개관하게 되며, 미국의 도서관 협회가 미국독립 100주년 기념해인 1876년 창설되자, 영국의 도서관 협회는 빅토리아여왕 즉위 50년제인 1877년 결성되었다. 그리고 1876년 창간된 미국의 도서관 잡지인 Library Journal도 처음에는 미국과 영국의 도서관 협회 모두를 위한

---

63) Stanley M. Max(1984), pp.519-520.
64) Albert Predeek(1947), pp.56-57.

기관지였으며, 두 나라 모두 공공도서관 발달에 카네기의 자선이 큰 힘이 되었다. 이 영어권원 두 나라가 서로 격려하며 성장한 본보기는 그 후 19세기 말에서 20세기 초에 공공도서관 설립을 위해 투쟁한 다른 나라의 개혁가들에게 훌륭한 모범이 되었다.65)

영국에서 근대 공공도서관의 발달은 의회에서 공공도서관 위원회를 임명한 1847년부터 시작된다고 볼 수 있으며, 대개 빅토리아 여왕 즉위 60년제인 1887년을 기점으로, 19세기말까지 두 시대로 구분하고 있다. 1887년은 애국적인 열정이 새로운 도서관 설립과 발달의 새 시대를 여는 상징적인 해였다. 1847년부터 86년까지는 전반적인 도서관 설립이 1년에 3~4곳에 그쳤으나, 1887년부터 1900년 사이에는 평균 1년에 16~17곳이 개관되었다.66)

이 시대는 영국인들에게는 번영의 시기였다. 인구증가 속도도 빨랐으며, 부의 축적도 더 빠른 속도로 진행되었으며, 교통수단의 발달과 상품 생산량의 증가로 영국은 세계무역을 주도하였다. 많은 사람들이 막대한 재산을 모았으며, 노동계층도 실질임금 인산의 혜택, 노동시간의 단축, 토요일 휴일제도 등 작업환경의 개선이 이루어지게 되었다.

이러한 경제적인 안정으로 공공도서관도 성장의 기틀을 다지게 된다. 무엇보다도 중요한 요인은 도심의 인구증가로, 공공도서관의 책임과 의무도 늘어났으며, 1페니로 제한된 세금지원이었으나, 인구의 증가에 따라 세금 액수도 늘어나게 되었다. 또, 이 시기에 통과된 많은 사회개혁법들이 도서관 발달에 간접적인 영향을 미치게 된다. 그러나, 이 위대한 사회개혁기간에 지방행정을 위한 적합한 시스템이 개발되지 않아서 지방행정권의 혼란으로 전원지역의 공공도서관 확대에 많은 어려움을 겪게 된다. 사회개혁이 침묵하자 공공도서관 성

---

65) Jean Hassen Forder(1968), "Comparative studies & the Davelpment of Public libraries," Unesco Bulletin for Libraries, 22호, p.14.

66) Thomas Kelly(1973), p.16.

장은 둔화되었으며, 사회개혁이 활기를 띄우게 될 때, 공공도서관 성
장도 급속히 빨라짐을 알 수 있다. 1851~62년 사이 23개의 도서관이
문을 열었으나, 63~67년 사이에는 새로운 도서관은 한 곳만 설립되
었을 뿐이며, 1867년 도시 노동자들에게 참정권을 부여하는 제2차 선
거법과 70년의 교육법 통과 후 도서관 설립은 크게 늘어나게 된다.67)

2) 시립공공도서관의 성립

공공도서관법을 최초로 채택한 시의 명예는 노윗치 시가 갖게 되
며, 법이 통과 된지 5년 이내에 윈체스터(Winchester) 볼튼(Bolton),
입스윗치(Ipswich), 맨체스터, 옥스퍼드(Oxford), 블랙번(Blackburn),
캠브리지(Cambridge), 쉐필드(Sheffield) 시 등이 이 법을 채택하였
다.68) 그러나 이 법 하에서 최초로 도서관을 개관한 곳은 1852년 맨
체스터 시였다. 에드워즈가 이 도서관의 관장으로 일하게 되었으며,
그는 다음과 같은 공공도서관봉사의 일반 원칙을 확립하였다.69)

① 도서관봉사는 이를 이용하고자하는 모든 시민에게 무료로 개방
되어야 한다.

② 도서관봉사는 각 지역사회의 책임이며, 그 비용은 도서관이용여
부에 관계없이 누구나 내야하는 세금으로 충당한다.

③ 모든 종류의 책과, 한 문제를 여러 측면에서 다룬 다양한 자료
가 장서에 모두 포함되어야한다.

그리고 에드워즈는 1865년 발표한 그의 저서 '도서관과 창립자들
(Libraries and Founders of Libraries)'에서 1850년의 공공도서관법
의 결과로 설립된 공공도서관들은 어떤 특정분파의 영향이나 계층차
별과는 전혀 관련이 없는 기관으로 근로자를 위한 도서관도 아니요,
가난한 자만을 위한 기관도 아닌, 그 도서관이 위치한 지역사회의 모
두를 위한 도서관임을 강조하였다. 공공도서관은 모든 것으로부터 자

---

67) 전게서, pp.17-19. p.23.
68) K. C. Harrison(1968), p.5.
69) Jean Key Gates(1976), p.49.

유로운 영구한 기관이며, 만약 공공도서관이 어떤 정치적 성향을 띠어야 한다면, 보수적 경향이 될 것이다. 왜냐하면, 공공도서관은 모든 계층의 사람들이 공동으로 관심을 갖는 공동영역을 넓혀야하기 때문이라고 하였다.70)

공공도서관을 보다 넓은 범위로 볼 때에, 대중적인 면과 보편적인 연구 활동 면의 기본적인 2가지 면을 갖추고 있어야 한다. 맨체스터 시립도서관도 처음부터 대출부와 참고부를 나란히 가지고 있었으며, 참고부는 참고서적, 서지 도구, 또 그 도서관의 특성에 따라 선정된 연구자료 들, 전문서적 등으로 이루어져 있어서 보다 진지한 이용자 들은 이 곳에 집중되어 있었다. 대출부는 대중적인 출판물의 수요에 점점 더 영향을 받게되어 1894년 런던 공공도서관의 경우전체대출의 80%이상을 소설류가 차지하게 되었다. 도서관의 입장에서 볼 때, 참고서적들은 값이 비싸고, 대중서적만큼 그 가치를 쉽게 판단 할 수 없음에도, 대규모 시립도서관들은 소설류의 과잉초과에 대항하여 참고도서와 전문서적들의 수서정책을 일관성 있게 유지하여 훌륭한 연구센터의 역할을 다하고 있다. 예를 들어, 버밍햄(Birmingham) 공공도서관의 셰익스피어 콜렉션(Shakespeare Collection)은 20,000권을 넘어서고 있어서 어떤 도서관도이에 비교될 수 없을 정도이다.71)

이는 공공도서관의 성장이 대규모 개인 도서관들이 해체되면서, 귀중한 장서들이 공공도서관으로 흡수되어 시작되었기 때문이기도 하다. 영국의 대규모 시립공공도서관들은 19세기 후반에 설립되었음에도 불구하고 전통적인 대학도서관이나 연구도서관에 비해서도 손색이 없는 규모를 갖게 되었다.

이 시기에 도서관 정책의 주요 논란 대상은 개가제 실시 여부였다. 다른 공공도서관 사서들과 마찬가지로 에드워즈도 이용자들이 서가

---

70) James Thompson(1977), pp.76-77.
71) Albert Predeek(1947), p.59.

에 직접 접근하는 것을 찬성치 않았으며, 열람실과 책을 보관해 두는 서고와는 분리되어야 한다는 의견이었다. 그러나, 1870년대에 참고도서에 대한 개가제가 캠브리지 대학에서 처음 소개된 후 이 시스템은 날이 갈수록 점차적으로 확대되어 큰 성공을 거두게 된다.[72]

시립도서관이 다방면의 성장으로 공공도서관운동의 주도적 역할을 담당하게 된 것은 당연한 일이다. 급속히 증가하는 대중의 요구에 대응하기 위해 도시 전지역은 물론 시 경계를 넘어 소규모의 이웃 지역사회에도 봉사를 확대하였으며, 맨체스터 도서관이 이미 1866년에 5개의 분관을 건립한 것을 비롯하여 리버어풀, 버밍햄 등이 곧 그 뒤를 따르게 된다. 또 활동의 영역을 부서화 하게 되고, 그 지역사회의 역사, 예술, 상업, 기술 등에 관한 전문서적을 비치하였으며, 오늘날 대도시나 중소도시 공공도서관의 전형적인 모습인 아동, 청소년, 신문이용자를 위한 부서 등을 설치하였다.

3) 공공도서관 운동의 활성화
* 교육법의 통과와 도서관의 교육적 의무의 확대

공공도서관법이 통과된 후에도 처음에는 공공도서관 발달이 더디었다. 공공도서관이 문을 열어도 대부분의 사람들은 책을 이용하는 데에 익숙하지 못했으며, 그때까지도 교육의 시스템은 전혀 고려되지 않고 있었다. 대도시에서는 교육대책의 미흡함을 지적하는 여론이 대두되었고, 미국의 남북전쟁에서 북군이 승리한 사실이나 1866년의 전쟁에서 프러시아(Prussia)가 오스트리아(Austria)를 이긴 사실 등이 교육이 군사력의 기초라는 교훈으로 지적되었다. 그리하여, 보편적인 초등교육의 원칙을 채택하고 의무 교육화한 1870년의 교육법이 제정되었으며, 이후, 매년 독서에 대한 일반 대중의 수요를 증가 시키게 되었다.[73]

---

72) James Thompson(1977), pp.77-78.
73) Thomas Kelly(1973), pp.18-19.

공공도서관법이 이 교육법보다 20년이나 앞서 제정되었으나 교육법이 강제적인 법인데 비해서 공공도서관법은 임의의 법에 그치고 말았다.

교육법의 통과 후 비로소 공공도서관은 전 국민교육이라는 커다란 명제와 연관을 갖게 된다. 처음의 공공도서관 설립 시에는 에드워즈를 포함한 몇몇 개화된 인사들만이 공공도서관을 모든 계층의 국민을 위한 도서관으로 인식했을 뿐, 대부분의 사람들은 근로계층을 위해 필요한 기관으로 보았으며, 실제로 초기 공공도서관 이용자의 대부분은 노동자나 하층계급 사람들이었다.

공공도서관이 교육 시스템의 한 부분이라는 확신이 생기자 교육적 업무의 확대에 노력하였으며, 학교와의 협력과 성인교육운동에 참여하여 교육적, 문화적으로 다양한 활동을 벌였다. 대부분의 공공도서관들이 장소가 협소했음에도 불구하고, 공공강연회, 과학 및 예술분야의 다양한 강의개설, 각 지방의 문화활동을 고무시켰으며, 특히 대규모 시립도서관들은 전시회, 순회도서관, 특수장서나 특별열람실 설치, 목록과 독서리스트 출판 등의 활동으로 성인교육의 일익을 담당하였다. 1차대전 후에는 이 운동이 공장, 부두, 배, 군대, 병원 등에까지 확대되었는데, 공공도서관의 이러한 활동은 미국에서만 그 유사한 면을 볼 수 있는, 순수한 앵글로색슨족의 문화에 대한 공헌이라 하겠다.

* 카네기의 자선과 영국도서관 협의회 창립

영국의 공공도서관운동은 북부의 산업지방이 그 선두를 달렸으며 가장 큰 성장을 이룩하게 된다. 1877년에는 77개 도시에 공공도서관이 설립되었고, 카네기의 기증과 영국도서관협회(the Library Association: LA)가 결성되어 전문직 단체로서 영향력을 발휘하게 되자 공공도서관운동은 크게 활성화되어 19세기말에는 360개 도시가 공공도서관을 갖게 되었다.

1879년 자신의 고향인 스코틀랜드의 던펌라인(Dunferm line)에 공

공도서관 설립을 위해 8,000파운드를 기증함으로써 시작된 카네기의
자선은 영국의 공공도서관발전에 커다란 전기를 이룩하였으며, 1913
년에는 카네기영국재단(Carnegie United Kingdom Trust)을 설립하
였고, 1919년 그가 사망하기까지 영국 공공도서관의 반 이상이 그의
지원을 받았으며, 영국 내 380개 도서관건물이 그의 기증으로 설립된
것이었다.74) 카네기 외에도 그린우드(Thomas Greenwood), 존 패스
모어 에드워즈(John Passmore Edwards) 등의 자선과 헌신적인 공헌
이 공공도서관 발달에 큰 영향을 미치게 된다.75)

20세기에 두 차례의 세계대전과 경제 불황을 겪으면서도 영국의
공공도서관은 나라전체로 확장되어 성장을 거듭하게 되며, 분관, 북
모빌(Bookmobile), 도서관우편봉사, 도서관상호협력 등의 개척자로
도서관계의 지도자적 역할을 담당하고 있으며, 전 인구의 1/4 이상이
정규적인 도서관이용자로 세계에서 가장 도서관을 잘 인식하고 있는
국가중의 하나로 평가받고 있다.76)

6.3 한국의 공공도서관

1. 한국의 공공도서관 발달 과정

한국의 공공도서관 발달 과정을 개화기부터 6·26동란 이전까지
살펴보면 다음과 같다.77) 우리나라의 근대도서관 사상은 19세기말

---

74) Thomas Kelly(1973), pp.116-117.
75) A. K. Mukherjee(1966), p.131.
76) Elimer D. Johnson(1965), p.201.
77) 최경희, "한국과 미국의 공공도서관 발달사 비교 연구," 『학기논고집』
    제5집, 1995. pp.255-260.

개화기에 시작되었다.78) 근대도서관의 중요성과 필요성을 자각하게
된 사람들은 주로 개화기 인사들이었는데, 우리나라 사람으로서 근대
도서관을 처음 본 이는 1876년 2월 조선수호통상조약이 체결됨에 따
라 동년 4월 수신사로서 일본을 방문하게 되었던 신사 김기수(金綺
秀)였다. 김기수가 방문했던 1876년을 전후한 일본의 도서관은 문고
형태를 크게 벗어나지 못한 근대도서관 설립의 초창기였는데, 그는
도서관 운영에 대한 특별한 관심을 가지고 있지 않았던 것으로 생각
된다.

김기수보다 4년 뒤인 1880년 8월 두 번째 수신사로 일본을 방문한
김홍집도 동경도서관을 돌아보고 왔으나 남긴 기록은 매우 간략하였
다.79)

1881년 4월에는 신사유람단이 일본 동경에 파견되어 70여 일간 체
류 하면서 일본의 각 관서, 고장시설, 군사, 경찰제도, 교육, 문화기관
등 많은 부문을 시찰 조사하였다. 신사유람단 일행 중 윤치호(尹致
昊)는 우리나라 최초의 도서관인 '대한도서관' 창립의 발기인이 되
었으며 유길준(兪吉濬)은 『서유견문』이라는 그의 저서를 통하여 서
양 제국의 근대도서관을 비교적 상세히 소개함으로써 당시 지식층들
에게 도서관의 중요성을 인식시키는데 한 몫을 하였다.80) 그러나 이
들의 근대도서관에 대한 인식은 일본의 근대도서관을 둘러보고 생긴
것은 아니었다. 이들은 신사유람단을 계기로 우리나라 최초의 미국
유학생이 되었고, 서양의 근대도서관을 직접 보고 이용해 봄으로써
도서관의 중요성과 필요성을 인식할 수 있었던 것이다. 유길준의
『서유견문』의 서적고의 내용을 살펴보면81) 이때부터 유길준은 도서

78) 이춘희, "근대한국도서관사 연구-개화기에 있어서 근대도서관 사상의
    형성을중심으로-," 도서관학 제 16집 1989, p. 74.
79) 이춘희, 전게서, p.79.
80) 이춘희, 전게서, p.80.
81) 유동준, 『유길준전』, 서울 : 일조각, 1987, p.156.

관에 대한 인식이 분명히 형성되어 있었음을 알 수 있다. 그는 문맹
을 없애고 국민의 지식을 향상시키기 위해서는 근대도서관의 역할이
매우 중요하다는 것을 인식하고 있었으며, 또한 그 필요성을 강조하
기 위해 이러한 글을 쓴 것이라고 볼 수 있다.[82]

　유길준 외에 초기 해외 유학자들 중에서 윤치호는 근대도서관을
체험한 선구자였지만 유길준의 『서유견문』과 같은 저술이나 관계
자료를 찾을 수 없어, 그의 도서관 인식을 좀더 구체적으로 고찰할
수는 없다.

　이외에도 개화기 인사들 중 도서관에 대한 인식을 가지고 필요성
을 역설한 이들에는 박영효, 장지하 등이 있다. 특히 황성신문의 주
필 또는 사장으로 활약한 장지하는 세계 각국의 주요 도서관을 소개
하고 있을 뿐만 아니라 우리나라에도 고려시대에 이미 수서원과 같
은 서적원이 있었다는 것, 그리고 중국에 사람을 보내어 서적을 많이
구득하기도 하였다는 사실들을 열거함으로써 도서와 도서관의 중요
성을 강조하고자 하였다.[83]

　1899년 이후로는 도서관에 대한 일반인의 관심도 높아져 언론매체
에서도 이에 대한 기사를 자주 거론하였다. 이들 기사에 나타난 도서
관 인식을 종합적으로 요약하여 보면 아래와 같다.

　첫째, 근대도서관에 대한 통념이나 이해에 있어서 개화기 지식층간
에도 상당한 차이가 있었으며 심지어 도서관과 관련이 깊은 학부의
행정당국자들도 그 인식이 매우 부족함을 알 수 있다. 이러한 인식의
부족은 도서관에 대한 사회적 요구의 기반이 그 만큼 약 했다는 것
을 의미하며, 결과적으로는 근대도서관의 성립과 발전을 앞당기지 못
한 요인 중의 하나가 되었다고 생각한다.

　둘째, 일부의 지식인들은 도서관을 인쇄시설도 갖추어 서적의 출판

---

82) 이춘희, 전게서, p.87.
83) 이춘희, 전게서, p.95.

도 함께하는 곳이라고 이해하고 있었다. 당시 많은 지식층들은 새로운 학문과 문화를 섭취하기 위해서는 무엇보다도 먼저 학교를 많이 설립하여 인재를 양성해야 하고, 다음은 교육에 필요한 신교과서와 긴요한 외국의 서적을 번역 출판하는 것이라고 생각하였다. 따라서 도서관도 이러한 사상적 맥락에서 이해되고 있었던 것으로 서적을 많이 출판하려면 판매도 하고 열람도 시키는 곳이 도서관이 되어야 한다고 생각한 것 같다. 그러나 근대도서관은 국민의 지식계몽을 위해 존재하는 공익사업기관이라는 점에 있어서는 그 견해가 일치되고 있었다.84) 이와 같이 개화기 한국에 있어서 근대도서관 사상의 기반은 서구의 영향을 받아 이루어졌으나 그 밑바탕에는 국권을 수호하고 국력을 배양하기 위해서는 보다 많은 국민에게 새로운 지식과 문화를 보급하고 교육해야 한다는 애국적 계몽사상이 흐르고 있었다.85)

1906년에는 우리나라 최초의 국립도서관인 '대한도서관' 설립을 이범구, 이근상, 박종화, 문이식, 윤치후, 이봉래 등이 인정하며 발기하고 이를 위한 평의원회를 구성하였다. 당시 새로운 도서관의 설립은 국민의 절실한 요구와 뜻있는 인사들의 적극적인 호응을 얻어 각계로부터 많은 도서를 기증받기도 하였다. 86)

대한도서관이 일종의 국립도서관의 성격을 띠고 종정부의 관사를 사용하게 되자 이것을 궁내부에 예속시키는 동시에 더욱 확장할 계획 아래 구규장각 도서와 궁중에 있던 모든 장서를 모아 제국도서관을 설립하려는 움직임이 있었다. 그러나 이것은 어디까지나 계획에 불과했으며 대한도서관은 개관을 앞두고 한일합방이 됨으로써 도서관 설립의 의지는 좌절 되었고 장서 10만여 권은 모두 총독부취조국에 몰수되고 말았다.

대한도서관이 정부 인사들에 의해서 설립되고자 했던 움직임인 반

---

84) 이춘희, 전게서, p.103.
85) 이춘희, 전게서, pp.105-106.
86) 백린, 『한국도서관사 연구』, 서울 : 한국도서관협회, 1981, p.114.

면 같은 시기에 민간에서도 지방의 선각자들에 의해서 도서관 설립의 움직임이 있었다.

1906년 3월 서북 지방의 신문화운동의 중심지였던 평양에서는 그곳 유지인 태문옥(泰文玉), 김흥윤(金興潤) 등이 설립자금 8천원으로 평양 종로에 도서관을 세우고 '대동서관'이라 하였다.

'대동서관'은 우리나라 최초의 사립 공공도서관으로, 도서의 열람 대출뿐만 아니라 신학문의 보급을 위한 출판사업도 겸하고 있는 것으로 보아 그 당시의 개화사상과 민족주의적인 시대사조도 엿볼 수 있다.[87]

대동서관은 설립 당초에 만여 권의 신간서적을 구입하여 일반의 열람에 무료로 제공했으며, 또 불과 개관 일주일도 못되어 대출권수가 수천 권에 달했다고 한다.[88]

우리나라 도서관은 1896년 문호개방과 1910년 한일합방 때까지는 외국 문물을 보고 익힌 선각자들에 의해 그 필요성과 중요성이 인식되었다고 할 수 있다. 그 당시는 세계의 정치, 경제, 문화, 과학 등의 모든 영역에서 서구의 영향력이 급격히 증대하고 있었고 이러한 속에서 우리나라가 살 길은 국민들이 문맹에서 깨어나 새로운 지식을 받아들여야 한다는 것이 선차적인 과제였다. 따라서 도서관 운동가들도 이런 시대적 사조 속에서 위태로운 조국의 운명 앞에서 도서관 설립을 위해서 노력했다고 보아진다.

이제 한일합방이 된 1910년부터 해방된 해인 1945년까지의 도서관 중 오늘날 공공도서관이라 부를 수 있는 도서관들의 운동과정을 살펴보면 다음과 같다.

한국의 공공도서관에 가장 많은 영향을 미친 것은 근대적 의미의 공공도서관 설치가 시작된 일제통치 시기를 생각하지 않을 수 없다.

---

87) 오한석, "한국근대도서관 설립 운동의 사적 고찰 -개화기 일제치하를 중심으로-," 한양대교육대학원 석사학위논문, 1987, p.58.
88) 백린, 전게서, p.147.

일제 통치 36년 동안의 도서관 활동은 무력에 의해 나라를 빼앗긴 한민족의 구국을 위한 순수 민간주도의 도서관 활동과 일제가 이를 탄압하고 그들의 통치정책을 실현하기 위한 식민지 이데올로기 주입기관으로서 관 주도로 집행된 도서관 활동 간에 갈등의 연속이었다.[89]

일제치하 1910년부터 1919년 3·1운동까지는 일본의 무단통치시기로 강압적인 총, 칼로 우리민족을 억압하던 시기였다. 그러나 3 1운동 후 일제는 더 이상 무단통치보다 더 악랄한 소위 문화정치라는 유화적, 기만적인 통치술로 지배하고자 했다.

이러한 어느 정도의 유화국면 속에서 1920년대부터 1930년대까지는 도서관이 급격하게 많이 설치되게 되었다. 1920년 11월 5일 '경성도서관'의 설립을 필두로 하여 1924년 진남포 도서관, 1925년 해주도서관, 1931년 인정도서관 등 그 수는 거의 30여개나 된다.

이들 도서관들을 설립 주체별로 살펴보면 개인재산을 털어서 만든 사립도서관과 향교재단, 동우회, 학교조합 등으로 구분해 볼 수 있다. 개인 사재로 만든 도서관들은 비록 규모는 크지 못했지만 대부분이 설립자들의 민족적인 얼에 입각하여 설립한 것이었다. 많은 선각자들이 이러한 뜻을 갖고 헌신적으로 운영해 왔지만 격변하는 식민시국의 정세에 몰리어 재정상의 애로와 운영난으로 휴관 또는 폐관하는 도서관들이 많았다.[90]

한편 향교재단으로 설립된 도서관은 대부분이 설립 창설 시부터 사립도서관의 성격을 띠고 있었으나 소수의 도서관은 향교재산을 군에서 관리하여 설립 당초에는 공립으로 출발하였다가 후에 사립으로 변경되는 운영과정을 보여주고 있다. 또 이들 도서관들은 운영 면에서 그 경비지출의 일체를 전담하는 것이 아니고 복지가의 협조나 군

---

89) 김남석, "일제 치하 청년단체의 도서관 설치 활동에 관한 연구,"《도서관학논집》제18집, 1991, p.1.
90) 오한석, 전게서, p.78.

의 일부 원조로서 충당되는 경우가 많았으며, 규모에 있어서도 소규
모로서 신문열람소나 간이도서실 등의 이름으로 불리는 경우가 많았
다.[91]

이외에도 도서관 설립의 일군을 담당한 단체는 동우회나 학교조합
등으로 불리는 단체로 주로 학교 교직원이나 졸업생이 중심이 되어
설립되었다. 이들 도서관은 보통학교 구내에 설립되었는데 이는 당시
로서는 도서관 건물을 따로 마련하기 어려웠다는 사실을 말해주고
있다. 그러나 소재를 학교구내에 설치했을 뿐 그 기능상에 있어서는
주로 학생을 위시하여 지역주민의 일반대중에게도 봉사하였다.[92]

도서관운동과 관련하여 이 시기에 꼭 주목해야 할 단체는 이른 바
청년단체들이다. 이들 단체는 1920년 4월 전남 영광청년회에서 최초
로 도서관 활동을 시작한 이래로 그 해 1년 동안 무려 10개 도서관
이 청년단체에 의해 설립되었다. 그리고 1925년에서 1926년 사이는
절정을 이루었는데 전국적으로 143개의 도서관들이 청년단체들에 의
해서 설립되게 되었다.[93] 청년단체의 도서관설치 활동은 구국운동의
일환이었고 민족계몽운동 이었으며 청년단체가 주관하고 지역주민이
함께 한 범지역적인 활동이었다.[94]

이 당시의 우리나라 도서관활동은 도서관을 사회교육시설이라는
차원을 넘어 구국을 위한 민족지도기관과 지식보급기관, 그리고 정규
교육시설의 미비에 따른 보완 시설이 라는 인식하에 각자가 할 수
있는 능력범위 내에서 자료와 시설, 개인적인 지식과 시간을 바 쳐
자생적으로 설치된 시설이라고 할 수 있다.[95]

그리고 이 시기에 갑자기 도서관 설치에 대한 활동이 동시적으로

---

91) 오한석, 전게서, p.75.
92) 오한석, 전게서, pp.78-79.
93) 김남석, 전게서, pp.1-2.
94) 김남석, 전게서, p.6.
95) 김남석, 전게서, pp.36-37.

나타나게 된 배경은 개화기에 일기 시작하였던 '대한도서관'과 '대
동서관'의 설치활동의 영향이 무력으로 잠재되어 있다가 일시적으로
나타난 것으로 볼 수 있고, 한편으로는 우민화를 기하고 있는 일제
정책을 교육으로 타개하려는 구국의 일념에서, 도서관을 민족교육기
관으로 생각했기 때문으로 볼 수 있다. 그리고 사립학교 설립에 따른
재정적인 빈약성과 일제의 탄압에 의한 타개의 방법으로 비교적 탄
압이 적고, 경제적인 여건에 따라 그 설치가 용이한 교육시설로 도서
관을 생각하였기 때문이다.

　1930년대로 들어서면서 일제는 병참기지화 정책을 세우고 철저한
수탈을 하기 시작하였으며, 이 시기에 우리민족에 대한 말살정책이
시작되었다. 따라서 우리민족이 주도 가 된 도서관 활동은 이 시기에
와서 일제의 탄압에 의해 거의 대부분이 사라지고 만 다. 그리고 일
제가 식민지 이데올로기 유포를 위해 세운 도서관들만 남게 되었는
데 일제가 세운 공공도서관은 제도적인 면, 법규적인 면에서 오늘날
까지 우리나라 공공 도서관 제도에 악영향을 끼치고 있는 것으로 한
연구 결과에서 보고 되었다.96) 해방 후 일제가 남긴 도서관들을 인
수하는 것은 우리 도서관계가 시급히 해결해야 할 과제였다. 조선총
독부 도서관의 부관장으로 있었던 박봉석 이하 16인의 한국인 직원
들은 일제로부터 도서관을 인수받고 혼란 속에서도 우리 도서관을
수호하였다.97)

　일제가 남긴 도서관들의 운영은 일제시대의 시설과 장서를 그대로
인수하여 명칭만 바꾸어 놓은 상태였다. 그러나 이 때 국립도서관은
자주적인 활동을 보여주고 있다. 이 때 국립도서관은 전문직 사서요
원을 양성하고 십진분류표를 제정하였으며, 직제 상 전문직 사서 출
신의 관장과 부관장이 임용되었다. 일제 총독부 도서관 부관장이었던

---

96) 김포옥, "광복이후 한국도서관사 연구- 일제하 공공도서관 제도의 영향
　　을 중심으로-," 성균관대학교 대학원 박사학위논문, 1990.
97) 김세익, 『도서인쇄 도서관사』, 종로서적, 1981, pp.241-242.

이범승 선생님은 우리나라 도서관 발전을 위해 많은 노력을 하였고,
오늘날 우리도서관계의 귀감이 되는 분이시다. 그러 나 6·25 사변
후 이범승 선생님은 북으로 납북되었다. 따라서 우리나라 공공도서관
은 또 한번의 중흥의 기회를 놓치게 된 것이다.

2. 한국의 농어촌공공도서관 설립 및 운영

(1) 농어촌공공도서관 설립의 의의[98]

우리나라는 공공도서관의 발전에 있어서 두 가지 측면의 변화과정
에 직면하고 있다. 하나는 지방자치의 시대를 맞이하여 지역사회 개
발과 지역주민의 복리증진, 지역교육의 특성화, 지역문화의 정체성
확립에 공공도서관의 역할의 중요성이 그 어느 때보다 부각되고 있
어, 지방자치단체에서 공공도서관의 설립과 운영에 관심을 갖게 되었
다는 점이다.

다른 하나는 정부의 문화기반시설 확충과 운영개선 정책에 따라
공공도서관과 같은 기초문화시설들이 대폭 설립되고 있으며, 기존 공
공도서관의 운영개선을 위한 정책적 지원이 이루어짐으로써 앞으로
공공도서관은 양적으로, 질적으로 발전도 기대할 수 있다는 점이다.

이러한 변화과정의 영향으로 정부와 지방자치단체에서는 지금까지
공공도서관의 혜택에서 소외된 농어촌지역에 공공도서관의 설립을
추진하고 있다. 앞으로 설립될 농어촌공공도서관은 다음과 같은 공공
도서관 설립정책의 일환이라 할 수 있다.

첫째, 공공도서관의 계열화 정책이다.

공공도서관은 특정 지역사회에 속한 사회기관이며 봉사기관이므로

---

98) 문화관광부, 농어촌 공공도서관 표준설계 연구, 1998.12. pp.9-71.

공공도서관의 규모와 조직은 지역의 특성과 기능에 따라 결정되어야 한다. 지방자치제 하의 공공도서관은 종전의 중앙집권적 행정체제 하의 획일적 도서관 설립과 운영이 아니라 그 지역사회의 성격과 주민의 요구, 지역사회의 당면 과제들을 충분히 반영하여 도서관의 적절한 계열화를 도모할 수 있도록 설립의 기본방향에 설정되어야 한다.

공공도서관의 계열화는 봉사대상지역의 규모, 인구분포, 지역경제와 지형 등의 지리적 요소들을 고려하여 도서관의 규모를 계열화하는 것으로 인구밀도가 놓은 도심부에는 대규모 도서관을, 인구밀도가 낮고 넓은 지리적 범위를 갖는 소도시나 군 단위 지역의 읍·면 소재지에는 중·소규모의 도서관을 설립하는 것을 말한다.

농어촌 도서관의 설립계획도 공공도서관의 계열화 정책의 일환으로 주로 농업이나 어업을 기반으로 지역경제를 형성한 지방 소도시나 군 단위의 읍·면 소재지에 500평 이하의 중·소규모 도서관을 설립하여 지금까지 도서관의 봉사력이 미치지 못하는 지역 주민에게 봉사영역을 확대하고자 하는 공공도서관정책이라 할 수 있다.

둘째, 공공도서관의 문화봉사 거점 확대 정책이다.

농어촌공공도서관의 설립은 대도시지역 주민에 비해 상대적으로 문화향수 기회가 적은 농어촌지역 주민에게 누구나 손쉽게 향유할 수 있는 문화복지 공간을 확대함으로써 문화를 기반으로 국민의 화합을 도모하고 지역문화의 정체성을 확립하기 위한 것이다. 앞으로 본격적인 지방화 시대에 즈음하여 농어촌공공도서관의 설립은 그 동안 대도시 중심의 문화시설 편중현상에 따른 도시와 농어촌간의 심각한 문화적 차이를 해소할 수 있도록 농어촌지역에 문화봉사 거점을 만들려는 공공도서관 정책이라 할 수 있다.

셋째, 공공도서관의 현실적 시설공급 정책이다.

공공도서관은 일반적으로 지역주민의 거주지와 도서관 소재지와의 거리가 떨어져 있으며 그 만큼 이용자가 급속히 줄어들며, 이용자의 접근이 불편한 지역의 도서관은 접근이 용이한 지역의 도서관에 비해 이용자가 적다는 사실이 여러 조사 결과를 통해 밝혀진 바 있다.

이상적으로 공공도서관은 지역별 인구밀도에 따라 적절한 배치간격을 유지하고 이용자의 접근이 용이하고 그 위치가 쉽게 확인될 수 있는 입지조건을 갖춘 장소에 설립되는 것이 타당하다. 그러나 현실적으로는 주민의 접근성과 편리성을 고려하여 공공도서관의 입지를 선정하기에는 부지확보나 예산확보의 어려움이 많다.

농어촌지역은 인구밀도가 낮고 지리적 범위가 넓어 규모가 큰 도서관보다 비록 소규모일지라도 여러 개의 도서관을 지역별로 분산해서 건립하는 것이 현실적으로 타당성 있는 정책이라 할 수 있다.

(2) 농어촌공공도서관 설립의 기본방향

1) 농어촌공공도서관과 지역사회

공공도서관은 지역사회의 모든 주민을 대상을 봉사하는 대표적인 공공기관으로서 「도서관 및 독서진흥법」(제2조 4호)에 '공중의 정보이용·교양·조사·연구 및 교육·문화 활동을 증진함을 주된 목적으로 하는 도서관' 이라고 정의하고 있다.

이에 따라 공공도서관은 지역사회의 요구와 필요에 따라 그 지역의 사회적·문화적 특성에 맞게 설립·운영되고 있으며, 설립 목적과 기능, 봉사내용과 방법, 재원확보 등에서 지역사회와 밀접한 관련을 갖게 된다.

공공도서관이 지역사회에 갖는 중요한 책임 가운데 하나는 도서관이 갖고 있는 총자원을 지역주민들이 최대로 유용하게 활용할 수 있도록 시설, 자료 봉사부분에서 분배의 공평성과 효율성을 갖는 것이다. 즉, 공공도서관은 지식과 정보의 공평한 분배를 통해 지역간 개인간의 사회적 불평등을 해소해야하고, 열악한 교육환경으로 인하여 충분한 교육적 혜택을 받기 어려운 사람에게 균등한 교육적 기회를 부여해야하며, 다른 지역사회와 동일한 문화시설과 프로그램을 제공함으로써 문화적 차이를 극복하는 책임과 역할을 수행해야 한다.

농어촌공공도서관은 농어촌지역에 도서관 자원에 대한 분배의 공평성과 효율성을 실현하여 도시지역과의 사회적, 교육적, 문화적 격차를 해소하는데 기여할 수 있다. 아직까지 우리나라의 농어촌사회는 90년대 이전의 중앙집권적 정치구조와 대도시 중심의 경제, 교육, 문화 구조의 영향으로 도시 사회와 교육, 직업, 문화, 경제적 수준의 차이에서 발생하는 사회적 갈등 요서가 내재되어 있으며, 지방자치시대를 맞이한 오늘날 이를 해결해야하는 과제를 안고 있다.

농어촌지역사회에서 지방자치의 궁극적 목표는 지방자치를 통한 행정적 독립과 지역사회개발을 통한 경제적 자립 그리고 지방 고유의 문화 정체성 확립을 통해 도시사회와 지역간, 계층간 불평들을 해소하여 지역주민의 복리증진에 기여하는 것이다.

이를 위해서는 농어촌지역 주민들을 위해 지역기관의 정보와 지역산업 개발에 필요한 정보가 제공되어야 하며, 다양한 교육프로그램이 마련되어야 하며, 지방문화의 유지·발전과 문화향수를 누릴 수 있는 문화공간 및 프로그램이 제공되어야 한다.

2) 농어촌공공도서관과 지역문화

다가오는 21세기는 지식과 문화가 정보화 사회를 주도하게 되어 문화창작 활동이 활성화되고 문화기반시설들이 대폭 확충되어 모든 국민들이 동등한 문화향수 기회를 갖고 문화복지를 통해 삶의 질이 향상되는 소위 '문화의 세기'가 도래할 것이라 예상하고 있다.

'문화의 세기'를 맞이하여 정부는 국민들의 문화창작 활동을 활성화하고 문화향수 기회를 확대할 수 있도록 다양한 문화정책을 개발하고 있다. 정책의 핵심은 공공도서관과 같은 문화시설들을 지방 곳곳에 지속적으로 설립하는 한편, 기존의 문화시설의 운영을 전면적으로 개선하여 문화시설의 활용도를 높임으로써 농어촌사회 주민들도 도시주민들과 똑같이 문화창작 활동에 참여하고 문화향수 기회를 갖도록 하는 것이다.

앞으로 설립될 농어촌공공도서관은 농어촌지역 주민들의 문화에 대한 관심과 문화적 감수성을 개발하고 문화창작 활동을 진작시켜 지역문화발전에 이바지 할 수 있는 지역문화중심기관으로서의 문화적 가치를 갖게 된다.

원래 지역문화란 동질성이 강한 자연적·문화적 특성을 갖고 있기 때문에 문화적 동질성을 통해 지역사회의 일체감을 조성할 수 있는 속성을 갖고 있다. 따라서 지역 특유의 향토문화를 계승·발전시킴으로써 다른 지역과 차별화 된 문화적 정체성을 확립할 수 있고 문화적 정체성을 통해 지역사회 전체의 공동체의식과 애향심을 고취시키고 사회적 통합과 협동을 가능하게 할 수 있다. 농어촌공공도서관은 지역향토자료를 발굴·전시·보존함으로써 지역문화의 정체성 확립에 기여하게 된다.

현재 우리나라의 문화시설 및 문화활동들은 대부분 수도권지역이나 지방 대도시를 중심으로 편중되어 있어 전국적으로 문화혜택의 불평등 현상이 심각하다. 또한 대도시 중심으로 개발된 문화프로그램을 문화향수 기회가 적은 농어촌지역에 일방적으로 전수하고 있어 도시와 농어촌간의 문화적 이질감에서 오는 거부감이 적지 않다. 이러한 현상들은 문화의 중앙집중화에 따른 폐단으로 이를 해결할 수 있는 방안은 지방에 문화시설이 확충되고 문화활동이 활성화됨으로써 지역 특성에 맞는 고유한 지방문화가 발전 될 수 있어야 한다.

결국 농어촌공공도서관은 농어촌지역 주민들이 지역문화를 이해하고 문화활동에 참여하고 체험할 수 있는 지역사회의 종합문화 공간으로서의 역할을 수행함으로써 지역문화발정과 문화의 지방 분권화를 실현하는데 기여할 수 있다.

⑶ 농어촌공공도서관의 역할과 기능

1850년대 미국의 보스턴 공공도서관이 창설된 이래 세계 각국의 공공도서관은 변화하는 도서관 이용자의 요구를 충족시키기 위하여 공공도서관의 역할과 기능을 개발해 왔다. 대체로 지금까지 규정된 것은 공공도서관을 지역사회 주민의 교육·정보·문화·여가의 목적을 수행하도록 역할과 기능이 부여되는 것이다.

농어촌공공도서관의 역할과 기능은 공공도서관의 기본적인 역할과 기능의 범주 안에서 농어촌사회의 특수한 환경을 반영하여 보다 특성화되고 구체화된 역할과 기능이 수행되어야 한다.

1) 농어촌공공도서관의 역할

〈농어촌지역사회 개발을 위한 역할〉

- 농어촌지역 사회의 경제·사회·교육·문화적 향상을 가져올 수 있도록 지역주민의 태도나 기술을 변화시켜 바람직한 태도, 기술, 인간관계, 능력으로 발전할 수 있도록 정보·교육·문화의 중심기관으로 역할을 수행해야 한다.
- 농어촌지역의 산업발전과 지역개발을 지원할 수 있도록 연구지원기관으로서의 역할과 평생교육기관으로서의 역할을 수행해야 한다.

〈농어촌지역 문화발전을 위한 역할〉

- 농어촌지역 주민이 생활권역내에서 문화예술을 이해하고 체험하며, 참여할 수 있도록 관련된 프로그램과 지식 및 정보를 제공하는 소규모 복합문화공간으로서 '문화의 집' 역할을 수행해야 한다.
- 지역 향토물화를 계승·발전할 수 있도록 향토문화를 발굴, 수집, 전시, 보존하는 역할을 수행해야 한다.
- 지역문화의 창조자와 이용자를 연결시켜 주는 매개체로서의 역할을 수행해야 한다.

2) 농어촌공공도서관의 기능

농어촌공공도서관이 지역사회개발과 지역문화발전에 충실한 역할을 담당하기 위해서는 역할에 적합한 세부적 기능들이 수행되어야 한다.

〈지역사회 정보센터의 기능〉

- 지역사외와 관련된 정부 및 자치단체의 정보, 지역기관 소식, 지역사회 전반에 관한 최신정보를 제공한다.
- 지역주민의 광범위한 생활정보 요구가 충족될 수 있도록 인쇄매체 및 멀티미디어 매체를 포함한 다양한 정보를 제공한다.
- 지역산업 개발을 지원하는 최신의 연구정보를 제공한다.
- 지역 특산물의 가격변동 및 물가정보를 제공한다.
- 통신망을 통하여 원거리에 소재한 정보에 접근을 제공한다.

〈지역사회 교육지원센터의 기능〉

- 미취학 아동의 학습장소가 되도록 다양한 형태의 아동도서를 통해 독서와 배움의 흥미를 제공한다.
- 정규교육고정 학생들의 공식적인 학습과정에 설정된 교육목적을 지원하도록 시설 및 정보를 제공한다.
- 자기교육을 추구하는 모든 이용자에게 평생 개인학습에 필요한 시설 및 정보를 제공한다.
- 정보화사화에서의 정보접근과 이용에 관련된 정보활용교육을 제공한다.

〈지역사회 문화센터의 기능〉

- 문화 시청각실을 활용하여 문화소양과 문화이해의 기회를 제공한다.
- 문화 관람실을 제공하여 문화 참여의 기회를 제공한다.
- 소규모 문화사랑방을 제공하여 친목도모의 기회를 제공한다.
- 향토문화자료의 수집·보존·이용을 제공한다.
- 제역문화네트워크를 통한 지역사회 문화기관의 프로그램을 제공한다.

(2) 공공도서관의 현황

1) 공공도서관원 급속한 팽창

1990년대 우리나라 공공도서관의 설립은 비약적으로 발전했다. 특히, 1991년 당시 문화부(현 문화관광부)에 도서관정책 전담부서의 설립은 전국의 공공도서관을 수적으로 증가시키는데 크게 기여했다. 1990년 말 전국의 공공도서관은 238개관에 불과했으나 10년도 지나지 않아 2000년 말 420개관으로 증가했다. 최근의 자료에 의하면, 1995년 말 시·군·구 소관의 도서관은 93개관이었으나, 2년이 지난 1997년 말 운영중인 도서관은 133개관으로 증가했으며, 1998년 건립중인 도서관은 64개관으로 전체적으로 보아 그 증가율은 110%를 상회한다. 하지만, 교육청 산하의 도서관은 단지 2개관만 증가되었으며, 건립중인 도서관을 합하더라도 그 증가율은 2.2%에 불과하다. 이러한 증가는 문화관광부의 지원과 지방자치단체의 의지에 기인한 것이라 생각된다.

2) 소장 장서의 증가

공공도서관의 소장 장서는 도서관의 수의 증가에 따라 많은 증가를 보였다. 1995년 말 현재 전국의 공공도서관에서 소장하고 있던 장서중 도서의 수는 1천 3백만 권이 넘었으며, 구독하고 있는 정기간행물도 6만 6천 종에 가까웠다. 또한 시청각자료는 24만 여종이 되었다. 그 후 5년이 지난 2000년말에는 전국의 공공도서관에서 소장하는 도서의 수는 거의 1천 2백만 권이 증가한 2천 5백만 권이 넘었다.

특이한 사실은 시청각 자료의 폭발적인 증가를 들 수 있다. 1995년 말 전국 공공도서관에 소장된 시청각 자료의 총 수는 24만 종에 가까웠다. 그리고 1997년말에는 그 수가 80%나 증가한 43만 종에 이르렀다. 이러한 증가는 공공도서관에서 비디오테이프와 같은 시청각 자료를 많이 소장하여 이용자에게 다양한 봉사를 실현하고 있는 결과라 할 수 있다. 특히, 교육청 소관의 공공도서관은 시청각자료의 증가가 170%를 넘는 현상으로 보여주고 있다.

하지만, 소장하고 있는 정기간행물은 다른 자료의 증가와는 반대로 감소하는 추세를 보여주고 있었다. 1995년 말 전국의 공공도서관은 6만 6천 종의 정기간행물을 소장하고 있었다. 2년이 지난 1997년 말 현재 6만 1천여 종으로 약 6%가 감소하였다. 이러한 변화는 정기간행물구독료의 증가로 인하여 도서관들이 정기간행물의 구독을 중단하는 추세와 일치한다. 이와 반대로, 사립도서관은 도서관이 1개관이 감소했음에도 불구하고 전체적으로는 1%가 증가한 현상을 보였다. 이는 사립도서관의 역할과 관련되어지는 부분이라 볼 수 있다. 즉, 소장하고 있는 도서 대신 정기간행물을 강조하는 학술적인 봉사행태를 보여주고 있다.

소장 장서의 변화를 서울을 비롯한 5대 광역시와 그 외의 지방으로 구분하여 비교하여 보면, 전반적으로 중소도시 및 군 지역의 공공도서관 장서량 증가를 확인 할 수 있다. 특히, 시청각 자료를 지방에 위치한 공공도서관이 서울 및 5대 광역시에 비해 5배 이상 증가하였다. 하지만, 각 공공도서관이 소장하는 평균 장서의 수를 비교하여 보면, 중소도시 및 군 지역의 고공도서관은 대도시에 비해 도서의 증가하는 양이 절반밖에 되지 않는다. 비록, 증가율은 약간 높지만 전체적으로 열악한 환경을 보여준다.

3) 직원

1995년에서 1997년 말까지 도서관의 직원의 수는 도서관 증가에 발맞추어 전체적인 증가를 보여주고 있다. 특히, 사서직 직원의 수는 증가하였는데, 이는 도서관장의 사서직 임명이라는 도서관 및 독서진흥법 시행령에 따른 결과라 추측할 수 있다. 특히, 교육청산하의 공공도서관인 경우 그 변화가 두드러지게 나타난다. 1995년 말 현재, 교육청 산하의 공공도서관 행정 및 기타직 직원의 총 수는 2,338명이었으나, 1997년 말 그 수는 129면이 감소된 2,209명에 불과했다. 하지만, 사서직 직원의 수는 112명의 증가를 보였다.

하지만, 도서관직원을 각 도서관별로 나누어 보면, 전체적으로 도서관 1개관 당 평균 직원의 수는 감소하는 추세를 보여준다. 사서직 직원은 평균 0.1명이 증가했으나, 이는 교육청 산하의 도서관의 사서직 직원의 증가에 따른 것이며, 1995년 말에 서 1997년 말까지 2년 동안 급속도로 증가한 시·군·구 산하의 공공도서관에서는 사서직 직원이 평균 0.1명씩 감소하는 추세를 보여주고 있다.

공공도서관의 직원수를 서울을 비롯한 광역시 지역과 그 외의 지역으로 구분하여 보면, 지방의 공공도서관 1개관 당 사서직 직원의 수는 0.3명 증가했으나, 서울을 비롯한 대도시는 0.3명 감소한 추세를 보이고 있다. 특히 행정 및 기타직 직원의 경우는 대도시에서 급속한 감소 추세를 보이고 있다.

(3) 농어촌공공도서관의 문제점

우리나라 공공도서관은 이전과 비교해보면 급속한 팽창을 발견할 수 있다. 1999년도 문화관광부 자료에 의하면 공공도서관 건립지원을 위해 95억 원의 예산이 배정되어 있으며, 2011년까지 우리나라 공공도서관의 수를 750관으로 목표로 삼고 있음을 볼 때 앞으로도 계속적으로 공공도서관이 건립될 것이다. 그러므로, 최근에 건립된 공공도서관이 어떻게 운영되고 있으며, 도서관 직원들 및 주민의 인식도를 조사하여 추후에 공공도서관 건립을 위한 개선방향을 기술하고자 한다.

1) 농어촌공공도서관 운영 실태

우리나라 공공도서관의 시설, 운영주체, 직원, 봉사활동으로 구분하여 운영 실태는 다음과 같다.

〈시설〉

최근에 건립된 공공도서관은 전체 면적에서 일반열람실의 비율이 줄어들고, 정보제공 영역 및 문화공간이 증가되고 있었다. 특히, 시청각실은 조사된 공공도서관 거의 모두에 설치되어 있어 있었다. 또한 컴퓨터실, 연구실, 세미나실 등이 설치되어 있어, 과거와는 많은 변화가 있었다. 하지만, 이러한 공간들이 실제 제 역할을 담당하고 있는지는 의심스럽다. 연구팀이 조사할 당시 이러한 공간의 대부분은 문이 닫혀있었다.

도서관 난방은 많은 도서관이 전체 난방을 포기하고 개별 난방을 사용하는 곳도 있었다. 이용자가 이용하는 경우만 난방기를 작동하였다. 특히, 몇몇 도서관은 이용자가 없다는 이유로 공간을 폐쇄하고 있었다. 폐쇄 이유는 이용자가 없고, 난방비용이 부족하기 때문에 절약을 위해서 그럴 수밖에 없다고 설명하였다.

도서관의 외형은 아름다운 외형을 갖추고 있었으나 최근에 건설하는 관공서와 유사한 외관을 보여주고 있었다. 1980년 말에 개관한 포천도서관의 붉은 벽돌은 학교 건물의 느낌을 주고 있는 것과 비교하여 보면, 공공도서관 운영주체에 따라 도서관 외형의 모습이 변한다고 추측할 수 있다.

이런 현상은 회근 우리나라에 설립된 공공도서관의 현주소를 극명하게 보여주는 것이다. 공공도서관을 설립한 지방자치단체는 건물만 제공하면 그들의 임무가 완수된다고 생각하는 것 같다. 공간만 설치되어 있고 공간 내에 필요한 기구들이 배치되어 있지 않으면, 그 공간은 제 역할을 담당한다고 말할 수 없다. 예를 들면, 컴퓨터실에 컴퓨터가 한 대도 없다는 사실은 외형적인 면만 치중하고 있는 설립주체의 단견을 보여준다.

〈관리운영주체〉

시·군 관할의 공공도서관들은 다양한 시·군 산하의 부서, 예를 들면 문화관광과, 공공시설사업소, 또는 면 등에 소속되어 있었다. 이러한 다양성은 지역문화기관으로서의 공공도서관 역할에 커다란 영향을 미치고 있는 것으로 보였다. 즉, 공공도서관이 그 지역에서 무엇을 해야 하는가를 결정하는 관리운영주체의 사고가 반영되고 있었다. 예를 들어 면에 소속되어 있는 경우, 관장은 출장소장이 겸임으로 근무하고 있었으며, 도서관으로서 건물만 가지고 있지 전문직 직원, 장서개발계획 등 운영적인 측면은 고려되지 않았다.

관리운영주체로서 시와 군의 경우, 도서관 활동에 차이를 보여 주고 있었다. 실례로, 시 산하의 읍 소재지에 위치한 몇몇 공공도서관들의 경우는 '도서관안내' 팜플렛을 가지고 있었으나, 군 산하의 공공도서관들의 경우는 그렇지 않은 곳이 많이 있었다. 그리고, 시 산하의 읍 소재지에 위치한 한 공공도서관은 분관 형태로서 운영되고 있었는데, '이용자조사' 설문지를 비치하여 조사하는 적극적인 활동을 펼치는 곳도 있었다. 이는 극단적인 예지만, 관리운영주체가 도서관 전반적인 활동에 영향을 미치는 사례라 볼 수 있다.

〈직원〉

최근에 설립된 공공도서관의 인원은 전체 공공도서관 평균에 비하면 매우 열악한 형편이었다. 몇몇 도서관은 사서직 직원이 한 명도 없는 경우도 있었으며, 1997년 이후 개관한 도서관들에 도서관장을 사서직이 아닌 행정직으로 임명한 경우도 있었다. 또한, 한 도서관은 1998년 새로 임명된 도서관장이 사서직이 아닌 경우도 있었다. 이는 1996년 12월 31일 이후 공공도서관 관장은 사서직으로 임명한다는 '도서관 및 독서진흥법' 부칙 4조와 시행령 제 3조의 규정과 상반되는 상황이 벌어지고 있는 현실을 보여주고 있다. 대부분의 도서관에서는 사서직원의 수는 1~3명에 불과 했으며, 많은 부분이 기능직 혹은 임시직 직원으로 운영되오 있었다. 몇몇 도서관은 청원경찰이 배치되어 직원의 역할을 담당하는 곳들도 있었다. 직원의 수는 계속적으로 감소하는 추세에 있었으며, 직원의 사기는 매우 낮아 보였다. 공공도서관에 사서직 직원이 없는 경우, 외관상 특징 중의 하나는 소장 장서의 정리 상황이다. 체계적인 분류는 물론이고 소장 목록도 갖추지 않고, 직원 나름대로 구분한 주제에 따라 장서를 서가에 배열하고 있었다. 이 경우 분류표의 존재 여부를 아는 직원도 있었지만, 그

것조차 모르는 직원이 근무하는 공공도서관도 있었다. 이러한 상황은 운영주체가 공공도서관은 전문적인 직원이 근무하면서 전문적인 정보봉사 활동은 전개해야 한다는 사실을 전혀 고려하지 않고 있다는 사실을 확인시켜 주는 현장이었다. 단지 지역주민에게 전시용 행정의 표본으로 건물만 지어 놓고 학생들의 공부방으로 또는 활용하지 않는 공간을 남겨놓은 결과를 보여주고 있었다.

〈봉사활동〉

조사한 공공도서관 중에서 최근에 개관한 공공도서관들은 장서 대출업무 외에는 거의 다른 봉사활동이 없었다. 이러한 현실은 '도서관 및 독서진흥법'의 공공도서관의 기능에서 나열되어 있는 정보제공, 교육, 문화활동의 기능화는 너무도 차이가 많이 나는 것이었다. 독서 모임과 같은 문화활동 프로그램은 존재하지도 않았으며, 문화 프로그램을 개발하려는 의지도 없어 보였다. 문화 프로그램 개발에 대한 질문에 대부분은 인력 및 예산부족으로 그 원인을 돌렸다.

거의 모든 도서관들이 지역 내의 다른 문화관련 기관과 상호 협력하는 것에 관심을 가지고 있지 않았다. 하지만, 한 예외적인 상황은 한 공공도서관이 위치한 군에 지리적으로 멀리 떨어진 곳에 문예회관이 위치한 경우, 상호 협력하려는 계획을 가지고 있었다. 공공도서관의 입장에서는 단순히 장서 소장공간의 확충을 위하여 독본들을 문예회관장에 비치하려는 생각이었지만, 문예회관에서는 도서실을 만들어 인근의 주민을 유치하려는 계획이었다. 이는 문예회관의 적극적인 봉사활동의 측면으로 고려해 볼 수 있지만, 동시에 우리나라 지방의 문화기관의 현 주소를 보여주는 상황이라 할 수 있다. 다양한 이름의 문화기관들, 예를 들면 문화원, 문예회관, 마을회관, 청년회관 등은 건물은 존재하지만, 그 곳에서 행해지는 활동이 거의 없는 실상이다.

또한, 지역 내의 다른 공공도서관들과도 상호협력은 거의 이루어지고 있지 않았다. 극단적으로 운영관리주체가 다른 도서관들은 서로에 대해 거의 관심조차도 가지고 있지 않았다. 이러한 현상은 오늘날 폭발하고 있는 정보를 서로 공유하는 외국의 현실과는 너무도 동떨어져 있는 현실이었다.

2) 도서관 직원들의 의견

도서관 직원들의 농어촌에 공공도서관 건립과 운영에 대한 의견을 요약하면 다음과 같다.

〈업무에 관한 직원의 의견〉

– 담당 업무의 양

조사대상의 93.5%는 현재 담당하고 있는 업무의 양에 대해 적당하다는 생각을 가지고 있었다. 그리고, 나머지 응답자들은 업무의 양이 너무 많거나, 적다고 응답하였다. 특이한 것은 최근에 건립된 도서관에 근무하는 사서직 직원은 업무의 양이 적다고 응답하였다. 이는, 적절한 업무 분장이 이루어지지 않았거나, 아직 준비가 되지 않은 결과라 해석할 수 있다.

– 공공도서관의 기능

공공도서관의 기능은 현재 활발하게 수행되는 기능과 활발하게 수행되어야 하는 기능과, 이용자가 원하는 기능으로 구분하였다. 현재 근무하는 도서관에서 가장 활발히 수행되고 있는 기능에 대한 질문에서 전체 응답장의 40%는 정보봉사기능을 그리고 58%는 교육기능이 가장 활발하게 이루어지고 있다고 답하였다. 하지만 한사람의 응답자는 도서대출만이 가장 활발하게 이루어지고 있다는 답을 하였다. 도서관이 활발하게 수행하여야 할 기능에 대해서는 교육기능에 가장 많은 응답을 하였고, 다음으로 정보봉사기능과 문화기능에 답을 하였다. 이용자가 도서관에 원하는 기능에 대한 질문은 수행되어야 할 기능과 유사하게 나타났는데, 이는 실제 이용자 조사 결과라 생각하기보다는 직원들이 가지고 있는 도서관 역할에 대한 생각의 결과라 생각된다.

- 소장자료

현재 근무하는 도서관에서 소장하고 있는 자료의 주제와 가장 필요한 주제를 묻는 질문에서는 현재 소장하고 있는 자료 중 어학·문학·역사분야가 34(55%), 컴퓨터 프로그램을 포함한 시청각자료가 9(15%), 사회과학 9(13%), 아동도서 6(10%), 그리고 자연과학 및 기술분야가 2(3%)명이 가장 필요한 자료라 응답하였다. 이 결과는 소장하고 있는 장서에 대해 직원 스스로 만족하지 못한 결과라 생각된다.

정보탐색을 위한 도서관 이용자의 컴퓨터 이용 비율을 묻는 질문에서 36(58%)가 10%미만이라 답하였고, 오직 전체 응답자의 6(11%)는 10~29%, 그리고 5(8%)명 만이 30~49%의 이용자가 컴퓨터를 이용한다고 대답하였다. 그리고 나머지는 응답하지 않았다. 이 결과는 공공도서관 현장에서 정보탐색을 위한 도구로써 컴퓨터가 활용되지 않거나 매우 미비하다는 것을 보여주고 있다.

- 이용자

도서관 직원에게 컴퓨터를 정보탐색 교육 혹은 안내에 대한 경험을 묻는 질문에서 53(85%)명이 경험이 없다고 대답하였으며, 그 중 49(79%)명으로 향후에도 교육할 계획이 없다고 답하였다. 지역적으로 보면, 경기도를 제외한 다른 지역은 컴퓨터가 거의 활용되고 있지 않다고 볼 수 있다. 도서관 직원들이 인식하는 도서관의 가장 많은 이용자 집단은 중·고등학생(59명/95%)이라 답하였으며, 나머지는 주부, 대학생 혹은 취업준비자가 각각 1명씩 있었다. 그리고 어떤 집단이 가장 많이 이용해야 하느냐에 대한 질문에서는 54(87%)명이 중·고등학생이라 답하였으며, 6(10%)명이 주부, 그리고 나머지 2(3%)명은 초등학생이라 답하였다. 그리고 대부분의 도서관에서 오후에 이용자가 가장 많다는 답을 하였다.

- 독서모임

공공도서관의 문화활동의 일환으로 독서모임과 도서관 활동의 관계에 대한 질문에서 60(97%)명이 중요하다고 답하였다. 현재 독서모임이 존재하는가 하는 질문에는 많은 공공도서관에서 갖고 있지 않다는 답을 하였다.

〈농어촌 도서관 건립에 대한 의견〉

- 공공도서관 기능

새로 농어촌에 건립될 공공도서관의 주 기능에 대해서 다양한 분포를 보이고 있었다. 정보봉사기능이 가장 강조되어야 한다고 답한 응답자가 35(56%)명, 문화활동기능이 14(23%)명, 그리고 교육기능이 13(21%)명 순으로 나타났다.

- 소장자료

소장 자료의 주제분야에 대한 질문에서 다양한 주제의 자료 소장이 필요하다고 답하였다. 그중 어학·문학·역사 관련 자료의 비중이 가장 높았으며(60명/97%), 아동도서(58명/94%), 컴퓨터 프로그램을 포함한 시청각자료(57명/92%), 사회과학(45명/73%), 그리고 자연과학 및 기술분야(41명, 66%) 등의 순으로 나타났다.

- 인터넷

공공도서관에서 인터넷 서비스가 필요하겠느냐는 질문의 응답자 중 54명(87%)만이 필요하다고 대답하였다. 이는 인터넷 이용의 부정적인 측면이 너무 강조되어 이러한 결과가 나왔으리라 생각된다. 그리고, 만약 이용자들이 인터넷을 이용하면, 어떤 정보가 이용되리라 생각하는가 하는 질문에는 최신정보를 이용하거나, 생활정보, 문화교양 활동 혹은 구인정보 등에 활용될 수 있을 것이라는 생각을 가지고 있었다.

- 문화활동

도서관에서 제공하여야 할 활동에 대해서, 많은 응답자들은 교양강좌(53명/85%), 독서모임을 위한 협조(45명/73%) 등으로 나타났다. 그밖의 다양한 문화를 접할 수 있는 기회를 제공하거나, 취미생활을 영위할 수 있도록 공공도서관이 기회를 제공해야 한다고 생각하고 있었다.

- 이용자교육

대부분의 응답자가 도서관 이용교육이 필요하다고 응답하였다. 하지만, 자료 찾는 방법에 대한 교육 혹은 도서관 내에서 행동 등에 대한 교육이 필요하다고 답하였다. 특히, 도서관내에서 다른 이용자에게 피해를 주지 않는 방법에 대한 교육의 필요성을 강조하였다.

3) 지역주민의 인식도

지역주민 및 이용자의 도서관에 대한 인식도를 조사하기 위해서 총 87명으로부터 설문지가 수집되었다. 설문 참가자중 남성은 28명이며 여성이 59명이었다. 연령별로 구분해보면 10~19세가 전체 74%를 차지하였고, 20~29세가 22%, 30~39세가 2%, 그리고 40~49세가 2%순으로 나타났다. 학력을 비교하여보면, 중학교 졸업자 및 재학생이 17%, 고등학교 졸업자 및 재학생이 54%, 그리고 대학교 졸업자 및 재학생이 29%를 차지하고 있었다.

〈도서관에 대한 인식도〉

도서관과 유사한 기관에 대해 이전에 들어보았거나, 존재한다는 사실을 이미 알고 있는가에 대한 질문에 설문응답자 모두가 도서관에 대해서 알고 있었다. 그리고, 새마을 문고에 대해서는 79%가 알고 있었다. 이는 실제 어떤 일을 하고 있는가에 대한 내용보다는 단순히 그러한 명칭을 들엇본 경험이 있다는 사실로 해석 가능하다. 그밖에 자료실(30%), 정보센터(25%), 마을문고(14%), 문화의 집(3%) 순으로 인식도를 가지고 있었다.

- 공공도서관의 역할

도서관의 역할의 역할에 대해서 응답자 86명이 공부하는 장소로 생각하고 있었으며, 72명은 책을 빌려주는 장소로 알고 있었다. 그중 14명은 공공도서관이란 공부하는 장소로만 알고 있었다. 그리고, 공공도서관을 교양 및 취미활동의 장소를 알고 있는 응답자는 7명에 불과했다. 이러한 현상은 도서관이 현재 행하고 있는 활동과 밀접한 관련이 있다고 말할 수 있다.
 - 공공도서관 활동의 인식 경로
 공공도서관이 위와 같은 활동을 하고 있다는 사실을 도서관을 통해서 알았다는 응답자는 41%, 학교는 31%, 그리고 친구 또는 선후배는 28%로 나타났다. 친구 또는 선후배를 통해서 도서관이 어떤 기관이라는 사실을 알았다는 결과는 공공도서관의 홍보가 절실히 필요하다는 것을 말해주고 있다.
 - 공공도서관을 이용하는 목적
 공공도서관 이용목적을 묻는 질문에서 응답자의 64%는 공부하기 위해 도서관을 이용한다고 답을 하였으며, 다음으로 26%의 응답자는 책을 빌리기 위해서라 대답하였다. 그리고 6%의 응답자는 공공도서관을 소설, 신문, 잡지 등을 보기 위해 이용한다고 답하였으며, 4%는 문화활동에 참가하기 위해 이용한다고 응답하였다.
 - 도서관 이용빈도 및 시기
 공공도서관 이용빈도를 묻는 질문에서 많은 응답자(69%)는 월 1~4회를 이용한다고 답하였으며, 월 10회 이상 이용한다는 응답자고 26%나 외었다. 그리고 나머지 5%는 연 5회 미만 이용한다고 답하였다. 그리고, 주로 이용하는 시기는 계절별로 가을 또는 겨울(73%)이 많은 부분을 차지하고 있었다. 그리고 시간별로 구분하였을 때, 저녁 시간에 이용한다고 대답한 응답자가 전체의 78%를 차지하였다. 이는 대부분 학생들이 학교 수업이 끝난 후 이용하기 때문인 것으로 추측된다. 그리고 오전, 오후가 각각 10%, 점심시간에 도서관을 이용한다고 답한 응답자가 2%가 되었다.

〈공공도서관에 소장하길 원하는 자료의 주제〉
 이용자의관점에서 공공도서관이 소장하길 원하는 자료의 주제는 이용자의 직업과 밀접한 관련을 가지고 있었다. 학생들의 대부분은 어학, 문학, 역사 및 지리에 관한 자료의 소장을 원하고 있었으며, 대학생의 경우는 사회과학 분야의 자료를 소장하길 원했다. 대략적으로 살펴보면 어학, 문학, 역사 및 지리에 관한 자료가 가장 많이 차지하고 있었으며 사회과학, 자연과학 및 공학, 비디오테이프(컴퓨터 소프트웨어 포함), 아동도서, 생활 문화관련 잡지 순으로 나타났다. 하지만, 이 결과는 응답자의 관심사항과 직접적으로 관련되기 때문에, 전체 이용자를 대표한다고 생각할 순 없다.

〈이용자 교육〉

공공도서관 직원으로부터 도서관 자료, 시설, 컴퓨터 이용에 관련된 안내 혹은 교육을 받아본 적이 있는가 하는 질문에 대해서, 전체의 83%가 없다고 답했으며, 오직 17%만이 안내나 교육을 받아본 경험이 있다고 대답했다. 하지만, 안내나 교육을 받아본 경험이 있다고 대답한 응답자중 80%는 안내 혹은 교육내용에 대해 보통이라는 생각을 가지고 있었으며, 오직 20%만이 만족한다고 답하였다. 그리고, 안내나 교육을 받아본 적이 없다고 답한 응답자 중 82%는 안내 혹은 교육이 필요하다고 답하였으며, 14%는 매우 필요하다고 인식하고 있었다. 그리고 4%는 없다고 생각하고 있었다.

〈문화활동〉

공공도서관에 실시하는 교양, 문화강좌에 참가한 경험이 있는가 하는 질문에 대해 전체 응답자 중 80%는 경험이 없다고 답하였으며, 14%는 있는지 알지 못했다는 답을 하였다. 오직 6%만이 참가한 경험이 있다고 답하였다. 참가한 경험이 있는 응답자 중 80%는 보통이라 응답하였고, 20%는 만족스럽다는 응답하였다. 참가한 경험이 없다고 대답한 응답자들에게 이유를 질문하였다. 많은 응답자들이 홍보가 미흡하고 시간이 없으며, 관심이 없었다는 대답을 하였다. 위에서 교양, 문화강좌가 있다는 사실을 알지 못했다고 답한 사람 중에서 만약에 강좌가 개설된다면, 참가 여부를 묻는 질문에 대다수가 참가하겠다는 답을 하였다.

〈도서관에 바라는 사항〉

공공도서관 이용자가 도서관에 바라는 사항은 관련된 도서의 증가

를 원했으며, 오래된 도서에 대해 불만을 가지고 있었다. 새로운 책
을 좀 더 많이 구입하기를 원했으며, 아동들의 공간이 좀 더 확장되
기를 원했다.

(3) 농어촌 공공도서관의 발전방향

1) 시설
가) 공간활용의 최적화
건물의 내·외부 구조가 이용자봉사 공간에 비해 관리사무공간이
나 부차적인 시설공간(휴게실, 로비 등)이 상대적으로 넓게 설계되어
있으며 이용자 봉사 공간에서도 정보봉사 공간에 비해 자유열람실
(독서실) 공간이 상대적으로 넓게 설계되어 있다.
이러한 공간 배정은 공공도서관의 본래의 목적과 기능을 수행하는
데 부적절한 뿐 아니라 도서관의 미래 성장가능성을 고려하지 않아
공간활용에 많은 문제점을 유발시킨다. 따라서 앞으로 설계된 농어촌
공공도서관은 이용자 봉사 위주의 공간활용이 되도록 공간활용의 최
적화가 요구된다.
나) 융통성 있는 공간 구조
공간과 공간을 고정적으로 구분하여 특정공간의 활용용도 변경에
어려운 점이 많게 설계되어있었다. 예를 들면 정보봉사실을 확장할
필요가 있어 자유열람실의 활용용도를 정보봉사실로 변경하고자 할
때 자유열람실의 바닥하중 문제가 발생하여 서가설치가 곤란할 경우
가 발생한다. 이러한 문제들을 해결하기 위해서는 융통성 있는 공간
구조의 개념을 갖고 설계되어야 한다.
다) 시설운영프로그램개발
현재 농어촌 공공도서관은 공간과 시설은 마련되어있으나 그 시설
을 운영할 프로그램이 없어 정상적인 시설활용이 안되고 있다. 특히
최근에 건축된 도서관의 문화활용 시설들은 공간과 시설만 있을 뿐

활용은 거의 사장되어있다. 이를 해결하기 위해서는 도서관 설계 시 시설운영프로그램을 동시에 개발하도록 해야할 것이다.

2) 운영
가) 운영규정집(manual) 개발

최근 건립된 농어촌 공공도서관은 핵심적 운영프로그램에 통일성이 없다. 반드시 수행되어야 할 기능들이 생략되는가 하면, 유사한 기능들이 병행 수행되는 경우가 있다. 따라서 도서관 건립준비에서부터 정상운영까지 모든 도서관에서 활용할 수 있는 통일된 규정집의 개발·활용이 요구된다.

나) 운영주체의 일원화

공공도서관의 운영주체 다원화는 운영·감독체계, 도서관 협력, 예산지원 등에서 많은 문제점을 갖고 있다.

예를 들면 특정지역에 교육청소속 도서관과 자치단체소속 도서관이 공존할 경우 각 소속도서관은 협력체계를 고려하지 않고 개별적으로 운영되는 경우가 많으며 상위지방도서관이 교육청소속이고 하위도서관이 지방자치단체소속일 경우 협력적 운영·감독이 이루어지지 않고 있다. 이러한 문제를 해결하기 위해서는 운영주체의 일원화가 반드시 요구된다.

3) 직원
가) 사서직 관장 및 직원의 도서관운영

고공도서관의 직원 및 관장에 사서직이 아닌 일반행정직이 많아 전문적인 도서관운영에 어려움이 많다. 특히 일부 지방자치단체소속 도서관의 비사서직 관장은 전반적인 도서관 현황이나 운영프로그램에 대해 잘 알지 못하거나 비젼을 제시하지 못하는 경우가 있다. 이러한 현상은 순환 보직 성격을 갖는 이란 행정직 특성 때문에 전문성이 요구되는 도서관에 대해 깊은 관심과 열의를 갖지 않기 때문으로 생각된다. 따라서 도서관은 반드시 사서직 관장 및 직원에 의해 전문적으로 운영되어야 한다.

나) 사서의 문화마인드 배양

대부분 사서들은 도서관 마인드는 있으나 문화마인드는 결여되어 있다. 이는 현재 문화활용시설들의 운영실적이 저조한 하나의 원인이 되고 있다. 앞으로 도서관 사서들은 문화관련교육프로그램에 적극 참여함으로서 문화마인드 배양에 힘을 기울여야 할 것이다.

4) 봉사활동

가) 적극적인 봉사활동개발

현재 우리나라 공공도서관의 봉사활동은 소극적·수동적으로 행해지는 경우가 많다. 다양한 봉사프로그램의 개발과 적극적이고 능동적인 봉사자세로 도서관이 이용자에 다가가는 이용자 중심의 봉사활동이 되어야한다.

나) 문화프로그램의 개발·활용

문화활용 공간과 시설의 사장을 방지하기 위해서는 지역주민의 요구를 수렴하여 다양한 문화프로그램을 개발·활용해야 한다. 그 하나의 방안으로 '문화의 집'의 공간구성과 기능을 적극 활용해야 한다.

다) 정보봉사와 문화봉사의 시너지효과 창출

정보와 문화는 상호보완적이며 불가분의 관계가 있다. 정보를 활용하여 새로운 문화를 창출해내고 창의적 문화활동의 결과로 정보가 생성된다. 도서관에서 문화프로그램과 문화활동을 적극적으로 제공·유치함으로서 도서관의 정보봉사 프로그램을 활성화할 수 있을 뿐 아니라 적절한 문화정보의 제공을 통해 문화봉사를 지원할 수 있는 정보봉사와 문화봉사의 시너지효과를 창출하는 도서관 운영이 바람직하다. 지금까지 언급한 농어촌 공공도서관의 운영실태 및 실태분석에 따른 문제점과 발전방향을 요약하면 다음과 같다.

(4) 농어촌공공도서관의 운영프로그램

20세기는 국가경쟁력이 기계, 노동, 자본이 중요한 원동력이 되는 산업사회의 세기였다면 21세기는 지식과 문화가 원동력이 되어 지식정보서비스 및 문화적 창의력에 기반을 둔 지식정보와 문화의 세기로 전환될 것이라고 예측하고 있다.

이러한 세계문명사적 대전환을 맞아 정부는 지식기반산업의 육성, 문화산업의 기간 산업화, 국가정보기반의 확충, 국민의 창의력 및 지식정보능력 함양 등을 통해 제조업 중심의 산업국가에서 창의력과 문화를 바탕으로 한 창조적 지식기반 국가로 변신하기 위해 모든 힘을 집중하고 있다.

전환기를 맞이한 공공도서관은 산업사회의 교육활동 지원중심의 운영에서 탈피하여 국민들의 지식정보능력과 문화적 창의력이 함양될 수 있도록 정보서비스와 문화활동중심의 운영으로 프로그램의 개선이 요구되고 있다.

농어촌 공공도서관도 공공도서관운영의 새로운 패러다임이 농어촌 지역사회의 특수한 환경에 적용될 수 있도록 운영프로그램이 마련되어야한다. 이를 위해서는 대도시 공공도서관의 운영프로그램을 단순히 모방·적용해서는 안 되며 농어촌지역의 특성에 적합한 차별화된 프로그램이 개발되어야 한다.

1) 농어촌공공도서관의 운영프로그램 개발의 기본전제

농어촌 공공도서관의 운영프로그램은 다음 다섯 가지의 기본전제에 중점을 두어 모델개발을 시도했다.

가) 생활정보 이용향상에 중점을 둔 참고정보봉사

학생과 연구자를 위한 교육·연구정보중심의 정보봉사를 개선하여 지역주민을 위한 생활정보중심의 정보봉사를 제공한다. 이를 위해 지역정보서비스 네트워크와 연계한 참고정보봉사 활동을 강화한다.

나) 정보 접근성 향상에 중점을 둔 정보봉사

디지털 정보환경에서 인터넷 및 도서관정보전산망을 활용하여 국내외 모든 도서관 및 정보센터와 연계함으로써 정보의 접근성을 보장한다. 또한 인쇄매체 및 멀티미디어 매체를 제한 없이 활용할 수 있는 정보매체의 자유로운 접근환경을 제공한다.

다) 문화적 창의력 향상에 중점을 둔 문화활동 봉사

농어촌 지역주민의 문화활동이 중심기관이 되어 도서관을 통해 문화적 창의력이 향상될 수 있도록 다양한 문화프로그램을 제공한다. 이를 위해 '문화의 집' 개념을 도서관에 적용한다.

라) 주민 지향적인 프로세스 중심의 운영체계

도서관 관리자 중심의 기능별 운영체계를 탈피하여 지역주민, 즉 고객 지향적(customer oriented)인 프로세스 중심의 운영체계를 제공한다.

마) 계층화된 운영프로그램 모델제시

500평, 400평, 300평형의 농어촌 공공도서관 유형에 적합한 계층화된 다양한 운영프로그램을 개발·제공한다. 이를 위해 모든 평형에 적용되는 공통의 프로그램을 제시하고 특정 평형에 필요한 프로그램을 선별·제공한다.

2) 농어촌 공공도서관의 기능해석

농어촌 공공도서관의 운영프로그램이 지역주민 중심이 되기 위해서는 도서관 봉사측면이 강조되어야 한다. 따라서 종전의 도서관 중심의 기능별 업무 영역을 지역주민을 위한 봉사별 업무 영역으로 조정 할 필요가 있다.

봉사측면에서 도서관 업무영역을 크게 나누면 정보봉사영역과 교육문화봉사 영역으로 구분할 수 있다.

가) 정보봉사 영역

정보봉사영역은 여러 가지 기준에 따라 다양하게 구분할 수 있으나 봉사활동의 3대 요소라 할 수 있는 봉사대상주체와 제공되는 정보유형, 봉사활동이 이루어지는 봉사공간을 기준으로 구분하는 것이 바람직하다.

① 봉사대상기준

봉사대상을 기준으로 봉사영역을 구분할 때 지역주민을 봉사대상

자별로 아동봉사, 청소년봉사, 성인봉사, 노인봉사, 장애인봉사로 나
눌 수 있다.

〈아동봉사〉

어린이봉사의 대상자는 취학전 유아기 어린이와 아동기 어린이로
구분된다. 취학전 어린이를 위해서는 놀이와 그림책보기를 연결해서
책을 읽는 일이 즐겁고 재미있는 것이라는 생각을 갖도록 해야 한다.
따라서 유아기 어린이의 흥미와 관심을 유발 할 수 있도록 다양한
형태의 아동도서가 구비되어야 하고 개방형 공간구조와 유아용 실내
장식이 요구된다.

아동기 어린이들을 위한 봉사는 어린이 독서활동차원에서 독서자
료를 통해 독서생활에 기여할 수 있도록 해야하고, 동화구연활동을
통해 도서를 읽고자하는 호기심을 유발하도록 봉사활동이 이루어져
야 한다. 특히, 농어촌지역의 어린이는 도시지역의 어린이에 비해 어
머니에 의한 독서지도와 동화구연활동의 기회가 적기 때문에 도서관
사서나 아동자원봉사자에 의해 봉사활동이 이루어져야 한다.

〈청소년 봉사〉

청소년에게는 학교와 연계한 도서관교육 및 도서관 이용을 학습과
제로 활용하며 동시에 학교수업을 보충하는 봉사활동이 이루어진다.
청소년기 학생들은 정서적, 정신적으로 미숙하고 문제해결능력이 함
양될 수 있도록 정보의 수집, 활용, 문제해결과정에서 사서의 헌신적
봉사가 요구되고, 교양강좌, 명화와 명곡감상, 독서지도 등 청소년의
지적성장과 사고력증진 그리고 잠재력 개발에 필요한 프로그램이 제
공되어야한다.

〈성인봉사〉

성인봉사는 일상생활에 필요한 정보를 제공하는 생활정보봉사와
평생교육을 위한 학습정보봉사로 구분할 수 있다. 생활정보봉사는 가
정경제정보, 문화교양정보, 건강의료정보, 지역행정정보 등 다양한 정
보에 접근을 제공함으로서 지역주민의 정보활용 생활과의 중요한 역

할을 담당하는 봉사활동이다. 평생교육을 위한 학습정보봉사는 직업
및 부업기술, 문화, 독서교육 등 평생 자기교육과 직업교육에 필요한
학습정보를 제공하는 봉사활동이다.

〈노인봉사〉

지역사회 노인들의 취미활동, 독서활동에 필요한 정보봉사가 제공
된다. 또한 노동능력이 없는 농어촌 지역 노인들이 함께 모여 담소하
며, 휴식을 취하거나 관심사에 대한 토론을 할 수 있는 안락한 휴식
공간이 제공되어야 한다. 적극적이고 효과적인 노인봉사는 노인들에
게 지역사회의 일원으로서 보람을 느낄 수 있도록 아동이나 청소년
들에게 서예교육, 전통예절 및 효 지도, 향토자료소개에 관한 프로그
램에 자원봉사자로 참여 할 수 있도록 봉사영역을 확대하는 것이 바
람직하다.

〈장애인봉사〉

장애인에게도 정상인과 공평한 지식, 정보에 접근기회를 제공하기
위해 장애인을 위한 정보와 시설을 갖춘 봉사활동을 제공한다.

장애인에게도 여러 가지 유형이 있으나 도서관봉사의 특성이나 봉
사시설의 여건상 시청각장애인과 지체 부자유 장애인이 봉사의 대상
이 된다. 이를 위해 장애인특수시설은 물론이고 점자도서, 녹음도서,
대형활자본, 라디오 방송 형태의 봉사를 제공할 수 있어야 한다.

② 정보유형 기준

정보 유형을 기준으로 봉사영역을 구분할 때 정보의 주제, 내용,
사용용도를 기준으로 크게 교육학습정보, 산업연구정보, 생활정보로
대별할 수 있다.

〈학습정보봉사〉

교육학습정보는 주로 청소년과 성인을 대상으로 정규 교육과 평생
교육을 지원하는 정보로서 학생들의 교과목학습에 필요한 정보, 성인
들의 직업 및 부업기술에 필요한 정보, 학교교육을 받지 못한 사람들
을 위한 자기교육에 필요한 정보 등을 제공하는 정보봉사영역이다.

〈연구정보 봉사〉

산업연구정보는 지역산업발전과 연구개발을 활용되는 정보로서 농어촌지역의 중소기업경영에 필요한 정보, 특용작물재배, 농·어업 활동에 필요한 정보 영농기술개발연구에 필요한 정보 등을 제공하는 정보봉사영역이다.

〈생활정보봉사〉

생활정보는 지역사회 주민들의 일상생활에 필요한 정보로서 농어촌 지역주민들이 도시지역주민들과 정보접근의 공평성을 유지하기 위해 가장 필요한 정보봉사영역이다. 뿐만 아니라 공공도서관이 지역정보센터로서의 역할을 수행하기 위해서 반드시 제공되어야할 정보이다. 아래의 생활정보유형표와 같이 일상생활들과 밀접한 각종 정보로 구성되어있다.

③ 봉사 공가 기준

정보 봉사 영역을 봉사활동이 행해지는 공간과 그 공간의 기능을 기준으로 하여 구분하면 대출, 반납대 및 정보봉사실(코너), 정보검색코너, 정보봉사실, 경독서(browsing)코너, 아동봉사실(코너), 참고봉사실(코너), 신문 및 연속간행물실(코너), 향토 및 지방행정 자료실(코너),연구조사 및 개인 독서실(코너), 시청각 자료실(코너), 보존서고 등으로 나누어진다.

〈대출, 반납대 및 정보봉사 사무실(코너)〉

대출, 반납대 및 정보봉사 사무실(코너)는 자료의 대출 및 반납업무를 신속히 처리함과 동시에 출입구 관리, 신착정보안내, 대출증 교부신청 접수, 자료 소재 안내 및 질의응답, 희망자료 신청접수, 독서상담 등 정보 봉사의 상당부분을 구성하고 있는 중요한 부분이다.

상기의 기능을 효율적으로 수행할 수 있도록 하기 위하여 입구에 가깝고 정보봉사실 전체를 통제할 수 있는 위치에 설립되어야 하며, 사무실 배후에 근접해서 수서, 정리 등의 업무를 실행하는 작업실을 배치하여 직원의 출입과 자료의 소모품의 보급을 원활하게 이루어지도록 하는 것이 바람직하다.

〈정보검색 부스〉

정보검색 부스는 검색용 컴퓨터를 통해 이용자가 필요로 하는 정보자료의 소장여부와 소재 위치 및 대출 여부 확인, 자료 예약 등의 기능을 수행한다. 가급적 대출, 반납대 및 정보봉사 사무실(코너)에 근접해서 설치하는 것이 바람직하다.

〈정보봉사실〉

참고자료, 신문 및 연속 간행물 자료, 아동자료, 청소년 자료 및 기타 특수자료들을 제외한 모든 일반 도서들을 직원의 통제를 받지 않고 자유롭게 서가에 접근하여 이용할 수 있도록 하는 자료 이용 공간이다.

400평 이하의 소규모 도서관에서는 상기 자료들을 모두 정보봉사실에 포함시키고 낮은 서가를 이용하여 이들 자료의 코너를 설치하고 일반 도서관과 구분한 형태를 취한다. 다만 아동자료는 자료와 봉사 집단의 특성상 별도의 독립된 공간을 만들어 주는 것이 바람직하다.

500평형 중규모의 도서관은 한 개의 독립된 실을 갖고 운영한다.

〈경독서(browsing)코너〉

경독서 코너는 안락의자, 소열람탁자, 서화, 화분, 경독서자료 등을 갖추고 안락한 분위기 속에서 휴식과 함께 가벼운 독서를 하는 공간이다. 대규모 도서관에서는 별도의 독립된 공간을 갖고 있으나 농어촌 중, 소규모 도서관에서는 아동코너나 입구에서 떨어진 조용한 공간이나 구석에 코너를 마련하는 것이 바람직하다.

〈아동봉사실〉

아동 봉사부분은 가급적 독립된 실로 설계하도록 하고 실 밖에서 아동들을 관찰할 수 있도록 투명하게 처리하고 소음방지와 안전에 유의해야 한다. 낮은 서가와 다양한 책상모양, 밝은 색, 명랑하고 친근감을 느낄 수 있는 실내장식들이 바람직하다.

〈참고봉사실(코너)〉

각종 사전류와 편람, 목록, 색인, 초록 등 서지류, 법령집, 연대표, 각종 통계자료, 지도 자료, 버티칼 파일자료 등의 자료를 갖춘 곳이다.

500평형 도서관에서는 신문 및 연속 간행물 자료, 향도 및 지방 행정자료와 함께 독립된 실로 구성하는 것이 바람직하나 400평 이하의 소규모 도서관은 상기자료와 함께 정보봉사실에 낮은 서가를 이용하여 각 코너를 설치하는 것도 무방하다.

〈신문 및 연속간행물실(코너)〉

중앙 및 지방신문사와 대중적인 잡지, 지역주민의 구독 요망 잡지를 주로 비치하여 지역주민들이 가벼운 마음으로 자유롭게 이용할 수 있도록 한 곳이다.

500평형 도서관은 독립된 실을 갖출 수 있으나 400평 이하의 도서관은 자료의 성질상 독립된 실로 만들지 않아도 되며 잠깐 보고 돌아가는 이용자가 많기 때문에 정보봉사실 입구 가까이에 경독서 코너와 겸하거나 독립된 코너 형태로 설치하는 것이 바람직하다.

〈향토 및 행정 자료실(코너)〉

자치단체의 공간행물 및 공문서, 지역사회의 간행물, 민속자료, 고문서를 비롯한 각종 문서, 향토 사진, 그림 자료 등을 주로 비치하는 곳이다. 유물, 출토품, 민속 및 향토 관련 시청각 자료 등 일반 대중에게 전시할 목적을 갖는 향토 자료는 문화봉사공간에서 별도의 향토자료 전시실을 갖추는 것이 바람직하다.

〈연구조사 및 개인 독서 코너〉

이 코너는 특정 연구 테마나 조사를 위해 장시간 동안 연구하고자 하는 사람에게 그 편의를 도모하기 위해 1인 또는 소수 이용자를 수용할 목적으로 책과 가까운 위치에 설치해 놓은 것으로 서고 내나 정보봉사실 서가 옆, 벽면에 책상을 비치해 놓는다. 책상 수는 도서관의 규모에 따라 융통성을 갖는 것이 바람직하다.

〈서고〉

서고는 정보봉사실에서 거의 이용되지 않는 도서를 별도의 공간에 서가를 설치하여 도서를 배열하는 곳으로 종전에는 폐가제로 운영되었으나 현재는 거의 개가제를 운영한다. 500평형 도서관은 서고가 필요할 수 있으나, 400평 이하의 도서관에서는 별도의 서고를 설치하지 않고 중앙관에 이관하거나 폐기하는 것이 바람직하다.

〈관리사무실〉

정보봉사 업무를 제외한 서무, 수서, 정리업무를 수행하는 사무실과 관장실 기타 부대시설로서 500평형 도서관은 별도의 관리 사무실을 갖출 필요가 있으나 400평 이하의 도서관에서는 정보봉사사무와 관리사무를 통합하여 단일 사무 공간을 만드는 것이 바람직하다.

〈자유열람실(개인독서실)〉

중·고등학생의 학교공부나 시험준비, 성인의 취업준비나 자기공부를 할 수 있도록 칸막이를 한 열람책상과 약간의 학습 참고서·사전류를 비롯한 자료코너를 비치한 독립된 실이다.

농어촌 지역은 학생수가 적고 자기공부를 하는 성인들이 소수이기 때문에 가급적 실의 규모를 최소화하는 것이 바람직하며 궁극적으로는 자유열람실을 없애는 대신 정보봉사실에 코너를 만드는 것이 바람직하다.

나) 교육·문화 봉사영역

공공도서관을 지역사회의 문화공간으로 간주할 때 이때 문화공간은 단순히 하나의 시설물로서 인식하는 것이 아니라 문화라는 어떤 형태를 수용하는 환경과 장소, 문화콘텐스 즉 프로그램을 함께 인식하는 것이 바람직하다. 이러한 인식에서 농어촌 공공도서관의 교육·문화봉사영역은 소프트웨어 측면에서 교육·문화 프로그램과 하드웨어 측면에서 교육·문화 수용공간으로 구분할 수 있다.

① 교육·문화 프로그램 봉사

프로그램 봉사기능은 공공도서관의 문화적 기능의 중심사항으로 자료 이외의 다양한 매체를 통해 교육, 정보, 여가 및 문화향수 기회를 지역주민에게 제공하는 것이다. 공공도서관에서 실시하고 있는 교육·문화 프로그램 내용을 주제별로 구분하면 다음 표와 같다.

② 교육·문화공간 봉사

교육·문화공간봉사는 도서관에 '문화의 집'의 개념을 도입하여 문화의 집에 있는 공간구성과 기능을 활용하는 것이 바람직하다. '문화의 집'은 지역구민이 생활권역 내에서 문화예술을 이해하고 체험하며, 문화활동에 참여할 수 있도록 문화 프로그램과 지식 및 정보를 제공하는 소규모 복합 문화공간으로서 문화시설이 적은 농어촌지역의 공공도서관에 개념의 적용을 권장하고 있다.

문화의 집' 개념을 농어촌 공공도서관에 적용할 때 문화의 집의 공간구성과 기능은 도서관의 규모에 따라 다소 차이가 있지만 대부분은 다음장의 표와 같이 구성될 수 있다.

공간구성과 공간의 기능들은 기존 공공도서관의 실의 개념을 무시하고 '문화의 집' 개념으로 공간구성과 기능별 실의 배치를 모색하는 것이 바람직하다. 농어촌 공공도서관의 규모(500,400,300평)에 따른 공간구성과 실이 배치는 차이가 없으며 다만 각 실의 크기만 도서관의 규모에 따라 차이가 있을 수 있다.

(5) 농어촌공공도서관의 관리운영 프로그램 개발

1) 관리프로그램
   가) 조직모형개발
〈기능·계층조직의 문제점〉

우리나라 공공도서관이 조직체계는 대부분 기능별 수평조직과 계층별 수직조직의 형태로 이루어졌다. 기능별 조직구조는 동일한 기능을 수행하는 업무를 동일 부서에 귀속시키는 형태로 대부분 정보의 수집(수서), 조직(정리), 정보봉사(대출, 참고, 서지)로 구분되며, 계층별 조직은 조직의 의사결정 계통으로 최고관리자(관장), 중간관리자 (과장), 하급관리자(계장)로 구성되어있다.

이러한 조직체계는 조직의 규모가 크고 직원이 많은 대도시 공공 도서관에서는 적합할 수 있으나 농어촌 공공도서관과 같이 소수의 직원으로 운영되는 소규모 조직에서는 조직 운영상 몇 가지 문제점 을 갖게 된다.

첫째, 도서관이 수행해야할 여러 가지 기능에 비해 직원수가 적기 때문에 적절한 직원배치가 선행되지 않으면 기능이 수행되지 않을 가능성이 있다는 점이다. 현재 소규모 농어촌 도서관의 직원들은 대 부분 여러 가지 기능의 업무를 동시에 수행하면서 특정 기능의 업무 를 수행하지 못하거나 업무의 부실화를 초래하는 원인이 여기서 기 인할 수 있다.

둘째, 기능 조직은 기능을 수행하는 독립된 실의 형태로 운영되기 때문에 실을 운영하기 위해서는 직원이 배치되어야하며 그렇지 못할 때에는 해당 실의 운영은 부실해질 수밖에 없다. 도서관이 직원배치 기준이 기능을 수행하는 실의 수에 있는 것이 아니라 봉사대상 이용 자 수에 있다는 점을 감안할 때 농어촌 도서관에서 기능조직 운영은 문제점을 갖고 있다.

셋째, 소수의 직원으로 운영되는 조직에서 계층조직구조를 갖게 됨 으로써 관리자와 직원간의 업무량의 차이가 많아 갈등의 요인으로 작용할 수 있다. 즉 업무의 감독과 결재권을 갖는 상위직 관리자에 비해 여러 가지 기능의 업무를 수행하는 직원 간에 수행업무의 차이 에서 발생하는 갈등이 전체 업무의 부실화를 초래할 수 있다.

이상의 문제점을 해결하기 위해서는 농어촌 공공도서관의 조직체 계를 현재 대부분의 공공도서관이 갖고 있는 기능별·계층별조직구 조에서 탈피하여 혁신적인 조직구조를 개발하는 것이 바람직하다.

〈프로세스 조직 개념〉

프로세스 조직은 현재 기업조직에서 경영혁신(business process

reengineering) 차원에서 활용하고 있는 조직 구조형태로서 조직이 지향하는 목표는 고객 중심적인 조직구조를 통해 고객만족을 창출해 내는데 있다. 이 조직구조가 고객 중심적이라는 점에서 가업뿐 아니라 관공서, 대학 등 사회봉사기관에서 널리 활용되고 있으며 도서관 분야에서도 조직모형개발에 많은 관심을 갖고 있다.

프로세스 조직이란 조직의 업무를 하나의 프로세스(process)로 보고 프로세스의 시작과 종료를 고객의 요구제시에서 요구충족으로 간주하여 조직원의 업무를 프로세스별로 조직하는 조직구조를 말한다. 도서관에서 프로세스조직형태를 갖고 있을 때 이용자가 직원에게 정보질의나 요구를 하면 직원은 이용자의 정보요구가 충족될 때까지 그 업무만을 수행하는 것이다.

프로세스 조직과 기능조직의 차이를 비교하면 다음과 같다.

첫째, 기능조직은 업무를 수행하는 직원의 입장에서 업무수행의 용이성을 고려한 조직구조인 반면, 프로세스 조직은 고객의 입장에서 고객의 업무수행 만족을 고려하는 조직이다.

둘째, 기능조직은 고객이 각 기능 부서를 찾아다니며 요구를 수행하지만 프로세스조직은 직원이 고객의 요구를 수행하기 위해 부서를 찾아다닌다.

셋째, 기능조직은 기능별 업무량이 많고 동일한 기능을 수행하는 직원이 여러 명일 때 조직운영이 가능하나 프로세스 조직은 기능별 업무량과 직원 수에 관계없이 조직운영이 가능하다.

〈농어촌 공공도서관의 조직모형〉

현행 도서관 및 독서진흥법 시행령을 보면 공공도서관의 사서직원의 배치기준은 건물과 장서에 의한 기준으로 설정되어있다. 동법 시행령 제 4조를 보면 도서관 건물면적이 330제곱미터 이하인 경우에는 사서직원 3인을 두되, 그 면적이 330제곱미터 이상인 경우에는 그 초과하는 330제곱미터마다 사서직원을 1인을 더 두며, 장서가 6천원 이상인 경우에는 그 초과하는 6천원 마다 사서직원 1인을 더 둔다고 되어있다.

　동 법 시행령 [별표1] 도서관 및 문고의 종류별 시설 및 자료의 기준(제 3조의 관련)과 [별표2] 사서직원이 배치기준(제 4조와 관련)에 의해 산출한 공공도서관 봉사대상기준 인구에 의한 사서직원의 배치기준은 다음 표와 같다.

〈공공도서관의 봉사대상기준 인구에 의한 기준〉

봉사대상 기준인원(인)	건물 (제곱미터)	기본장서(권)	연간증가 장서(권)	사서직원(인)	사서직원 1인낭 인구(인)
2만미만	264이상	3,000이상	300이상	3이상	6,700이상
2만이상 5만미만	660이상	6,000이상	600이상	4이상	5,000~12,500
5만이상 10만 미만	990이상	15,000이상	1,500이상	6이상	8,300~16,700
10만이상 30만미만	1,650이상	30,000이상	3.000이상	11이상	9,100~27,300
30만이상 50만 미만	3,300이상	90,000이상	9,000이상	26이상	11,500~19,200
50만 이상	4,950이상	150,000이상	15,000이상	41이상	12,200이상

　이 기준을 앞으로 설립한 농어촌 공공도서관의 500, 400, 300평형에 도입하여 산출하면 500평형(1,650 제곱미터 이상)은 11평, 400평형(1,320 제곱미터 이상)은 8명, 300평형(990 제곱미터 이상)은 6명 이상의 직원이 필요함을 알 수 있다.

　그러나 이 기준을 농어촌도서관에 그대로 적용했을 때 현실적으로 건물구조와 봉사대상기준 인원과의 형평성이 문제가 될 수 있다.

　현실적으로 우리나라의 농어촌지역은 몇 개의 지역을 제외하고는 산업기반시설이 열악하여 농어촌 인구가 대도시로 집중되어 있다. 따라서 여기서 현재 군 단위 농어촌 지역의 인구는 10만 명을 넘지 않는 지역이 많으며 여기에다 이 기준을 적용하면 대부분의 농어촌

300평형 미만의 도서관이 적합할 수 있다.

이러한 사정을 알면서도 500평, 400평형의 도서관을 건립하려는 의도는 도서관이 다목적 공간으로 생각하기 때문이다. 따라서 농어촌 공공도서관의 직원배치 기준은 건물규모와 관계없이 봉사대상기준인원과 기본장서수로 산정하는 것이 현실적으로 더 타당성이 있다고 할 수 있다.

봉사대상기준인원과 기본 장서수를 기준으로 농어촌 공공도서관의 각 평형별 직원을 산출하면 다음 표와 같다.

〈농어촌공공도서관의 평형별 직원 배치〉

건물규모 (평)	봉사대상 기준인구(인)	기본장서(권)	연간증가 장서(권)	사서직원
500	5만이상, 10만미만	15,000권이상	15,000이상	6명이상
400	2만이상 5만미만	6,000권이상	600이상	4명이상
300	2만미만	3,000권이상	300이상	3명이상

- 조직구조

농어촌 공공도서관의 조직구조는 기능조직과 프로세스 조직의 혼합 모형안을 제시하고자 한다. 이 모형의 특징은 정보의 조직(정리) 업무는 기능조직을 유지하고 이용자와 밀접한 관련을 갖는 정보봉사와 교육·문화봉사 업무는 프로세스 조직형태를 갖는 것이다. 다라서 정보봉사와 교육·문화봉사 직원은 이용자의 요구를 하나의 프로세스로 처리하며 관장에게도 감독과 결재권 외에 전반적인 도서관 관리업무를 부과함으로써 프로세스를 수행하는 일원으로 참여시키도록 한다.

300평형 도서관에서는 정보조직업무를 군 단위 상위도서관에서 일괄하게 하여 정보봉사와 교육문화봉사에만 전념하는 분관형태의 조직을 갖도록 하고 400, 500평형 도서관은 정보조직인원을 최소화하고 나머지 인원은 이용자 봉사업무로 배치시키는 구조를 갖는다. 각 평형별 조직구조모형은 다음 그림과 같다.

ㄴ) 위원회조직

지방자치제 하에서 공공도서관을 효율적으로 운영하기 위해서는 도서관행정에 있어서 지역주민이 참여할 수 있도록 도서관운영위원회의 설치가 반드시 요구된다. 현행 도서관 및 도서진흥법 제 24조 2항에서도 '국가 또는 지방자치단체는 공공도서관의 효율적 운영과 각종 문화시설과의 긴밀한 협조를 위하여 당해 도서관에 도서관운영위원회를 둔다'라고 규정하고 있다.

공공도서관은 도서관운영위원회를 설치함으로서 위원회를 통해 도서관을 홍보하여 이용자를 유치할 수 있을 뿐만 아니라 도서관 재원확충에 도움을 받을 수 있다. 뿐만 아니라 위원회는 도서관장이나 사서들과 지방자체단체장과 지방의회 사이의 가교역할을 수행함으로서 행정적 지원을 받을 수 있고 각종 시민단체들의 의견을 수렴하여 도서관에 전달하는 역할도 수행할 수 있다.

도서관운영위원회의 직무에 대해서 도서관 및 독서진흥법 시행령 제 25조에서는 다음 각 호의 사항을 심의한다고 규정하고 있다.

* 도서관운영 및 발전을 위한 기본방침에 관한 사항
* 도서관 운영의 개선에 관한 사항
* 도서관 자료의 구성방침에 관한 사항
* 독서운동 계획수립에 관한 사항
* 지방문화사업 및 평생교육의 지원에 관한 사항
* 다른 도서관 및 각종 문화시설과의 업무협력에 관한 사항
* 기타 도서관 후원에 관한 사항

위 사항 중 도서관 자료의 구성방침에 관한 사항은 별도의 자료선정위원회를 두는 것이 바람직하다고 할 수 있다. 자료선정위원회의 기능은 자료수집정책의 결정, 전문가적인 관점에서의 자료선택, 특정 분야에 대한 자료편중방지, 이용자요구 및 관심이 공평한 반영, 도서

관의 특성 및 규모에 적합한 장서구성 등에 도움이 되도록 심의, 평가, 건의하는 역할을 수행한다.

현재 우리나라의 군 단위 읍·면에 소재한 농어촌 공공도서관에서 운영위원회나 자료선정위원회를 설치·운영하는 도서관은 극소수에 불과하며 설치된 도서관도 형식적으로 운영되고 있는 실정이다. 그 이유는 여러 가지가 있을 수 있으나 가장 큰 이유는 위원회 활동이 강화됨으로서 도서관 전문영역에 대해 마찰이나 간섭을 우려하고 있으며 도서관운영의 부정적 측면이 노출될 수 있다는 두려움이 있기 때문으로 생각된다.

도서관과 지역주민사이의 유착성이 도서공공도서관 보다 강한 농어촌 공공도서관에서는 위원회를 통해 도서관이 지원받을 수 있는 긍정적 측면이 부정적 측면보다 훨씬 많다는 사실에 착안하면 위원회의 설치운영이 필요하다고 할 수 있다.

2) 장서개발프로그램
가) 선정원칙

장서개발이론에서 볼 때 도서관의 자료선정원칙은 자료가 갖는 절대적 가치에 중점을 둔 양서론적 측면과 이용자의 요구에 중점을 둔 요구론적 측면이 공존하고 있다. 이 두 가지 선정기준은 모든 도서관에 공통적으로 적용되는 일반적인 선정기준은 모든 도서관에 공통적으로 적용되는 일반적인 이론이지만 관종별 도서관의 특성에 따라 한쪽 측면이 다른 한쪽 측면보다 우세한 경우가 있다.

공공도서관에서의 자료선정원칙은 현실적으로 요구론적 측면이 우세하다. 그 이유는 공공도서관이 지역주민을 위해 봉사하는 기관이기 때문에 지역주민이 필요로 하는 자료를 선정해야만 지역사회에 존립할 수 있기 때문이다. 이를 잘 반영하는 자료선정원칙은 다음과 같다.

* 자료는 이용자들의 모든 관심분야에 일치되어야 하며, 충분한 책
  수가 확보되어야 한다.

* 자료는 교육수준에 관계없이 모든 사람의 요구를 충족시켜야 한다.

*자료는 모든 주제를 포함해야하며, 여러 가지견해를 나타내는 것을 두루 갖추어야한다.

* 자료는 시사적인 것이어야 한다. 이용자들은 공공도서관이 그들의 현재요구와 상황을 만족시킬 수 있다고 확신할 수 있을 때만 도서관에 가기 때문이다.

* 공공도서관의 장서는 오락적 욕구를 충족시킬 수 있는 자료를 포함시켜야 한다. 이는 인쇄자료 뿐만 아니라 시청각 자료에도 적용된다.

공공도서관에서 지역주민이 필요로 하는 자료를 선정하기 위해서는 지역주민의 정보요구를 통하여 파악되어야 한다. 정보요구파악은 주민이 현재 어떠한 정보를 요구하고 있으며, 미래에 어떠한 정보를 요구할 것인가를 발견하는 과정으로 각각 주민에게 가장 적합한 정보를 제공하기 위해서이다.

지역주민의 정보요구를 파악할 수 있는 방법은 두 가지가 있다. 하나는 주민이 속해있는 지역공동체에 관한 정보를 수집하는 것으로 공동체의 경제, 역사, 지리, 교통 그리고 인구학적 분포에 관한 정보를 수집·분석하여 최적정보요구를 도출해내는 것이다.

지역공동체의 경제적 정보는 지역경제와 지역산업체의 동향을 분석함으로서 정보요구를 파악하는데 도움이 되며, 역사적 정보는 지역사회의 역사적 변천과정을 파악함으로서 현재 및 미래의 정보요구를 예측하는데 도움이 되고, 지리적 정보는 지역의 확장방향, 지리적 위치와 인구증감관계를 파악함으로서 요구정보의 양, 즉 복본의 수를 결정하는데 중요한 정보가 된다.

교통에 관한 정보는 지리적 정보와 관련을 갖고 분관이나 문고에 관한 정보를 제공하며 주민의 인구학적 분포에 관한 정보는 연령, 직업, 학력, 소득에 따른 정보요구의 차이를 분석하여 봉사집단별 요구를 파악하는데 도움이 된다.

지역주민의 정보요구를 파악할 수 잇는 다른 하나의 방법은 지역 사회의 기관장, 덕망 있는 인, 주민대표들을 통해 주민의 정보요구를 수집하는 것으로 보다 일반적인 방법은 이들을 주축으로 자료선정위 원회를 구성하여 정보요구파악에서 자료선정까지의 절차를 공식화하 는 방법이 있다.

농어촌 공공도서관은 도시 공공도서관과 비교해서 지역주민들이 도서관에 대해 관심이 적고 도서관을 적극적으로 이용하지 않기 때 문에 지역주민의 정보요구를 파악하고 예측하기에 어려운 점이 많다. 따라서 앞에서 언급한 두 가지 방법을 적절히 활용하여 농어촌 주민 들의 최적 정보요구를 도출하고 이를 토대로 자료선정이 이루어져야 한다.

나) 장서구성과 우선 순위

최근 정보매체의 다양화와 통합화로 인쇄자료뿐만 아니라 음향자 료, 영상자료 등을 포함하는 동화상 멀티미디어 자료들이 도서관 장 서를 구성하고 있어 자료에 따라 장서구성범위와 우선 순위를 명확 히 정의하기는 곤란하다. 그러나 일반적으로 공공도서관에서 활용하 고 있는 자료별, 이용목적별 구성범위는 다음과 같다.

〈자료별 구분〉
- 인쇄자료: 단행본, 연속간행물, 팜플렛, 그림자료 등
- 시청각자료: 영화필름 비디오테이프, 필름스트림, 슬라이드, 마이 크로자료, 음반, 카세트테이프 등
- 뉴미디어: 디스켓, 자기테이프, CD-ROM, 멀티미디오자료 등

〈이용목적별 구분〉
- 성인자료, 아동용자료, 노인용자료, 장애자용자료 등
- 교양자료, 전문자료, 참고자료, 오락자료, 시사자료, 행정자료, 향 토자료 등

이러한 다양한 형태와 다양한 목적으로 이용되는 자료를 농어촌

공공도서관의 특수한 환경을 고려하여 장서구성의 우선순위를 나열하면 다음과 같다.

* 최신자료수집에 우선순위를 두어야한다.
* 국내서에 우선 순위를 두되 외국서는 가장 보편적이고 일반적인 자료의 극소수를 선택해야한다.
* 교재류 자료는 가급적 수집대상에서 제외한다.
* 연속간행물은 전문적인 학술자료보다는 대중적인 일반자료에 우선 순위를 둔다.
* 지역사회의 산업개발에 필요한 자료들은 국내서 뿐만 아니라 외국서도 포괄적으로 수집하고 전문적인 학술도서로 포함시킨다.
* 향토자료와 지방행정자료는 가능한 망라적으로 수집하되 지역특성에 따른 자료특성화를 도모한다.
* 전체 장서 중 문학류를 중심으로 한 대중자료와 아동자료의 수집에 우선 순위를 두어야 한다.
* 시청각 자료 및 뉴미디어 자료도 인쇄자료와 동일한 기준에 의해 선택하고 이들 자료의 수에 중점을 주어야 한다.
* 교육·문화 프로그램 봉사에 활용되는 시청각 자료와 뉴미디어 자료의 확보에 중점을 두어야 한다.

다) 장서기준과 비율

〈장서구성기준〉

우리 나라 공공도서관이 장서규모에 관한 법적 기준은 현행 도서관 및 독서진흥법 제5조 제2항의 규정에 의한 동 법 시행령 제3조와 별표 1에 제시되어 있으며 그 내용은 이미 앞에서 언급되었다.

다음장의 표의 법적 기준은 대략 최소한 인구 1인당 0.5~1권 이상으로 하고 0.5권을 최저 법적 기준으로 하여 인구 80만 명 이상의 대도시는 1인당 0.5권 이상, 10만 이하의 시·읍·면의 경우는 인구규모에 따라 0.6~0.8권 이상으로 하며, 연간증가 책 수는 기본 장서기준으로 10%이상 갖추도록 하고 있다.

기본장서 외의 연속간행물은 도서관의 최소기본단위를 50종으로 하고 인구1천인 당 1종 이상을 추가하며, 시청각자료는 1천인 당 기본 10점 이상이고 연간 증가 수는 1점 이상으로 하고 있으며, 기타 향토자료와 지방행정자료는 모두 갖추도록 하고 있다.

농어촌 공공도서관의 봉사대상 기준인구를 산정 해 볼 때 소도시나 읍 소재지 도서관은 5만~10만 정도 , 면소재지 도서관은 2만~5만 정도, 면 단위 이하는 2만 미만 정도로 추정되며, 이를 근거로 앞으로 설립된 500평, 400평, 300평형의 도서관의 장서구성 기준을 산정하면 다음 표와 같다.

〈장서구성 비율〉

장서구성비율은 봉사대상별 구성비율과 주제별 구성비율로 구분해 볼 수 있다. 봉사대상별 구성비율은 도서관의 전체 장서 중 각 봉사 대 상용 장서가 차지하는 비율로서 그 중 가장 큰 비율을 차지하는 것은 성인용 대 아동용 장서구성 비율이다.

외국의 공공도서관은 아동도서 구성비율을 법적 기준에 포함시키고 있으며, IFLA 기준은 전 장서의 1/3정도로 추천하고 있다. 우리나라에서는 아동도서에 대한 구체적인 법적 기준이 없지만 외국도서관의 기준과 아동봉사의 중요성을 고려할 때, 성인용 대 아동용의 자료구성 비율을 70~75% 대 25~30% 정도의 수준이 되는 것이 바람직하다.

주제별 구성비율은 도서관의 전체장서 중 각 주제장서가 차지하는 비율로서 그 기준은 전체 장서 중 이용율이 높은 장서가 차지하는 비율과 기타 자서가 차지하는 비율이 된다. 공공도서관에서는 문학류 장서와 아동도서류 장서의 이용율이 대체로 80~90% 수준임을 감안할 때 전체장서 구성비율을 문학류 장서를 55~60%, 아동도서류를 25~30% 정도의 수준으로 하는 것이 바람직하다.

ㄹ) 장서폐기

농어촌 공공도서관은 적은 공간에서 여러 가지 기능을 수행해야

하기 때문에 서가배열 공간이나 서고공간이 한정되어 있어 계속적인 장서증가는 공간운영의 어려움을 초래할 수 있다. 이에 효율적인 공간활용과 장서관리비용을 줄이기 위해서는 이용되지 않는 장서에 대해서는 별도의 장소로 이관하거나 폐기가 불가피하다.

별도의 장소로 이관하는 것은 지역 내 지가가 저렴한 곳에 별도의 임시 건물을 만들어 보관하는 방법으로 건축이나 관리상 많은 비용이 발생함으로 인접지역의 여러 개의 도서관과 협력하는 것이 바람직하다.

폐기는 기방자치제하의 관련법 상 절차가 매우 까다롭고 복잡하여 관련 규정이 개정되어 절차가 간소화되지 않으면 도서관에서 적용하기가 어렵다. 또한 대부분의 도서관이 절대장서량이 부족한 상태이며 도서관 평가에 장서량이 상당한 비중을 차지하기 때문에 현실적으로 도서관에서 폐기를 꺼려하고 있다.

그러나 폭증하는 정보량에 비해 한정된 서고공간을 감안할 때 당장은 폐기가 적용되기는 어려울 수 있으나 가까운 미래에 폐기를 고려하는 것이 바람직 할 것이다.

3) 정보봉사프로그램

가) 봉사대상별 봉사

〈아동봉사〉

우리나라 농어촌지역의 어린이는 하루 상당시간을 부모와 떨어져서 생활하고 있으며 지역사회와 부모의 무관심 속에서 혼자 성장해 가고 있다고 해도 과언이 아닐 것이다. 어린이의 유아기와 아동기는 상상력, 사고력, 도덕적 지적개발에 중요한 시기로 훌륭한 어린이로 성장하기 위해 사회와 가족의 관심과 보살핌이 요구된다.

농어촌 공공도서관은 사회와 부모의 무관심 속에서 성장하는 농어촌 지역의 어린이에게 자유로운 생활의 장이 되어야 하고 자발적인 교육의 장이 되어야하며, 지식과 경험을 축적하는 자료원이 되어야 한다. 따라서 도서관에서 가장 관심을 갖고 발전시켜야 할 봉사역역이 아동봉사이며 앞으로 성과가 가장 크게 기대되는 공공도서관봉사라고 할 수 있다.

아동봉사는 어린이에게 재미있고 유익한 아동도서와 안락하고 자유로운 실내공간, 친절하고 따뜻한 봉사가 삼위일체가 되어야 한다.

아동도서는 어린이의 학습효과를 극대화하고 독서에 즐거움을 줄 수 있도록 새로운 형태의 매체들이 제작되고 있다. 이러한 매체들은 단순히 인쇄매체를 통해 책을 읽는 것에서 벗어나 보고, 듣고, 만지고 직접 만드는 과정에서 배움의 흥미와 즐거움을 주고 있다. 특히 이러한 매체들은 유아기 어린이에게 효과가 크다.

새로운 형태의 아동도서는 장난감도서(toy book), 입체도서(pop-up book), 카세트테입, CD-ROM, 지능개발도서(puzzle book), 스티커북(sticker book), 카드북(card book) 등으로 모두 시각, 청각, 촉감을 동원하여 학습효과를 놓일 수 있는 도서들이다. 농어촌 도서관에서도 새로운 형태의 아동도서 확충에 관심을 갖는 것이 바람직하다.

아동봉사실의 실내공간은 어린이들이 안락함과 자유로움을 느낄 수 있고 재미를 느낄 수 있는 공간구성이 요구된다. 투명하고 밝은 실내 분위기, 소음방지와 안전을 고려한 바닥구조, 안락함과 즐거움을 주는 내부장식 등이 필요하며 가급적 어린이의 행동을 관찰할 수 있도록 내부가 들여다보이는 건축구조가 바람직하다.

어린이들이 도서관을 자유롭게 이용하고 도서관에 오는 것을 즐거워 할 수 있게 하는데는 사서들의 친절하고 따뜻한 봉사활동이 요구된다. 아동사서의 전담배치가 어려운 상황에서는 지역주민의 자원봉사 활동을 적극 유치할 필요가 있다.

〈청소년 봉사〉

정보화시대에 있어서 공공도서관의 청소년봉사에 가장 중점을 두어야 할 부분은 청소년의 정보활용능력(information literacy)과 지적 창조력 및 자기표현력을 배양시킬 수 있도록 정보교육 및 독서교육 프로그램을 제공해주는 것이다.

정보활용능력은 컴퓨터를 통해 디지털 정보매체에 접근하고 필요한 정보를 수집·분석·가공하여 문제해결에 활용할 수 있는 능력을 의미하며 이를 배양하기 위해서는 공공도서관에서 컴퓨터를 사용한 정보이용법과 정보탐색에 관한 교육 및 학습의 기회를 제공해야하며 CD-ROM활용이나 인터넷 접속을 자유롭게 할 수 있도록 해야한다. 또한 학교교육과 연계하여 과제나 학습에 필요한 보충적인 정보를 도서관의 정보검색을 통해 해결하도록 방안이 강구되어야 한다.

청소년의 지적 창조력과 자기표현력 배양은 청소년에게 독서에 대한 관심과 열의를 갖도록 도서전시, 신간안내, 독서토론, 다독상 표창 등 독서교육과 독서지도를 실시함으로서 독서에 의한 지적성장, 사고력 증진, 자기표현 능력배양의 결과를 얻도록 하는 것이다.

농어촌 지역 청소년들은 도시지역 청소년들에 비해 정보교육과 독서교육의 기회가 상대적으로 적은 편이다. 도시지역 청소년들은 공공도서관 외에도 학교, 공공기관, 사회단체, 기타 학원 등 개인 강습소를 통해 컴퓨터 및 인터넷 교육과 독서지도교육을 받을 수 있는 기회가 많지만 농어촌 지역 청소년들은 학교의 정규교육 이외의 별다른 기회가 없으며 교육기회가 주어진다고 하더라도 가정형편과 교통수단 등을 감안하면 용이하지 못한 경우가 많다.

농어촌 공공도서관에서는 농어촌지역 청소년들에게 자유롭게 정보통신시설을 활용하고 독서기회를 갖게 함으로서 도시지역 청소년들과 동일한 교육기회를 제공하여 교육기회의 불평등을 해소하는데 공헌하여야 한다.

〈성인봉사〉

농어촌 공공도서관의 성인봉사는 일상생활에 필요한 생활정보와 직업교육 및 자기향상교육에 필요한 학습정보, 교양, 여가선용, 문화활동의 공간을 제공하는 것이다.

생활정보봉사는 농어촌 지역사회의 가정경제, 문화교양, 건강의료, 지역행정 등의 다양한 정보를 제공해 줌으로서 생활편의와 생활향상에 기여할 수 있다. 이를 위해서는 도서관을 중심으로 한 지역정보네 트워크가 구축되어야하며 지방자치단체와 지역사회주민들의 적극적 인 참여가 요구된다.

도서관에서 생활정보를 제공해주는 일이 보다 더 중요한 것은 농 어촌 주민들이 직접 정보를 찾아서 활용할 수 있도록 정보활용능력 을 배양시켜주는 일이다. 이를 위해서는 도서관이 정보활용교육의 학 습장이 될 수 있도록 시설 및 장비와 교육프로그램을 갖추어야 한다. 학습정보봉사는 평생교육차원에서 자기개발과 직업교육에 필요한 학습정보를 제공해주는 봉사활동으로 농어촌 공공도서관에서는 농업 과 어업분야의 학습정보와 부업관련 기술정보, 교양정보 등을 제공하 여야 한다.

농어촌 공공도서관에서 성인봉사프로그램을 운영할 때 반드시 고 려해야할 점은 농어촌 지역의 농번기와 농한기의 특수성을 반영하여 해당 시기에 적합한 프로그램이 제공되어야 한다. 그 이유는 가장 바 쁜 농사철에 아무리 좋은 교육프로그램을 개설한다고 하여도 주민의 참여는 기대할 수 없기 때문이다. 따라서 농번기 때에는 성인봉사 보 다도 아동봉사나 노인봉사에 더 비중을 둔 프로그램을 운영하고 농 한기 때에 집중적으로 성인봉사프로그램을 제공하는 신축성 있는 프 로그램 운영이 바람직하다 하겠다.

〈노인봉사〉

우리나라 농어촌 지역의 노인들은 도시 산업화 현상으로 비롯된 가족이나 사회로부터 무관심과 노동능력의 부재로 인한 소외감, 각종 질병으로 인한 고통에 시달리고 있어 지역사회 공공기관에서 가장 관심을 갖는 봉사대상이 되었다. 농어촌 공공도서관은 이러한 노인들 에게 여생에 대한 즐거움과 편안함, 보람을 느낄 수 있도록 시설과 프로그램을 제공할 수 있어야 한다.

시설의 제공은 노인들이 함께 모여 담소하고 휴식을 취할 수 있는 노인정 또는 노인복지회관과 같은 휴식공간의 개념을 갖도록 해야한다. 이러한 공간을 별도로 제공할 수 없는 도서관은 지역 유관기관과 협력하여 도서관과 근접한 지역에 시설을 갖추도록 하는 것이 바람직하다.

노인을 위한 프로그램 봉사는 주로 문화프로그램과 관련을 갖고 제공되어야 한다. 문화시청각실에서의 영화나 음악감상, 문화창작실에서의 다양한 취미활동, 문화사랑방에서의 소규모 독서토론 등이 이에 해당한다.

농어촌 공공도서관에서 노인봉사를 위해 주로 개발해야 할 프로그램은 노인들이 주체가 되어 참여하고 봉사할 수 있는 프로그램을 만드는 것이다. 즉 노인들이 지역사회의 일원으로 삶의 보람을 느낄 수 있도록 어린이나 청소년들에게 서예교육, 전통예절, 향토자료소개 등에 관한 자원교육봉사자로서의 역할을 부여할 수 있는 프로그램을 개발할 필요가 있다.

〈장애인 봉사〉

민주·복지 사회는 장애인에게도 건강한 사람과 평등하게 알고 배울 수 있는 기회가 주어져야 한다. 공공도서관이 지역사회의 공공기관으로서 분배의 공평성을 갖기 위해서는 장애인에게도 똑같은 지식과 정보, 문화시설에의 접근기회가 보장되어야 한다. 이를 위해서는 신체적 장애에 알맞은 자료를 확보하고 독서보조기를 설치하며 자료이용방법을 개선하여 장애인의 도서관시설 및 자료이용을 돕도록 시설과 장비, 특수자료들을 갖추어야 한다.

2) 기능별 봉사

정보봉사업무영역을 기능별로 나누면 대출봉사와 참고봉사로 구분할 수 있다.

〈대출봉사〉

– 개가제운영

정보봉사실의 운영은 전면 개가제 봉사형태로 운영되어야 한다. 개가제 운영은 폐가제에 비해 도서의 잘못 배열, 파손, 넓은 서가공간

등으로 관리비용이 증가하는 단점이 있으나 이용자가 직접 도서의 내용을 인식하고 비교하여 유용여부를 결정함으로서 이용자의 편리함과 즐거움을 주어 도서관 이용을 활성화 할 수 있는 큰 장점이 있다.

- 관외대출

관외대출은 이용자의 편리함, 시간절약, 경제성을 보장하는 이용자 중심의 대출봉사이다. 종전 자료보존위주의 도서관 운영관례에 따라 아직까지 상당수 도서관에서 관내·외 대출을 구분하고 있으나 농어촌지역처럼 도서관과 지역주민이 유착된 도서관에서는 관외대출을 자유롭게 허용함으로서 책을 들고 도서관 밖 휴게공간에서 자유롭게 독서할 수 있는 도서관 분위기를 조성하는데 도움이 될 수 있다.

- 상호대차

상호대차는 도서관간의 협력봉사의 일환으로서 협력체계를 통하여 자관에 없는 정보에 대한 접근 기회를 제공해 주는 적극적 봉사활동이다. 이 제도는 예산과 시설의 한계로 많은 정보를 갖출 수 없는 농어촌 공공도서관에서 적극적으로 활용해야 한다.

상호대차제도가 그 본래의 목적과 기능을 수행하기 위해서는 도서관 협력 네트워크의 구축과 통일된 규정이 마련되어야 한다.

도서관 협력 네트워크는 중·소지역 도서관과 광역지역도서관, 국립중앙도서관과의 협력 네트워크가 구축되어 다른 도서관이 원하는 정보를 제공하고, 필요한 정보를 다른 도서관에서 얻을 수 있는 협력체계가 이루어져야 한다. 현재 국립중앙도서관에서는 각 지역의 공공도서관, 지역대표도서관, 국립중앙도서관을 정점으로 하는 계층적 구조를 갖는 협력 네트워크를 다음 그림과 같이 구성하고 있다.

- 예약제도

대출중이거나 일시대출이 불가능한 도서의 대출요구에 대해 그 도서의 반납이나 대출 가능 시에 다른 요구자에 우선해서 대출 받도록 미리 예약해두는 제도로서 대출 효율을 높일 수 있는 한 방안이다.

이 제도는 도서관 전산화 프로그램 중 대출프로그램에 마련되어 있다.

〈참고봉사〉

참고봉사는 이용자의 정보요구나 질의내용에 대해 사서가 직접 해답을 찾아서 제공해 주거나 이용자가 스스로 찾도록 교육을 제공하는 봉사이다. 농어촌 공공도서관에서의 참고봉사는 전문적인 학술정보 보다 실생활에 필요한 생활정보중심의 참고봉사를 활성화해야 한다.

2) 교육·문화봉사

교육·문화봉사는 교육·문화프로그램봉사와 교육·문화공간봉사로 구분할 수 있다.

- 교육·문화프로그램봉사

공공도서관은 지역사회주민의 문화적 삶을 위한 다양하고 특성 있는 교육·문화프로그램을 제공할 수 있어야 한다. 이를 위해서는 지역주민의 문화적 요구를 수렴하여 주민들의 생활향상을 도모하고, 지적·문화적 체험에 도움을 줄 수 있는 프로그램을 선정할 수 있도록 주민의 요구를 조사·분석하여 그 우선 순위를 결정해야 한다.

이러한 점에 비추어 볼 때 현재 우리 나라 공공도서관에서 제공하는 교육·문화프로그램은 주로 교양강좌수준에 머물러 있어 프로그램의 다양성과 특수성이 결여되어 있으며 지역주민의 문화적 요구를 반영하지 않고 도서관 편의로 프로그램을 제공하여 전시적이고 획일적인 특성을 갖고 있다.

농어촌 공공도서관의 교육·문화프로그램봉사는 다음과 같은 사항이 고려되어야한다.

첫째, 지역주민의 문화수용과 문화환경 그리고 지역의 문화예술 특성을 고려하여 프로그램을 선정해야 한다. 프로그램을 선정할 때는 지역내의 교육·문화기관의 종류와 수, 제공되는 프로그램을 검토한 후 해당도서관에서 실시할 프로그램의 종류, 대상, 시기, 경비, 홍보 등의 제반문제를 결정해야 한다.

둘째, 지역의 다른 문화예술공간 및 단체와의 연계 및 사업조정을 통하여 공동으로 도서관의 문화프로그램을 개발·운영할 수 있는 방안을 모색해야한다. 이를 통해서 프로그램 운영요원의 부족, 예산 및 운영공간의 부족을 해결할 수 있고 지역사회 문화시설의 효율적 활용을 도모할 수 있으며, 주민의 문화요구가 여러 방향에서 접근될 수 있다.

 - 교육·문화공간 봉사

농어촌 지역주민의 문화예술체험공간을 확대하기 위해서는 도서관에 전시기능공간과 공연기능공간, 문화예술 및 사회교육기능공간을 갖추어야 한다. 이를 위해 문화관광부에서는 '문화의 집'에 있는 공간구성과 기능을 활용하도록 권장하고 있다.

농어촌 공공도서관에서 '문화의 집'의 기능을 성공적으로 수행하기 위해서는 다음과 같은 사항이 고려되어야 한다.

첫째, 지역주민들의 적극적인 참여를 위해 최소한의 회비를 받는 회원제 운영이 되어야한다. 모든 시설에 대한 무료이용은 책임의식 결여, 시설물 훼손, 도난 등의 부작용이 있기 때문에 최소한의 회비를 받고 회원에 대한 각종 시설 및 프로그램 이용의 혜택을 부여함으로서 적극적인 참여를 유도할 수 있다.

둘째, 문화의 집 운영위원회를 결성하여 운영전반에 관한 심의·자문기구를 설치·운영해야한다.

셋째, 문화자원봉사대를 결성하여 도서관의 문화활동을 지원하도록 하고 문화자원봉사자는 지방자치 단체나 도서관에서 지원 및 혜택을 부여해야 한다.

제7장 공공도서관의 문제점

7.1 공공도서관 경영의 문제점과 발전방향
명칭변경을 중심으로

서울시 교육청의 공공도서관 명칭변경 계획, 무엇이 문제인가?[1]

(1) 들어가면서

서울특별시의 공립도서관은 시립도서관과 구립도서관이 있다. 시립도서관은 강남, 강동, 강서, 개포, 고척, 구로, 남산, 도봉, 동대문, 동작, 송파, 양천, 용산, 정독, 종로, 등 16개이고, 고덕, 중계, 영등포, 아현 등 4개의 시립 평생학습관이 있으며, 시립어린이도서관 1개, 시립이 모두 21개관이다. 구립도서관이 관악, 광진, 금천, 성동, 성북, 은평, 중랑 등 6개의 구립도서관이 있다.

공공도서관은 도서관 및 독서진흥법 제 19조 및 21조의 근거에 의해 설립하되 지방교육자치에 관한 법률 제41조와 지방자치법 제9조 2항에 따라 교육청과 시군 자치단체가 각기 설립 운영할 수 있도록 이원화되어 있음에 따라, 서울시립 도서관은 모두 서울시 교육청이 관리 운영하고 있다.

---

1) 이용남, "서울시 공공도서관정책, 무엇이 문제인가," 서울의 공공도서관 발전을 위한 시민 대토론회 자료, 1998. pp.23-28.

　서울시 교육청 당국은 평생교육진흥 명분으로 기존의 21개 공공도서관중 우선 4개관(영등포, 마포, 고덕, 중계)을 '평생학습관' 명칭으로 바꾸고 조직 개편하여 운영한다는 방침아래, 1998년 11월 서울시 의회에 '서울특별시 교육행정기구 설치 조례 제정안'을 제출 통과시켜 시행하고 있다.

(2) 관련 정부부처의 도서관정책 추진 및 대처 방향

1) 문화관광부

　도서관 정책 총괄부처인 문화관광부에서는 지식정보사회의 국가기간 시설인 공공도서관 확충을 위해 2011년까지 인구 6만 명당 1개관 수준인 750개관으로 확장하고, 농어촌 소재 도서관에는 1996~2004년까지 매년 10억원의 자료구입비를 지원하는 등, 공공도서관 설치육성을 위한 의욕적인 계획을 수립 추진 중이다. 이번 명칭 변경 계획에 대응하여 문화관광부는, 교육인적자원부에 "공공도서관 명칭 변경 동향 관련 협조요청"(98.11.3), 서울시 교육청에 "공공도서관 명칭변경 철회"(98.11.2), 서울시 의회에 "공공도서관 명칭변경 및 조직개편 동향 관련 협조 요청"(98.11.3)공문을 보내는 등 저지를 위해 노력하였다.

2) 서울특별시

　서울특별시는 관내의 공공도서관을 2001년까지 61개관(사립포함)으로 확충하여 공공도서관이 없는 구를 완전히 해소한다는 방침을 세운 바 있다. 우선 1구 1 정보화도서관 사업은 2000년까지 10개관 설치계획으로 성동, 중랑, 금천, 광진, 성북, 강북, 은평, 관악, 서초, 중구도서관 건립을 추진하여 현재 7개가 건립되었다. 1구 1도서관은 800~1,200석 규모로 일반열람실, 어학실, 음악감상실, 멀티미디어실, 컴퓨터교실 등 복합문화공간을 구상하고 추진하였다.

3) 서울시 교육청 당국 주장의 내용과 반론

가) 평생교육 강화문제

서울시 교육청에서 4개 공공도서관을 '평생학습관'으로 명칭변경 및 조직 개편하려는 가장 큰 이유는, 21세기 세계화 정보화시대를 주도하는 신교육체제의 '열린 교육사회, 평생학습사회' 건설을 위해 평생교육 체제를 강화한다는 논리이다. 즉, 소위 '단순 영조물'인 공공도서관을 평생교육기능 중심의 시설로 개편하여 시민의 평생학습 기회를 확대한다는 취지이다. 그러나 공공도서관의 주요 목적은 평생교육 진흥에 있다.

일찍이 미국성인교육협회의 요청으로 교육학자인 Alvin Johnson이 공공도서관 봉사의 실제를 분석한 후, 이를 "민중의 대학(people's university)이라 일컬었듯이, 전통적으로 공공도서관은 평생교육을 주요 목적으로 간주하여 왔으며, 이는 국제적으로 공통의 현상[2]이다. 우리의 '도서관 및 독서진흥법'에도 다음과 같이 여러 조문에 평생교육을 주요 목적으로 명시하고 있을 뿐만 아니라, 실제 추진업무에서도 잘 나타나고 있으므로, 교육청 당국의 주장은 설득력을 얻기 어렵다고 판단된다.

- 제 2조(정의) 4. "공공도서관"이라 함은 공중의 정보이용, 문화활동 및 평생교육을 증진함을 주된 목적으로 하는 도서관을 말한다.
- 제20조(업무) 공공도서관은 정보 및 문화, 교육센터로서의 기능을 발휘할 수 있도록 각호의 업무를 행한다.
  5. 강연회, 감상회, 전시회, 독서회 기타 문화활동 및 평생교육의 주최 또는 장려
- 제21조(공공도서관의 설립, 육성) ① 국가 또는 지방자치단체는 지역사회의 정보 제공 및 발전과 평생교육을 위하여 대통령령이

---

2) 유네스코 헌장 공공도서관 헌장

정하는 바에 의하여 공공도서관을 설립, 육성하여야 한다.

또한, 서울시 교육청에서 시의회에 요청한 조례(안) 제32조(평생학습관 업무)와 제37조(기존 시립도서관 업무)를 다음과 같이 비교하여 보아도 알 수 있듯이, 조직개편 후 업무의 특별한 차이가 없음에도 구태여 명칭을 변경할 타당성을 찾기가 어렵다.

〈조례(안)의 양 기관 업무 비교〉[3]

구분	도서관	평생학습관
업무 내용	1. 문화행사에 관한 사항	1. 평생학습 및 문화지원에 관한 사항
	2. 교육사료관 운영	2. 교육상담실 운영지원에 관한 사항
	3. 도서대출에 관한 사항	3. 자료대출, 열람에 관한 사항
	4. 독서안내 및 열람지도에 관한 사항	4. 독서안내상담 및 열람지도에 관한 사항
	5. 분관운영에 관한 사항	5. 분관운영에 관한 사항
	6. 기타 교육감이 필요하다고 인정하여 정하는 사항	6. 기타 교육감이 필요하다고 인정하여 정하는 사항

교육청 당국은 공공도서관을 '단순 영조물' 또는 '도서의 관리 대출' 기능으로 폄하 하려는 의도가 보이는데, 지식정보자료의 선택, 수집, 정리, 제공을 통한 교육, 문화의 기반구축이라는 도서관의 기본적 가치는 차지하고서라도, 앞으로 명칭변경 후 강화하고자 한다는 소위 '교육, 문화프로그램'을 도서관에서는 그 동안 중요 활동으로 활발히 전개해 왔다. 서울시내 21개 도서관에서 각급 연령층의 시민을 대상으로 실시하고 있는 교육, 문화 프로그램은 각종 교육활동(강습. 강연회 등), 각종 작품 전시행사, 독서지도 및 토론회 등 독서회

---

3) 현행 조례(서울특별시립도서관 직제규칙)에는 "사회교육. 문화행사에 관한 사항"(규칙 제6조 9호)으로 명시되어 있는데, 개정조례(안)의 도서관 업무에서 "사회교육(평생교육)" 용어를 삭제한 의도에 주목할 필요가 있음.

중심 활동 등이다. 특히, 독서력의 향상 등 도서관을 통한 평생학습 활동은 모든 평생교육 프로그램의 기반이 된다. 유네스코 총회에 의하여 최초로 평생교육 개념을 정립한 Paul Lengrand(1970)은 평생교육의 전략을 제안하는 글에서 평생교육에 있어 독서교육의 중요성을 다음과 같이 강조하고 있다.

"평생교육의 목표와 내용은 독서력과 작문력을 기르는 교육의 기능적 검토와 관계되는 모든 행동에 깊이 뿌리박고 있으며, 이런 결론은 평생교육의 여러 명제에 아주 유리한 것이다. 독서와 작문의 교육이 그 역할을 충분히 다하면, 성인에게 실시되는 평생교육의 이론과 실천은 불가피하게 독서와 작문의 교육과 밀접한 관계를 갖게 될 것이다."

평생교육은 다양한 기관에서 실시한다. 평생교육은 다양한 장소에서, 다양한 기관이 중심이 되어, 다양한 방법으로 추진되는 학습과정이므로, 반드시 '평생교육'이란 명칭의 기관에서만 추진되는 것은 아니다. 교육부에서도 위와 같은 견해를 지니고 있다고 판단된다. 최근 교육부의 인터넷 홈페이지의 '평생교육기관 소개' (www.kmcc.net/lifedu/)를 보면, 서울시 관내의 평생교육기관으로 공공도서관, 사회복지관, 구민회관, 선교교육원, 청소년회관, 여성복지사담소, 대학사회교육원, 미술관 등 총1,746개관을 열거하고 있다. 즉 평생교육 활동은 다양한 성격의 기관에서 그 기관 고유의 방법으로 추진하는 것인데, 평생교육기능 강화 명분 하에 이들 기관을 '평생학습관'으로 명칭변경 한다면 납득하겠는가? 만약 공공도서관에서 평생교육기능을 좀더 강하고 싶다면, 행정지도나 재정 지원을 통해 해당 분야 활동과 서비스를 보다 활성화시키는 것이 논리적으로 타당할 것이다.

ㄴ) 도서관 운영 예산상의 문제

교육청 당국은 서울시내 21개 공공도서관의 운영에 소요되는 연간 300여억원 정도의 예산 중 서울시 '일반회계'에서는 1/3정도 부담하고, 나머지 2/3정도는 교육청의 '교육비특별회계'에서 부담하고 있는데, 일반시민을 봉사대상으로 하는 공공도서관에 교육청 예산을 투입하기가 벅차다. 그런데 공공도서관을 평생학습관으로 명칭변경 하면 앞으로 제정될 평생교육법(안)에 의거 평생교육진흥 명목으로 국고보조금을 받기 쉬우므로 명칭변경이 불가피하다는 주장도 있다.

위의 주장 역시 다음과 같은 몇 가지 사유로 인해 명칭변경의 명분으로는 타당성을 지니기 어렵다.

첫째, 공공도서관 운영비 부담문제는 도서관 및 독서진흥법 제22조 제1항에 다음과 같이 명시되어 있다. 제22조(공공도서관의 운영) 1.지방자치단체가 설립 운영하는 공공도서관(이하 "공립공공도서관"이라 한다)에 대하여는 이를 설립 운영하는 당해 지방자치단체의 일반회계에서 그 운영비를 부담하여야 하며, 지방교육자치에 관한 법률 제41조의 규정에 의하여 교육감이 설립 운영하는 공립공공도서관에 대하여는 당해 지방자치단체의 일반회계의 범위 안에서 그 운영비의 일부를 부담하여야 한다.

위의 법규에 따라 서울시 교육청 관내 공공도서관은 교육청이 운영비를 부담하고, 서울시청이 일반회계에서 운영비 일부(총 운영비의 1/3정도)를 분담하여 왔다. 지금까지 수십 년간 이러한 방법으로 운영되어 왔고, 또한 법규정에 의거한 행정행위이었는데, 공공도서관 행정체계가 일원화되어 운영비 전액이 일반회계로 충당된다면 교육청 입장에서는 바람직스럽겠지만, 운영주체가 이원화되어 있는 현 법률 체제에서는 불가피한 일이다.

뿐만 아니라, 시민을 대상으로 하는 공공도서관일지라도 현실적으로 서울시내 도서관의
연관 이용자가 일반인보다 학생이용자가 많다는 점과, 명칭 변경된 평생학습관이더라도 성인을 주 대상으로 한다는 점을 고려할 때, 교육비특별회계 예산부담으로 일반시민 대상의 도서관을 운영할 수 없다는 명분은 성립되지 않는다.

둘째로, 평생학습관으로 명칭을 변경하면 국고보조금을 지원받기 쉽다는 주장 역시 희망사항은 될지 몰라도, 객관적 근거가 될 수 없는 명분이다. "평생교육법(안)"의 다음 관련조항을 보더라도, 평생교육에 대한 국가의 재정 지원은 특정 명칭의 기관으로 한정되어 있지 않기 때문이다.

제11조(경비보조)

1. 국가 및 지방자치단체는 평생교육의 진흥에 필요한 경비를 보조할 수 있다.

2. 제1항의 규정에 의한 경비보조는 학습자에 대한 직접지원을 원칙으로 하여야 한다.

명칭변경의 숨겨진 목적은 따로 있다. 공식적으로 내세우고 있는 위와 같은 명분이 타당성이 없고 사회각계의 강력한 반대에도 불구하고, 무리하게 이를 추진하는 저변에는 전혀 다른 목적이 숨겨져 있다는 판단이 가능하다. 즉, '도서관' 명칭의 기관으로서는, 기관장을 임용함에 있어 '도서관 및 독서진흥법'의 적용을 받아야 하는데, 이를 피하기 위한 방법으로 명칭변경의 아이디어를 생각했다고 믿어진다. 현재 도서관 및 독서진흥법에 의하면 다음과 같이 1997년 1월 1일부터 공립공공도서관에는 사서직 공무원을 관장으로 보임하도록 하고 있다.

제24조(국·공립공공 도서관의 관장 및 운영위원회)

1. 국가 또는 지방자치단체가 설립 운영하는 공공도서관의 관장은 사서직으로 보한다.(효력시기는 시행령에 명시)

그러나 현재 서울시에는 21개 공공도서관 중 사서직 관장은 8명 (38%)에 그치고 있어 명백한 법령 위반 상태이다. 그런데 앞으로도 행정직이 계속 관장직을 유지하는 유일한 방법으로서 기관의 명칭에서 도서관의 이름을 삭제하여 상기 법률의 적용을 피하려는 것이다. 그간 2년 가까운 동안의 법령위반 사태도 해소하고, 행정직의 기득권도 유지하면서, 요즈음의 구조조정 대상의 위협을 피하는데도 도움이 될 수 있다는 것이 명칭변경의 진정한 목적이라고 판단된다. 이러한 추론은 공식적인 문서로서 확인할 수 있는 성질이 아니어서 여러 비공식적 경로의 면담 및 탐문내용을 종합한 결과이기는 하나, 이와 같은 판단은 거의 틀림없다고 생각한다.

(4) 결론

공공도서관을 평생학습관으로 개편한다고 할 때 가정할 수 있는 일은, 첫째로, 기존 도서관의 기본기능을 점차로 축소, 유명무실화시키는 경우와 둘째로, 기존 도서관 기능을 그대로 유지하면서 간판만 바꾸어 다는 경우의 두 가지 가능성을 상정해 볼 수 있다.

만약 후자의 경우라면, 쓸데없이 없는 공연한 행정력을 낭비하는 행위로서 교육청 당국의 숨겨진 의도만 들어내게 될 것이다.

그렇다고 전자의 경우라면, 전 세계적으로 앞선 사회에서는 전례를 찾아보기 어려운 비이성적 해정행위를 보여주고, 결과적으로는 무모한 지방교육행정에 대한 사회의 강력한 비난과 저항을 자초할 것이 명확하다, 중앙정부인 교육인적자원부 차원에서는 "독서교육 활성화를 위한 교육정책의 방향" 공청회(1998, 11, 24), 학교도서관 활성화 종합대책 수립을 위한 공청회(2002.7.26), 대학도서관 활성화(2002.10.15)가 열려 청소년들의 독서환경 조성의 중요성과, 학교도서관, 대학도서관의 중요성을 강조하고, 문화관광부 차원에서는 21세기 지식사회의 기반시설로서 공공도서관을 확충하고 문화인프라를 구축하고자 장기계획 추진에 진력하고 있는 판에, 지방교육자치단체에서는 양적, 질적으로 부족하기 짝이 없는 공공도서관 없애기에 앞선다는 말인가? 당해 기관의 자성적 판단과 관련 부처의 긴밀한 정책조정이 시급하다고 생각한다.

7.2 공공도서관 경영의 문제점과 발전방향4)
-위탁관리를 중심으로-

(1) 들어가면서

공공도서관은 그 동안 자치단체와 같은 공공부문에서 운영하는 것을 당연하게 인식하고 있었지만 최근 민간 위탁되는 도서관도 있고 또 시설관리공단같은 공기업에 위탁되는 사례도 발생하고 있다. 그렇지만 이미 미국이나 일본의 경우 1980년대부터 일부 도시에서 도서관을 위탁관리하고 있는 사례가 있어 왔다. 아직 우리나라 도서관이 외국처럼 일정한 수준에 도달하지 않은 상황에서 민간위탁을 위시하여 명칭변경, 통폐합 등 일련의 조치로 도서관계를 곤혹스럽게 하는 것은 분명하다. 그럼 먼저 민간위탁의 근거가 되는 도시경영론의 공공서비스이론을 살펴보고 그 다음 도서관 위탁관리의 방식과 사례를 검토하면서 행정가들이 주장하는 위탁관리가 과연 도서관의 서비스 수준을 향상시킬 수 있는 방안이 될 수 있는지 그리고 또 다른 방안은 없는지 살펴보기로 한다.

(2) 공공도서관서비스 성격과 공급유형

1) 공공서비스이론에서 시작된 민영화
공공도서관의 위탁관리는 공공서비스 공급유형의 이론과 깊은 관련이 있고 그 배경에는 1980년 초 미국을 중심으로 확산되기 시작한 민영화(privatization)와 연결된다.

---

4) 김지봉, 공공도서관경영의 문제점과 발전 방향, 제38회 전국도서관대회 라운드테이블 발표자료, pp.15-37.

공공부문에 의한 서비스의 직접공급에 대한 대안으로 제시된 민영화는 공공부문 특히 정부가 지나치게 팽창되어 있다는 인식과 재정압박으로 정부부문의 생산성 향상요구와 더불어 작은 정부(small government)를 추구하는 과정에서 두드러지게 되었다.5)

공공도서관도 당연히 공공부문에서 직영하는 것으로 인식되어 왔지만 1970년대 후반부터 도시경영론의 입장에서 위탁경영이 제기되어 시작하였다.

이러한 현상은 정부의 규모와 서비스공급에 있어 효율이라는 관점에서 출발하는데 우선 민간서비스를 공공부문에서 생산하는 경우 당연히 민간부분에 맡겨야 하며, 또 전통적으로 공공부문에서 생산해왔던 공공서비스도 가능한 민간부문을 활용하자는 것이다.6)

2) 공공서비스의 개념

공공서비스(public severice)는 일반적으로 공공재류를 구성하는 것으로 인식된다. 공공서비스를 非競合的消費(non-rival consumption)와 非排除性(non-exclusion)의 두 가지 특성을 가진다. 비경합적 소비는 어떤 재화나 서비스에 있어서 어느 사람의 소비가 다른 사람에게 영향을 주지 않는 것이고 비배재성은 그 재화나 서비스의 소비에 대한 대가를 지불하지 않더라도 그 소비를 제한 할 수 없음을 의미한다.

이러한 두 가지 성격을 완전히 갖춘 것을 순수공공재라고 하나 실제적으로 지방자치단체가 지역주민에게 공급하는 서비스 가운데는 이러한 두 가지 성격을 완전히 갖춘 것을 드물다. 지방자치단체는 그 지역의 하부구조를 유지·발전시키려는 서비스로부터 삶의 질을 향상시키는 서비스에 이르기까지 포괄적인 서비스를 제공하는 역할을 수행하고 있다.

---

5) 조정제, '도시경영', 서울:법문사, 1990, pp. 98-99.
6) 권원용, 최태호, '도시공공서비스의 공급합리화 방안:민간참여확대 가능성을 중심으로', 국토개토연구원 연구논문, 1988. 12, p. 14.

  공공서비스는 Savas가 경합가 배제의 속성으로 분류하는 서비스의
특성상 집단재로 분류된다.7)

집단재는 누구나 차별없이 서비스를 균등하게 즐길 수 있고 아무도
서비스 대가를 지불하지 않는 특성을 가지고 있어 공공서비스의 개
념과 일치한다. 참고로 Savas가 분류한 서비스개념을 참고로 소개한
다.

(표1) 각 재하아 공공서비스와 관계

	시 장 재	요 금 재	공 동 재	집 단 재
특징	개별소비 배제가능	공동소비 배제가능	개별소비 배제불가능	공동소비 배제불가능
공급상 문제	-	자연독점	과소비	무임승차
	자율, 안전, 규격에만 집단적 행동	가능한 한 자율에 맡기되 독점 이익이 왜곡될 가능성이 있을 때 집단 행동	규제, 보호의 집단적 행동	집단적 행동 및 세금 등과 같은 집단적 기여도 요구
공공서비스와의 상관성	상관없음	부분일치	부분일치	일치

  ## 3) 공공도서관서비스의 성격

  공공도서관서비스는 지역주민이면 누구나 차별없이 서비스를 균등
하게 받을 수 있고 아무도 서비스 대가를 지불하지 않는 비배제와
비경합소비의 특징을 가진 전형적인 공공서비스 성격을 가지고 있다.
또한 지방자치단체가 제공하는 공공서비스는 시민생활의 안전에 관
계되는 경찰이나 소방서비스와 같은 기본적인 서비스와 공공도서관
과 같이 삶의 질을 향상시키는 선택적인 공공서비스로 분류되기도
한다. 그리고 공공도서관의 서비스를 받기 위해서는 다수의 수요자들

---

7) Savas, Privatization: The Key to Better Govermment. (New Tersey :
   chatham House Publishers, 1987), pp. 37-38.

의 하나의 지점으로 모이게 되는 지리적 특성이 강하기 때문에 서비스만족을 위해서는 접근성이 가장 중요한 요소로 등장하는 성격을 가지고 있다.

4) 공공도서관 서비스 공급유형

공공도서관은 公開性, 無料性, 公費性의 3대 기본요건을 원칙으로 설립된 도서관으로 서비스공급은 그 설립목적이나 운영상의 특성으로 보아 集團財的 요소가 강한 공공서비스라 할 수 있다. 근대적 의미의 공공도서관이 1855년 설립된 미국의 보스턴 공공도서관을 시작으로 지방세금 지원과 무료로 이용하는 공공도서관운동이 본격적으로 시작되었고[8] 그 이후 미국이나 캐나다와 같은 도서관선진국에서 대부분 지방정부에서 직접 도서관을 운영하는 것을 보아도 그 특성을 알수 있다. 1970년대 후반부터 도시경영과 민영화(privatizaon)의 영향으로 공공도서관서비스의 정부직접공급에 어느 정도 의문이 제기되었지만 아직도 공공도서관은 대부분의 지방정부 단위에서 경영되고 있다.

본래 자치단체에 의한 지역주민에 대한 서비스제공은 전통적으로 공공부문에 의하여 제공되는 것이 일반적이었다. 즉 공공부문인 국가나 지방자치단체인 도시정부에 의하여 주민에 대한 행정서비스가 제공되는 것이 전통적인 방법이라 할 수 있다.[9]
공공도서관 서비스는 많은 공공서비스들이 민영화되어 가고 있지만 아직도 전통적인 방법에 의하여 대부분 지방정부가 직접운영하고 있기는 하다.

그러나 앞으로 사회구조의 다원화, 국민소득의 증가, 과학기술의 발전 등으로 지방정부에 대한 행정서비스의 질·양적인 측면에서 공급이 확대요구 될 것이고 이에 따른 막대한 재정부담과 동시에 작은

---

8) D.J Sayer, 임명순, 남영준, 오동근(공역), 공공도서관운영론(서울:구비무역, 1991), pp. 104.
9) 이성복, 도시행정론(서울:法之社, 2000), pp. 392.

정부의 요구로 공공도서관 서비스 공급에 있어 점차 전통적인 방법에서 민간위탁 같은 새로운 방안이 계속 제기 될 것으로 전망되고 있다.

Savas는 공공도서관과 같은 집단대 성격이 강한 공공서비스 공급유형으로 그 배재의 불가능을 이유로 정부의 직접공급(전통적인 방법), 정부간 계약, 민간과의 계약(민간위탁), 그리고 자원조직공급이라는 4가지 방안을 제시하고 있는데 다음과 같다.10)

① 정부의 직접공급(Goverment service)

정부기관이 공무원을 고용하여 서비스를 제공하는 전통적인 방법이다. 정부가 서비스제공자 뿐만 아니라 생산자로서 움직이는 정부의 직접공급으로 대부분 조세로 재원이 조달되고 이용자 요금이 형식적이거나 무료인 경우가 많다. 또한 공공도서관의 경우는 소방이나 쓰레기수거와 같이 가장 지방적인 특징을 가지고 있기 때문에 중앙정부보다는 지방정부차원에서 공급되는 것이 일반적이다.

② 정부간의 계약(intergoverment agreement)

지방정부간 협정을 통하여 공공서비스를 제공하는 것으로 우리 나라와 같이 지방자치의 기반이 없는 곳에서는 생소하지만 앞으로 공공도서관 운영에 있어 가장 많이 연구되어야 할 서비스 공급방안이라 할 수 있다. 계약(agreement)이나 협정(contract)의 형태로 나타나는 정부간의 계약은 대체로 지방자치단체가 특정서비스를 공급하기 위하여 계약을 통하여 다른 자치단체를 이용하는 것이다.11)

지방정부간의 계약에 의하여 공공서비스를 공급하는 제도는 지방자치의 성숙과 비례하게 되는데 우리나라에도 지방자치법 141조 사무위탁규정에 따라 근거를 가지고 있지만 아직까지 활성화되어 있지 않다.

---

10) Savas, op. cit, pp. 94.
11) 박종화·윤대식·이종렬, 도시행정론(서울:대영문화사, 1994) pp. 489.

③ 민간과의 계약(contract)

공공서비스를 공급하는 정부가 영리 또는 비영리단체와 계약은 맺어 서비스를 시민에게 공급한다. 자치단체가 민간과 계약을 맺는 것은 주로 비용절감 때문이고 다른 이유가 있다면 지방정부가 가지고 있지 않는 고도의 전문기술을 민간에서 찾는 것 그리고 사회복지사업같은 특수한 경우가 일반적이다.

④ 자원봉사(voluntary)

공공서비스를 공급하는데 있어 대가 없이 노력을 제공하는 지원자(voluntary service without pay)로서 전부 또는 일부가 충원되기도 한다.   미국과 같이 도서관시스템이 발전된 선진사회에서는 공공도서관 뿐만 아니라 우체국, 박물관, 공원, 경찰보조 등 공공성이 있는 단체나 기관에서는 자원봉사자들이 중요한 역할을 하는 것이 일반적이다. 그러나 공공도서관과 같은 비영리공공기관에 자원봉사제도가 정착되기 위해서는 제도적으로 자원봉사를 장려하는 분위기가 사회적으로 성숙되어 있어야 한다.

(3) 공공도서관과 위탁관리

1) 위탁관리의 방식

공공도서관의 위탁은 국가나 지방자치단체가 비용부담과 최종적인 관리책임을 유보하면서 다른 행정기관·법인단체·연구기관·개인 등에 사무를 맡겨 처리하거나 운영하는 방식으로 설명된다.[12]

그러나 다른 행정기관으로 위탁은 이미 도시경영학작인 Savas의 분류에 따라 정부간 계약에 의한 또 다른 정부의 공급으로 보기 때문에 개인이나 단체 등에 도서관 사무를 부여하는 것을 위탁관리의 범위로만 한정하기로 한다. 공공도서관 같은 공공서비스공급의 위탁

---

12) 윤희윤, "공공도서관위탁구상의 쟁점분석과 대응방안", 도서관 1998, 가을호, pp. 6-8.

방식은 대부분 자치단체가 시설을 소유하고 운영비는 민간과 공동부
담 혹은 전부 부담하면서 민간에게 운영과 봉사를 위탁하는 것이 일
반적이다.

그 방식은 3가지로 분류되는데

① 순수민간위탁 : 개인이나 단체(협회, 조합)에 위탁하는 경우로
공공도서관의 일부업무(경비, 주차장, 청소업무)을 아웃소싱
(outsouring)하는 경우가 여기에 해당된다. 도서관의 경우 부차적인
업무를 외부자원에 의존하는 대신에 내부의 인적 및 물적 역량을 핵
심기능에 집중하는 경영전략의 도구로 설명된다.[13]
앞으로 공공도서관의 경우 단순한 기능업무나 전문기술이 요구되는
업무 등은 아웃소싱되어지는 사례가 증가 될 것으로 전망된다.

② 재단 또는 공단(공사)위탁 : 공공사무를 수행할 목적으로 특별
법에 의해 설립된, 특별법인이나 민법에 근거하여 설립된 재단법인
및 사단법인에 공공도서관을 위탁하는 경우로 지방자치단체가 위부
단체에 사회교육시설의 관리를 위탁할 때 법인을 설립하여 위탁하는
것이 일반적이다.

일본의 경우 1970년대 중엽부터 사회교육·체육시설의 공사위탁이
시작되었는데 일반적으로 재단법인의 형태를 가지고 있으며 사회교
육시설관리공사로 칭한다.

우리 나라에서는 시설관리공단의 형태가 일반적인데 경기도의 경
우 의정부시립도서관(1995) 성남시의 중원정보문화센타(1999), 연천군
립도서관(20000을 그 지역의 시설관리공단에서 관리하고 있으며 행
정자치부가 '98년 12월22일 각 시·도에 배부한 자치단체사무의 민간
위탁추진지침에 따라각 시·군에서 일부 추진한 사례가 있었다.
그리고 지역에 있는 문화원에서 관리하고 있는 서울의 중랑구립도서

---

13) 윤희윤, "도서관의 아웃소싱:빛과 그림자", 경기도 사서연구회지 18호
    (2000. 6) p. 4.

관(19990과 광진구립도서관(예정)_ 그리고 재단법인인 YMCA가 관
리하는 광주시 서구문화센타(2000)나 강서구 지역정보센타가 관리하
는 강서구립정보도서관(1998)이 이러한 방식에 속한다고 하겠다. 앞
으로 우리 나라에서도 공공도서관이 이 방식에 의한 위탁관리가 증
가될 것으로 전망되고 있으므로 이 분야에 대하여 많은 연구와 검토
가 필요할 것으로 생각된다.

③ 제3섹타(third sector)위탁

교회·지역사회단체·소비자단체와 같이 정부부문과 민간부문이
모두 할 수 없거나 충분히 수행되지 않는 일들을 제도화하기 위해서
발생된 조직으로 일본에서 유행되는 용어라 할 수 있다. 그러나 아직
공공도서관을 제3섹타가 위탁관리하는 사례는 거의 없다

2) 위탁관리의 배경

최근 공공도서관의 위탁관리가 공식적으로 제기 된 것은 1998년에
국가예산기획처에서 96개 정부사업 민간이양추진을 발표하면서 국립
중앙도서관을 포함시킨 것이라 할 수 있다.

물론 1997년도에 광주광역시에서 시립도서관 민간위탁이 추진되었
다가 보류된 바 있었고 경기도지역에서는 일부 시·군에서 시설관리
공단 위탁도 추진한 사례도 있었다.

공공도서관은 위탁관리하고자 하는 시도는 지금까지 자치단체산하
공공도서관의 경우에만 발생하고 있는데 이는 공무원총정원제도와
행정자치부의 자치단체사무의 민간위탁추진지침('98. 12. 22)의 영향
이 매우 크다고 할 수 있다.

그러나 일본은 1980년대에 지방개혁이나 도시경영론의 영향을 강
하게 받아 1981년 京都(교토)市중앙도서관을 시초로 廣島(히로시마)
시, 和光(와코)시, 足立(아다치)구 등에서 시도된 바 있는데14), 그 당
시 위탁관리의 목적으로 연중개관과 유연한 운영을 통한 서비스 실

---

14) 大澤正雄, "앞으로 도서관운영을 위하여:, 도서관문화, '97. 5. 6, p. 50.

현에 두고 있어 우리나라와는 다소 차이가 있다 하겠다. 그럼 추진지
침과 총정원제를 살펴 보기로 한다.
 - 자치단체사무의 민간위탁추진지침 ('98. 12. 22)
 최근 자치단체산하 공공도서관 위탁관리의 지침이 되고 있는 행정
자치부의 지침은 이른바 지방자치단체의 사무를 과감히 민간에 위탁
하여 생산성을 높이고 경영 시장원리를 도입하는 등 조직혁신을 기
하기 위한 추진시책이라고 설명하고 있다.
공공도서관을 위탁가능사무의 중점 선정 대상에서 비영리 사회단체
에 재정보조를 통해서 관리가 효율적인 기능으로 분류되어 있으며
자치단체의 지역실정에 맞는 위탁대상을 탄력조정 할 것을 권고 하
고 있다. 행정자치부는 이 지침에 따라 도서관을 2002년까지 민간위
탁 대상으로 예시하고 있는 실정이다.
최근 이 자료를 검토하면서 행정자치부에 질의한 내용과 답변은 다
음과 같다

 게시자 김지봉 **게시일** 2000.09.14 19:00:27
 제 목 민간위탁에 대한 질의
 질 문 자치단체사무의 민간위탁추진지침(98.12.22)를 보면 도서관은
비영리 사회단체에 재정보조를 통해서 관리가 효율적인 기능으로 분류
되어 있고 2002년까지 민간위탁할 것으로 예시되어 있습니다. 아직도 이
지침이 유효한 것인지 그리고 공공도서관이 과연 민간위탁사업으로 타
당한지 행자부의 견해를 알고 싶습니다.
 답 변 먼저 결론적으로 말씀드리면 도서관의 업무 기능은 지방자치
단체 사무중 주민의 권리의무에 직접 관련이 없는 비권력적 시설 관리
업무라 할 수 있으며 주민에 대한 서비스 제공이 주기능이라 할 수 있
습니다. 따라서 지방자치법 제95조제3항에 의거 민간위탁이 가능하며 동
지침은 유효합니다. 또한 민간위탁지침상 연별로 위탁사무를 따라 탄력
적인 운영이 가능하며, 공공도서관의 민간위탁사업으로 선정은 당해 자
치단체가 결정할 사안이지만 보다 저렴한 경비로 공공성을 유지하면서

주민에게 서비스를 효율적으로 제공할 수 있다면 도서관뿐 아니라 지자치 단체의 모든 공공시설들은 위탁사업 선정으로 가능하다는 점을 말씀드립니다.

아울러 비영리단체에 민간위탁토록 한 것은 수탁업체가 지나친 이윤추구로 서비스의 질이 저하될 우려가 있기 때문이며 특히, 선진외국의 경우 도서관은 거의 민영화 또는 민간위탁으로 운영하고 있으며 민간을 통해 보다 양질의 서비스를 제공하고 있다는 점을 참고하여 주시기 바랍니다.   (자치제도과   02-3703-4830)

(표2) 민간위탁 예시대상

년도 구분	1999	2000	2001~2002
시설관리 분 야	· 하수처리장 · 공원시설관리 · 쓰레기소각로 · 가로등관리 · 휴양림관리	· 체육관리시설 · 문화시설 · 장묘관리 · 사회복지시설	· 청소년수련시설 · 공영도매시장 · 도로관리 · 도서관
장비관리 분 야	· 통근버스 렌트 · 일반차량	· 중장비 관리	
일반사무 분 야	· 폐기물수거 · 재활용품 선별 · 주차 및 주정차 단속	· 청사관리 · 보건방역 · 가족계획	· 민간교육기능 · 시험연구기능

자료 : 행정자치부, 자치단체사무의 민간위탁추진지침, '98. 12. 22, p13

- 공무원 총 정원제도

공공도서관의 관리위탁에 또 다른 영향을 주고 있는 것이 공무원 총정원제 라고 할 수 있는데 근거가 되는 "국가공무원총정원령" (1998. 12. 31 대통령령 15995호)의 목적을 보면 공무원 정원의 최고한도를 규정함으로써 정부인력의 효율적인 운영을 도모하는 데 있다고 하는데 현재 국가공무원 총정원은 273,982명으로 규정하고 있다.

또한 지방자치단체도 지방자치법 제 103조에 따라 총정원제를 유지하고 있는데 예를 들어 경기도가 경기도지방공무원정원조례(조례 3020호. 2000. 7. 24 개정)에 따라 총정원을 5,572명(집행기관 2,255명. 소방직 3,195명. 의회사무처 127명)으로 정하고 있다.

이 제도의 영향으로 신규로 건립되고 있는 공공도서관은 사실상 사서직 총원이 거의 불가능하거나 어렵기 때문에 도서관의 위탁관리는 행정자치부의 의도대로 추진되는 것처럼 보인다.15)

- 시설복합화에 따른 위탁관리

올해 1월에 개관한 광주광역시 서구문화센타는 문예회관, 청소년수련관, 공공도서관, 민방위교육장을 설치하고 광주 YMCA와 위탁관리 계약을 체결하여 운영하고 있다. 광주광역시 서구문화센타는 서구문화센타 설치 및 운영조례(2000. 1. 18 조례541호)16조에서 20조까지를 근거로 하여 위탁관리 하고 있는데 앞으로 이러한 유형의 시설의 복합화는 지방자치의 정착에 따른 문화복지 수요 확대로 증가될 전망에 있다.

과거 일본에서도 도서관, 사회교육관, 사회체육관으로 이루어지는 지역복합시설이 일체적 운영이 가능해짐을 이유 중에 하나로 들고 관리위탁을 시행했던 사례가 있었는데 바로 東京都의 調布市의 경우이다. 1990년대에 들어서자 평생교육이라는 이름아래 종합시설. 문화시설이 적극적으로 만들어지게 되었다. 문화시설. 홀 등과 도서관을 일체화시킨 형태로 시설이 세워지고 도서관을 포함한 전체시설의 운영을 위탁하는 안도 동시에 제안되었는데 調布시는 1995년 8월 위탁관리를 제안한지 1년 반만에 시민들의 반대운동과 동경도 교육청의 권고 등으로 철회하였지만 이런 사례가 계속 추진될 가능성은 있다.

---

15) 성남시청에서 '98. 4. 28에 개최된 도서관운영방안토론회에서 성남시 기획관리실장은 신축중인 4개도서관(중원, 분당, 수원, 중앙)가운데 일부는 관리위탁대상으로 검토하고 있는데 가장 큰 이유가 바로 사서직총원이 어렵기 때문이라고 언급한바 있다.

이런 사례는 우리나라 경우 의정부시가 1995년 시민회관 운영을 시설관리공단에 위탁하면서 시민회관 내에 있는 도서관도 자동적으로 위탁하게 되는 것과 유사하다고 할 수 있다.

3) 위탁관리의 문제점과 사례

국내외를 막론하고 공공서비스 공급의 민간위탁에 대해서는 물론 찬반양론이 혼재하고 있다. 도시경영학이나 행정학의 입장에서는 민간화를 지방자치경영에 측면에서 보기 때문에 점차 확대하는 것을 찬성하는 입장이지만 해당서비스분야의 관계자나 학계에서는 반대하는 경우가 많다.

적은 비용으로 양질의 서비스를 제공하여야 하는 효율성이론이 점차 지배적 위치를 확보함에 따라 공공서비스의 민간화가 시대적 대안으로 인식되는 가운데 민간위탁이 확대되었고 복지서비스를 물론 도서관을 비롯한 문화기관에도 적용되는 추세이다.[16]

문제는 서비스의 수혜자인 주민이 서비스의 공급에 대하여 어떻게 평가하는가에 달려 있다고 하겠지만 계량화가 쉽지 않기 때문에 판단기준도 모호하다. 결국 그 사회의 특성과 문화수준에 따라 정책적으로 추진방향이 결정될 것으로 보인다. 그럼 공공도서관 위탁관리에 대한 찬반양론에 대하여 서술한 것을 비교하면서 문제점을 도출하여 보기로 한다.

최근 서울의 중랑구립도서관이 '99년 3월에 문화원에 위탁하였고 올해 6월에는 성남시 중원정보문화센타를 시 시설관리공단에 위탁한바 있는데 그 위탁사유는 거의 비슷하다.

위탁의 목적으로 도서관의 위탁운영은 정부기구 및 조직개편과 정부의 민간위탁정책에 부합되며 관료조직의 경직성을 피하고 시 재정부담을 최소화를 제시하고 있다.[17]

---

16) 윤희윤, "공공도서관위탁구성의 쟁점 분석과 대응방안:, 도서관, 1998 가을호, p. 7.
17) 성남시 도서관지원사업소, "도서관운영방안정책토론회자료", 1994. 4.

그러나 아직까지 우리나라에서는 공공도서관의 위탁사례가 거의 없었기 때문에 시행착오를 우려하고 있으며 예상문제점으로 다음과 같은 사항을 예시하고 있는데 도서관계의 견해와 거의 비슷하다.

▷ 수익자부담원칙의 적용으로 공공도서관의 공익성 훼손과 도서 관 및 독서진흥법에 의하지 않은 파행적 운영 우려

▷ 예산, 결산의 통제장치미흡으로 공공시설의 사유화 우려

▷ 시장경제원리에 의한 사서직 최소화로 전문성 저해

▷ 값싼 인력, 과도한 근무로 업무개선 및 서비스 질 저하 우려

▷ 연중개관으로 직원간 업무협조가 미흡하고 자료정리 부실우려

▷ 운영부담최소화에만 치중 시 공공성 훼손 우려

▷ 장애인 노인 등에 대한 서비스 질 저하 우려

또한 도서관 단체에서는 도서관이 위탁관리 되었을 경우 공공성이 훼손되고 서비스 수준의 저하를 우려하는 것이 일반적이지만 현장사서들은 공무원 신분의 변동과 구조조정이나 감량경영에 다른 신분 불안정을 우려하고 있다.

1980년대부터 도서관의 위탁관리의 경험이 있는 일본에서도 공공도서관을 위탁관리하고 있는 지방공사의 단점으로 다음의 사항을 예시하고 있는데 향후 우리 나라에 많은 참고가 될 것이다.

▷ 지방공사는 본래 행정과 민간 각 장점(공공성과 능률성)을 살리 기 위하여 설립된 것임에도 불구하고 단점(경직성과 영리성)만 나타나는 병리(病理)현상이 나타나게 된다.[18]

▷ 행정책임의 소재가 명확하지 않다.

▷ 의회나 주민에 의한 민주적 통제가 불충분하다.

▷ 직원의 신분보장과 능력이 확보되지 않아 전문직 채용이 어려 워 서비스수준이 저하된다.

28, pp. 5-6.

18) 藥袋秀樹, "지방공사에 의한 관리위탁의 현상과 문제점", 공립도서관의 관리위탁과 지방공사, 경기도사서연구회지 15호('98. 12) p. 71.

▷ 인사관리에 어려움이 있고 정치적으로 이용되는 경우가 많다.

그러면 일본에서 가장 먼저 위탁관리를 시행하였고 가장 대표적인 사례라 할 수 있는 京都(교토)시의 경우를 살펴보기로 한다.

1980년 9월 교토시교육위원회가 京都社會敎育振興財團을 설립하여 社會敎育總合센터와 교토시립도서관을 관리·운영하는 계획을 발표하였다. 이어 1981년 4월 교토시립도서관은 일본지방자치단체가 운영하는 최초의 중앙도서관이 되었다. 시교육위원회는 재단위탁의 사유로 행정관서의 경직된 운영을 피하고 민간의 유연한 운영으로 연중개관(通年開館)을 실시하여 주민에 대한 서비스수준을 향상시킨다는 논리를 제시하였다. 그러나 실지로 위탁관리의 목적은 이른바 減量經營에 있었다. 사실 교토시가 이런 조치를 취한 배경에는 1981년 7월 중앙정부의 임시행정조사회의 1차 회신에서 "사회복지시설. 사회교육시설 등의 공공시설은 민영화, 관리. 운영의 민간위탁 그리고 비상근 직원의 활용. 지역주민의 자원봉사자활동등을 지역실정에 맞게 적극 활용하는 것을 적극 추진하여야 한다."[19)라고 한 것처럼 이 시기에 일본 중앙정부가 행정개혁을 추진하고 있었기 때문이었다.

처음에는 개관과 동시에 전면위탁을 계획하였지만 문부성의 조언과 지역주민의 반대운동으로 도서관업무를 근간업무(根幹業務: 운영방침. 기획입안. 자료선택. 참고봉사)와 비근간업무(非根幹業務 :대출업무를 포함한 일상 업무)로 구분하여 후자는 재단에 위탁하였고 전자는 시가 직접 운영하는 이원적 구조를 가지게 되었고 직원의 고용형태도 7종류나 되었다.

시당국이 업무와 직원종류를 구분한 것은 연중개관을 하여 유연한 경영을 위한 것이라고 했는데 실지로 '90년대에 와서 도서관은 5개관에서 15개관으로 늘어났고 시민1인당 대출 책 수는 0.6책에서 2.7책

---

19) 石銃久芳, "도서관을 바른길로 발전시키자" 도서관문화, '97. 3. 4, pp. 5-60.

으로 비약적으로 상승하여 전국 평균 수준은 도달 할 수는 있었다. 그러나 재단직원은 도서관경영에 참여할 수가 없었기 때문에 시 직원과의 갈등이 있었고 도서관서비스에 다양한 모순과 곤란을 초래하는 원인을 제공하였다. 결국 아무리 시간이 지나도 좋아지지 않는 도서관으로 평가가 나오기 시작했고 최근 인근 도시의 도서관들과 통계수치로 비교한 결과를 보면 가장 서비스수준이 낙후된 도서관으로 평가받고 있다.[20] 위탁관리의 명분이었던 연중개관도 1992년 9월에 중지되었는데 참고로 교토시립도서관의 직원 수는 154명이고 이중 시 직원이 72명, 재단직원은 82명인데 재단 직원 가운데 52명은 시간제 촉탁원으로 구성되어 있어 근로조건이 매우 열악하다.

우리나라는 아직까지 도서관의 위탁관리를 어느 정도 평가할 만큼 위탁사례가 없다. 의정부시립도서관이 1995년도 9월 시설관리공단에 위탁되었지만 시설복합화에 따른 시설위탁의 경우이기 때문에 평가 대상이 되기에는 역부족이다.

1999년 3월에 개관한 서울의 중랑구립도서관은 사실상 최초의 민간위탁사례 할 수 있지만 겨우 1년반의 운영결과로 위탁관리의 장단점을 파악하기에는 아직까지 시기상조라 할 수 있다. 그러나 서울의 교육청이 운영하는 도서관과 간단한 통계수치로 비교하면서 일단 살펴보기로 한다.

총 사업비 101억원을 투자한 중랑도서관은 '96년 12월에 착공하여 본래 '98년 9월에 개관할 예정이었다. 서울시가 주도하는 1구 1도서관 건립계획에 따라 추진된 10개 구립도서관의 건립은 기존의 22개 교육청운영도서관과 차별화를 위하여 이른바 뉴미디어를 활용한 각종 문화서비스 기능을 강화하고 지역주민을 상호간에 커뮤니케이션을 원활하게 하는 "정보도서관"이라는 모델을 제시하기도 하였다.[21]

---

20) 京都市圖書館調査委員會, 京都市圖書館調査報告書, 1994. p. 11.
21) 서울시정개발연구원, "지역정보도서관의 설치 및 운영에 관한 연구", 1996, p. 15.

그러나 도서관개관에 즈음하여 연간 15억원 규모의 운영비를 포함하여 운영주체 문제로 서울시, 구청 및 교육청간 의견조정이 되지 않게 되자 '99년 3월에 부득이 문화원에 위탁관리되어 개관하게 되었다. 사실 중랑도서관의 경우는 우리나라 도서관 정책부재에 따른 민간위탁사례라고 할 수 있다.

그럼 중랑도서관을 시설이나 직원수가 비슷한 인근의 교육청산하 중계도서관과 간단한 통계수치로 비교를 하여 보기로 한다.

(표3) 중랑도서관과 중계도서관 비교

구분	봉사 인구	장서	직원수 (사서)	시설		열람실 (석)	1999년도 예선(단위천원)			
				부지 (m)	건평 (m)		인건비	자료 구입비	기타 운영비	계
중계	586,997	130,229	29 (11)	3055	3401	800	662,510	64,999	424844	1152353
중랑	461,365	32,400	28 (11)	3309	3461	552	491,985	131,834	238,892	862720

(표3)의 비교를 보면 아직 중랑도서관은 개관된지 1년 정도이기 때문에 소장자료는 아직까지 중계도서관에 비하면 상대적으로 부족한 것은 당연하다고 하겠다. 그렇지만 도서관의 직원수는 비슷하고 자료 구입비는 중계도서관에 비하여 2배 이상 많이 편성되어 있다.

그러나 민간위탁된 중랑도서관은 예상대로 인건비가 중계도서관보다는 2억원 정도의 차이가 나고 있는데 일본의 경우처럼 민간위탁은 인건비 절감에 있음을 보여준다.

이와 더불어 민간위탁 도서관은 그동안 직원의 신분불안정에 따른 서비스 수준저하가 계속 지적되어 왔는데 중랑도서관 경우도 1년동안 직원 26명(문화원과 구청파견 직원 2명제외)에서 9명이 전직하여 35%의 이직율을 보여주고 있다. 그러나 아직까지 민간위탁기간이 충분하지 않아 일반적인 경영상태를 평가하기에는 용이하지 않다. 또한 교육청운영 도서관들도 역시 전반적으로 도서관여건이 기본적으로 열악하여 경영상태기 만족스러운 수준은 아니기 때문에 민간위탁 도서관과 객관적인 비교평가가 어렵다고 하겠다.

(4) 위탁관리의 가능성과 도서관의 효율적 운영

1) 시작부터 잘못된 위탁관리

1980년대 일본의 일부도시에서 시작된 공공도서관의 위탁관리는 도서관법등 법률의 제약을 초월하여 보다 질 높은 서비스제공이라는 명분을 제시하고 이를 위한 재단법인을 설립하였다.

일본의 도서관전문가들은 위탁된 도서관들이 처음에는 자치체의 관심과 예산지원 그리고 담당자들의 정성으로 좋은 도서관으로 출발은 할 수 있을 것으로 전망은 하고 있지만 그 수준이 계속 유지 될 수 있는 가에는 많은 의문점을 제기하고 있다.

그러나 우리나라에서 최근 일부 시행되고 있는 도서관의 위탁관리는 일본을 비롯한 외국의 경우와는 시작부터가 다르다. 먼저 서울의 중랑구립도서관의 민간위탁의 배경에는 서울시와 시교육청·구청간 운영주체로 인한 의견차이 때문인데 결국 도서관 행정이원화에서 오는 정책부재가 민간위탁으로 가게 되었다. 또 성남시의 경우 공무원 총 정원제에 따른 사서직 공무원 확보의 어려움으로 공공도서관과 전혀 관련이 없는 시설관리공단(1997년 4월 설립)에 위탁되었다.

사실 시설관리공단은 지방공기업법의 개정(1980년)으로 도입되었는데 공공시설(주차시설.체육시설.복지시설.위락시설등)관리와 같은 일반행정의 전문화와 효율화를 위한 대행운영을 목적으로 하고 있는 수익성 사업단체이다. 최근 지나치게 다양한 사업을 수행함에 따라 전문성확보가 한계에 달하고 있어 앞으로 수지전망이 불투명한 상태에 있어22) 공공도서관에 대한 투자의 가능성은 거의 없다고 하겠다.

앞으로 시설관리공단이 도서관을 위탁운영 하게 되는 가능성이 높아지고 있는데 운영을 담당한다고 해도 기존의 도서관과 거의 비슷한 예산과 인원이 투입될 것으로 예상되고 있다. 그렇지만 공단의 수익성을 추구하는 경영원리로 처음 수준을 유지하기가 어렵기 때문에 서비스수준은 계속 저하될 것은 분명하다.

2) 공공도서관의 빈곤과 위탁관리

도서관의 위탁관리를 추진하는데 있어 또 다른 문제는 우리 나라 도서관이 아직도 후진국 수준에서 벗어나고 있지 못하고 있다는 것이다.

인구 1,000만이 넘는 서울의 경우를 보면 공립공공도서관이 25개관에 불과하고 인구1인당 장서수는 0.36권 정도밖에 되지 않는다. 또 서울은 도서관의 서비스 수준이라 할 수 있는 연간 인구 1인당 대출책 수도 0.5권 정도에 불과해 인구가 비슷한 일본 동경의 10분의 1수준 밖에 되지 않는다.

일본 동경도의 공공도서관이 광역자치단체인 도정부가 직접 운영하는 3개의 중앙관을 포함하여 385개관이 운영되고 있는 것과 비교한다면 서울의 공공도서관 수준은 너무 초라하다고 하겠다.

서울의 도서관 예산은 연간 300억원으로 인구1인당 도서관운영비는 2800원 정도인데 일본 동경도의 3개 중앙도서관 연간예산만도 인건비를 제외하고도 170억원 규모와 비교하면 서울의 도서관 수준을 짐작할 수 있다.

올해 2월 1일 대통령이 국무회의에서 도서관정보화 대책을 지시하여 3월 14일 2002년까지 3,068억원이 투자되는 도서관정보화추진종합계획이 발표된 것도 사실 서울의 도서관이 매우 열악하다는 여론이 연초에 있었기 때문이다.

만약 열악한 서울의 도서관이 이런 상태에서 민간위탁이 추진된다

---

22) 배용수 "지방자치 경영론" 법문사, 2000 pp. 121-122.

고 해도 지금 25개 공공도서관에 근무하고 있는 사서 320명(1개관당 13명 수준)으로도 이른바 서비스 수준 향상은 어려울 것으로 전망되기 때문에 위탁관리의 핵심인 인건비절감은 거의 불가능 할 것이다. 참고로 1998년 12월 30일자 조선일보 사설 "서울의 도서관 빈곤"를 다음과 같이 소개한다. 서울에는 현재 29개의 공공도서관이 있다. 외견상으로 보면 한區(구)에 한군데 이상의 공공도서관이 마련되어 있는 셈이다. 하지만 실제로 보면 10개의 區에는 공공도서관이 아직 한 군데도 없다. 그나마 쓸만한 사립도서관조차 없는 곳이 9개구나 되어 서울시민 중 3백50만 인구는 도서관의 혜택을 입지 못하고 있다는 계산이다. 이것은 수도 서울의 문화 인프라가 선진국의 기준에서 볼 때 얼마나 형편없이 뒤지고 있는가를 단적으로 깨닫게 한다는 점에서 한심스러운 일이다. 그러나 더 우려스러운 것은 공공도서관의 수적인 부족만이 아니라 그質(질)과 운영 문제다. 지금 있는 도서관도 처음부터 도서관으로 쓸 목적으로 지어진 것은 10개도 못되고 거의 다른 용도로 쓰던 건물을 개조해 이용하고 있어서 시설문제가 제기되는 것은 당연하다. 일부도서관은 교통의 시각지대에 있어서 버스를 내려서 거의 20분은 걸어야 하는 외진 곳에 위치한 것도 있다.

이런 형편이니 공공도서관이 주민의 문화사랑방 구실은 커녕 아예 외면될 수밖에 없다.

서울시가 99년까지 도서관 없는 구를 없앤다는 계획을 추진한다는 것은 기대되지만 더 중요한 것은 형식적으로 숫자만 채우는 도서관 설치가 아니라 실질적으로 시민의 정보문화센터로 유용하게 또 활발하게 기능할 수 있는 도서관을 만드는 일일 것이다.

그럴 때 가장 중요한 것은 충분한 예산일 것이다. 지난해 서울지역의 도서관은 3백억원 정도의 예산을 썼다고 한다. 그중 인건비는 60%, 운영비가 26%, 자료비가 14%를 차지한다는 계산이다. 하지만 사립도서관을 제외한 공공도서관의 현실을 보면 참담하기 그지없다.

자료 구입비로 10% 이상을 지출한 도서관은 겨우 4곳에 불과하고 대부분은 5%대 심지어 3%에 머문 곳도 있었다. 도서자료가 없는 도서관이 이용자들에게 만족할만한 서비스를 할 수 없다는 것을 생각하면 서울의 공공도서관의 현실을 깨닫게 된다. 이런 상황에서 국제화시대에 걸맞는 정보화 도서관의 꿈이 실현되기에 기대하기는 어렵다. 따라서 우리는 서울시가 획기적인 도서관 대책을 마련하길 권하고 싶다. 외국의 경우 도서관을 짓고 운영하기 위한 稅目(세목)을 각 지방자치 단체별로 마련하여 도서관 예산을 충분히 확보하는 것이 통례라고 한다. 그것이 어려우면 적어도 교육세의 일부를 도서관용으로 떼어놓는 방안도 합리적일 것 같다. 지금 상황에서 도서관을 위한 거대한 시설투자가 어려우면 작은 도서관을 도처에 마련하는 노력이라도 강력히 추진하길 기대한다.

3) 도서관의 효율적 운영과 정책

지난 3월14일 발표된 도서관정보화추진정보계획을 보면 단순열람공간으로 인식되어온 도서관의 이용시스템과 환경을 정보화함으로써 인터넷시대를 맞이하여 정보통신을 통하여 고가치의 지식정보를 접할 수 있도록 도서관이 중심이 되어 다양한 정보를 체계적으로 수집. 제공하는 여건조성이 요구되고 있다고 했다. 그만큼 도서관주변의 환경이 크게 변화하고 있다는 것으로 해석된다.

더불어 공공도서관을 비롯한 공공서비스의 서비스환경개선을 위한 민간위탁도 계속 제기되어 왔지만 이미 공공분야에서도 고품질의 행정서비스를 위한 경영의 원리로 행정서비스헌장제도가 본격적으로 실시되고 있다.

향후 공공이나 민간부문에서 서비스수준의 향상을 위한 노력은 종전보다 많은 관심을 가지게 될 것으로 예상된다. 이 영향으로 공공도서관도 앞으로 비용을 최소화하고 업무수준을 상승시키는 방안들이 요구되고 있지만 그 바탕은 역시 도서관의 자기개혁과 더불어 그 과정을 뒷받침 해주는 시민들과의 상호작용이 있어야 하는 것이다.

먼저 좋은 도서관 만들기는 일단 도서관정책에 의해서 시작되는데 그 기본은 모든 주민이 균등하게 서비스를 받도록 하는데 있으며 이를 위하여 전역시스템이 요구된다. 사실 도서관의 직영이든 위탁운영이든 도서관서비스에 대한 시민의 만족도가 전제되어야 하기 때문이다.

전역시스템의 조건은 다음과 같다.

▷복수의 서비스포인트를 지향한 서비스망 계획
▷통일적인 서비스계획과 자료수집계획에 기한 전 시설의 운영23)
▷도서관으로서의 단일조직관리
▷효율적인 자료의 수집. 정리. 제공를 위한 집중관리
▷전 서비스 포인트로의 종합목록배치
▷예약도서의 집중관리
▷공통대출에 의한 전 서비스 포인트 대출. 반납
▷각 시설간 연락. 물류체계
▷서비스 포인트단위의 자료선택과 전체의 정리

그러나 우리나라에서는 아직도 도서관의 효율적인 운영을 위한 기반이 취약하기 때문에 도서관정책이 절실하다 하겠다. 도서관의 정책 없이 단지 위탁관리만을 강요하다가는 지금의 도서관의 어려운 여건을 더 열악하게 할 가능성이 많다. 도서관의 발전과 효율적인 운영을 위해서는 지역에 어울리는 도서관 정책이 전제되고 그 실현을 위하여 노력하는 것이 반드시 필요하다.

5) 결 론

공공도서관의 행정 효과는 장기간에 걸친 서비스 결과에 의하여 나타나는 것이다. 우리나라의 공공도서관은 양적이나 질적인 면에서 선진국보다 열악한 것은 분명하다. 그러므로 우리나라 공공도서관의

---

23) 우메히라 미노루, "공립도서관에 있어서 외부위탁현상과 문제점," 경기 도사서연구회지 '98.9. p. 41.

당면과제는 우선 수를 늘리고, 양질의 자료를 갖추는 것이다. 이러한 때에 도서관 정책을 위탁관리라는 경영측면에서 접근하기 보다는 사서, 시설, 자료라는 도서관 기반구축에 도서관 정책 수립을 해야 할 것으로 사료된다.

　최근 작은 정부를 지향하면서 경제성과 효율성 원칙에 따라 도서관이 위탁관리 되었을 경우 지금보다도 더 열악한 조건이 될 가능성이 많다. 행정자치부에서도 도서관을 위탁관리 할 대상으로 비영리 사회단체를 제시하고 있지만 도서관에 관련된 전문기관은 한국도서관협회를 제외하곤 전무한 실정이다. 지난 2월 1일 대통령이 국무회의에서 도서관정보정화 대책을 지시하면서 "21세기 지식기반사회를 지향하는데 있어 도서관의 역할은 매우 중요하나 도서관은 이에 대한 준비가 되어 있지 않다."고 지적한 바도 있다. 이제 도서관인들은 정부에서 요구하고 있는 위탁관리 방안보다 더 효율적이고 바람직한 정책을 개발해서 제시하고 설득할 시기가 아닌가 생각한다.

제8장 전자도서관 길라잡이

8.1 전자도서관이란 무엇인가

(1) 전자도서관이란 무엇인가

전자도서관을 나타내는 용어는 전자도서관/Electronic library, Digital library, 네트워크 도서관, 종이 없는 도서관/Paperless library, 가상도서관/Virtual library 등으로 다양하나, 이 중에서 현재 널리 쓰이는 말이 Digital Library 이다.

전자도서관의 정의나 개념은 구성 요소의 특징에 따라 달리 표현할 수 있으며, 또한 컴퓨터 신기술이 날로 발전하므로 도서관 구성도 그에 반영하여 상당히 가변적이라 할 수 있다. 전자도서관/Digital Library을 용어 그대로 풀어 설명하면 전자화/digitalized한 도서관이다. 전자화란 정보를 구성할 data를 —전통적인 종이(인쇄) 매체가 아닌— 전자 저장 매체들(CD-ROM, HDD, DVD 등 저장 용량이 날로 커지고 있는 저장 장치들)에 전기적 부호나 신호(digital : 0,1 의 2진수, 컴퓨터는 이를 해석할 수 있다.)로 저장하는 것을 말한다. 쉽게 이해하자면, 전통적인 인쇄 매체/analog를 어떻게 전기적 부호(digital 값)로 바꾸어/convert=digitalize 디지털 도서관을 구성하는가의 문제인 것이다.[1] 디지털 도서관은 도서 이외에 음성, 화상, 동영상으로

---

1) http://www.lg.or.kr/digilib/lecture/edu1.htm.

된 기존의 여러 미디어를 전자미디어에 축적하는 기술, 이것들의 정보를 조직 색인하고 검색할 수 있는 새로운 정보관리기술 및 이것들의 데이터를 원격지에 송신할 수 있는 통신기술이 결합되는 것이 가능한 것이다. 종합하면 디지털 도서관이란 '분산되어 있는 멀티미디어 정보를 서비스할 수 있는 환경과 각종 서비스를 효과적으로 제공할 수 있는 기술을 통합한 체계'이며, 또한 '도서관의 각종 원문자료를 디지털형태로 저장하고, 관리하여 이용자가 네트워크를 이용하여 언제 어디서나 원하는 정보를 온라인으로 검색하고 활용할 수 있도록 서비스하는 도서관'[2]이라 할 수 있다. LG 상남도서관을 예로 들어보면, 종이 매체를 스캔하여 전자 이미지 파일로 변환하고, 이에서 초록을 추출(방법은 문자인식/OCR이나 초록 직접 입력/tape을 통해서)하여 검색이 가능한 text file로 만들어 원문 이미지 파일과 Matching하여(DB를 구성) 탐색/Browsing/Searching, 전송/Transmit, 보기/Display 과정을 거치는 정보시스템을 구축한 것이다.

⑵ 전자도서관의 기대효과

전자도서관 도서관을 구축함으로서 얻을 수 있는 효과를 이용자 입장과 사용자 입장에서 보면 다음과 같다.

이용자 입장에서는

① 원격이용이 가능하다.

② 이용시간대에 제한을 받지 않는다.

③ 뛰어난 검색기능의 지원을 받아 정보탐색 시간을 줄일 수 있다.

④ 여러 사람이 동시에 같은 자료에 접근할 수 있다.

도서관 입장에서는

① 작은 공간에서도 도서관을 운영할 수 있다.

---

2) http://www.dowon.com/education/student/yhl/digital.htm

② 인력과 운영예산을 줄이고, 직원들이 단순업무에서 벗어날 수 있다.

③ 서비스 대상 이용자, 지역의 범위를 무한대로 넓힐 수 있다.

④ 자료의 미 회수, 분실 및 훼손 등의 위험이 없다.

8.2 국가전자도서관3)

(1) 국가전자도서관 사업

 1) 어떻게 해서 추진하게 되었나

국내 주요 도서관을 연계하여 국가정보능력을 신장시키고 지역간 균형있는 발전을 도모하기 위하여 추진하게 되었다.

또한 향후 전국 도서관들을 연결하여 국가문헌정보유통체제를 구축하는 정보화 기반을 확립하기 위하여 초고속정보통신망 구축계획에 맞춰 1996년부터 추진해 왔는데, 구체적인 배경은 다음과 같다.

① 정보혁명에 대하여 국민들에게 인식시키는 수단으로 삼고 초고속정보통신망의 주요 응용서비스를 부각시키다.

 * 국민이 쉽게 이해하고 접근할 수 있는 보편적인 초고속응용서비스를 하기 위하여

 * 국제적으로 초고속정보통신망을 이용한 중요한 응용분야로 전자도서관을 부각하기 위하여

 * 전통적인 정보이용 방법에 대한 이용자들의 인식의 변화로 도서관 활성화 방안으로써 정보통신기술을 도입하기 위하여

 * 기존의 도서관 접근방법에 대한 이용자들의 욕구불만 증가하기

---

3) http://www.dlibrary.go.kr/korean/info/index.html

때문에
  * 정보이용자들의 정보접근에 대한 마인드를 변화시키기 위하여
  * 정보요구에 대한 신속성과 대응하기 위한 방안으로 인터넷의 활용을 모색하기 위하여
  ② 선진 각국에서도 전자도서관 구축을 국가적 추진하고 있다.
  * 정보화 시대의 새로운 국가경쟁력 지표로 평가하기 위하여
  ③ 국내의 초고속정보통신망을 구축하고 보급을 확대한다.

2) 국가전자도서관의 필요성

전자도서관 정보서비스 체계의 시범적 효과를 바탕으로 국가 정보자원의 공유체제를 확대 발전시켜 연구자들은 물론 일반 국민들에게까지 온라인으로 필요한 정보를 제공함으로써 21세기 지식정보화 사회에서 국가경쟁력을 강화하고자 한다.

  ① 모든 국민이 지역, 시간의 제약없이 도서관에 접근하여 필요한 자료를 획득하기 위하여
  ② 정보획득 시간 단축으로 국내 연구자들의 연구력을 증진시키기 위여
  ③ 정보화의 지역격차를 해소하기 위하여
  ④ 주요 전자도서관의 통합 연동체제를 마련하기 위하여
  ⑤ 국내 도서관의 전자도서관 사업을 촉진시키기 위하여
  ⑥ 주요 도서관별 대상분야 조정으로 중복투자를 방지하기 위하여

3) 국가전자도서관의 기대효과

① 고용창출 효과
  * 최근 발생되는 청·장년 층의 대규모 고용창출
  * 도서관, 문화, 교육기관 등의 전국적인 정보서비스 기반 구축
  * 기초정보화 사업을 통한 실업자의 생계보호 및 직업훈련을 통한 정보화 교육의 확산
② 경제적인 효과
  * 중소정보통신업계의 사업 활성화를 통한 국가경제의 상승작용

* 지식정보화 기반 구축을 통한 국가경쟁력 제고
* 자료중복에 따른 국가예산 낭비 해소
③ 비용절감 측면
* 자료의 중복을 방지하여 중복투자를 제한
* 도서관에 직접 가지 않아도 정보를 얻을 수 있으므로 경비절감
* 정보의 공유로 인한 정보 획득의 시간단축으로 인한 비용 감소
* 시간과 공간의 제약의 최소화
④ 대 국민 정보서비스 측면
* 학술자료의 제공으로 연구력 증진
* 국민이 필요한 정보를 가정에서 서비스 획득
* 신속한 정보획득 및 24시간 정보 서비스의 제공
* 정보화의 지역 격차를 해소
⑤ 국가경쟁력 제고 측면
* 국내 전자도서관 모델의 제시로 국내표준 유도
* 국내 도서관의 정보화를 통한 대외 정보 서비스로 경쟁력 강화
* 국내 전자도서관간의 상호 자료 공유 증진 도모
* 새로운 신기술 도입으로 국내의 기술력 제고
* 초고속정보통신망의 중요한 서비스로 국가의 기술력 증진기여

(2) 국가전자도서관 사업추진 현황

 1) 사업내용 및 범위
 국가주요 전자도서관 사업은 국내 주요 도서관을 연계하여 국가
정보능력을 향상시키고, 지역간 균형있는 발전을 꾀하며, 국가 정보
자원의 공유체제를 확대 발전시켜 연구자들은 물론 일반국민들에게
까지 온라인으로 필요한 정보를 제공함으로써 21세기 지식정보사회
에서 국가경쟁력을 강화하고자 개발된 시스템이다.
 ① Z39.50프로토콜 기반 통합전자도서관 체제 구축

② 7개 도서관으로 사업확대 및 DB구축 범위 확장

③ 현재 서비스중인 전자도서관 시범시스템 기능보완 (DTD 추가 개발, DSSSL적용, 분산검색, 저작권관리시스템, 전자출판시스템 등 추가)

④ 멀티미디어(동영상, 음성)및 네트워크 기술을 응용하여 편리한 사용자환경 제공으로 서비스 질을 높임

⑤ ORDBMS를 적용한 SGML문서 데이터베이스 구축

2) 사업추진 기간 및 사업비

1차 사업은 1997년 1월 27일부터 1997년 7월 30일이며 사업비는 7억 8천만원이다.

2차 사업은 1998년 3월 18일부터 1998년 11월 30일이며 사업비는 16억 5천만원이다.

3) 사업추진체제

① 전담기관은 한국전산원이다

② 주관기관은 국립중앙도서관이다.

③ 공동으로 참여한 기관은 다음과 같다.

국회도서관, 법원도서관, 산업기술정보원

연구개발정보센터, 한국교육학술정보원, KAIST 과학도서관

④ 시스템은 현대정보기술(주)이 공급하게 되었다.

(3) 전자도서관 시스템의 특징

국가주요 전자도서관 사업은 국내 주요 도서관을 연계하여 국가 정보능력을 향상시키고, 지역간 균형있는 발전을 꾀하며, 국가 정보 자원의 공유체제를 확대 발전시켜 연구자들은 물론 일반국민들에게 까지 온라인으로 필요한 정보를 제공함으로써 21세기 지식정보사회 에서 국가경쟁력을 강화하고자 개발된 시스템이다.

전자도서관 시스템을 통하여 이용자는 언제, 어느 곳에서나 목록,

초록은 물론 다양한 원문정보(SGML 문서, Image 문서)까지도 양질의 정보를 편리하게 제공받을 수 있다. 국가 주요 전자도서관 시스템의 특징은 다음과 같습니다.

① Z39.50 프로토콜 기반 통합전자도서관 체제 구축으로 분산되어 있는 정보를 동시에 검색 및 출력 가능하다.

② 국가주요 전자도서관 (국립중앙도서관, 국회도서관, 법원도서관, 산업기술정보원, 연구개발정보센터, 한국교육학술정보원, 한국과학기술원 과학도서관)으로 사업을 확대하고, 기관별 DB구축범위를 확장한다.

③ 문서의 표준문서 형식으로 SGML를 적용하여 문서의 효율성 및 호환성을 강화한다.

④ 기존의 전자도서관 시스템 기능을 확대한다.

⑤ 저작권관리 시스템을 개발하여 저작권자의 권리를 보호 SGML 문서와 연동된 전자출판 시스템을 개발하여 다양한 인쇄매체로 출력이 가능하다.

⑥ 멀티미디어(동영상, 음성) 및 네트워크 기술을 응용하여 편리한 사용자환경 제공으로 서비스 질을 높인다.

〈그림〉 전자도서관 시스템

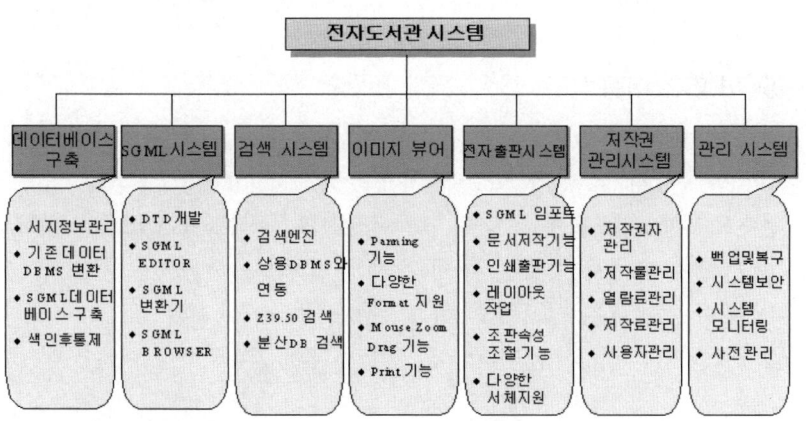

(4) 전자도서관 서비스 구성도

〈그림 전자도서관 서비스 구성도〉

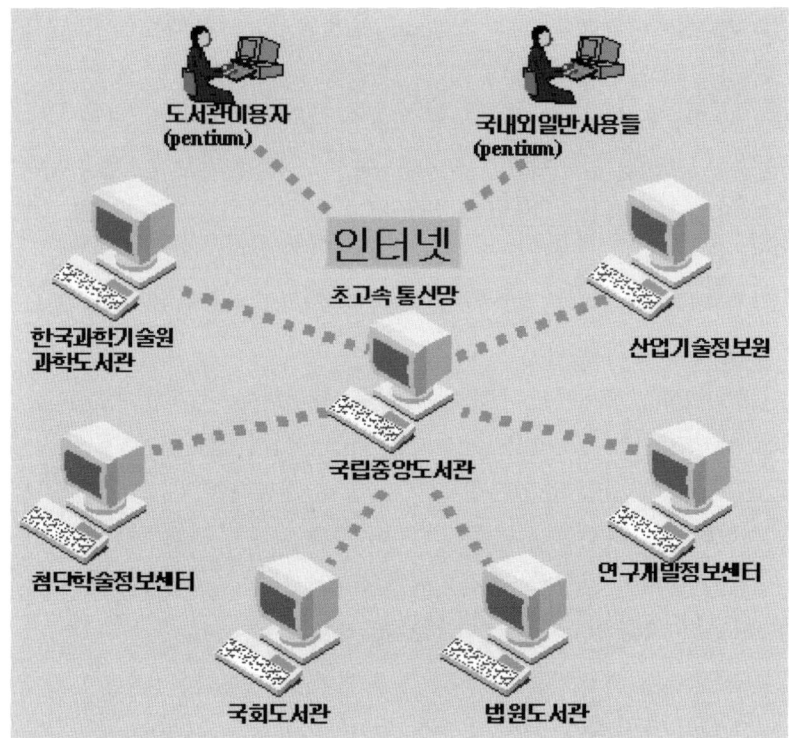

(5) 어떻게 이용하나

1) 시작하기 전에 무엇을 해야하나

전자도서관 시스템에 구축된 목록정보, 원문정보(SGML, Image)등을 보시려면 반드시 다음을 먼저 수행해야 한다.

① 이용자의 시스템 사양은 다음 정도는 되어야 한다.

♠ OS는 windows 95, windows 98, windows NT 4.0 정도가 좋다.

♠ 설치 때 필요한 하드디스크 용량은 35MB 이상이 좋다. 10M 이상의 Free Disk가 필요하다.

♠ 24MB 이상의 RAM이라야 한다. 32MB 이상을 권장한다.

♠ 웹브라우저는 Internet Explorer 3.02 이상과 Netscape Navigator 3.0 이상이다.

② 사용자는 반드시 등록해야 한다.

사용자 등록을 하지 않으면 목록정보와 저작권에 저촉받지 않는 본문정보만 검색, 출력이 가능하다.

가입 신청서의 요소는 다음과 같다.

이 름*, 주민등록번호, E-mail, 주소, 전화번호, 직업* 사용자 ID*, 암호* (*는 필수 입력 사항이다.)

③ 검색서비스를 위한 JAVA 플러그인을 설치한다.

♠ JAVA 플러그인을 다운로드 받는다. (International Version)

♠ 다운로드 받은 후 바탕화면의 내 컴퓨터에서 다운로드 된 파일을 찾아 더블 클릭하여 실행한다. (plugin-111i-win32. exe)

♠ 실행하면 자동으로 JAVA 플러그인이 웹브라우저와 연동된다.

♠ 시스템을 반드시 Reboot 한다.

④ 검색서비스를 위한 JAVA Client 설치한다.

♠ JAVA Client를 다운로드 받는다.

♠ 다운로드 받은 후 바탕 화면의 내 컴퓨터에서 다운로드된 파일을 찾아 더블 클릭하여 실행한다. (JavaClient.exe)

♠ 실행하면 자동으로 JAVA 플러그인 디렉토리 아래의 lib 디렉토리에 설치된다.

♠ 시스템을 반드시 Reboot 한다.

♠ 반드시 JAVA Plugin을 설치한 후에 설치해야 하며 JAVA 플러그인과 JAVA Client가 설치되면 전자도서관 홈페이지의 〈자료검색〉에서 목록정보를 볼 수 있다.

⑤ SGML 문서를 보기 위한 SGML 브라우저를 설치한다.

♠ SGML 브라우저를 다운로드 받는다.

♠ 다운로드 받은 후 바탕 화면의 내 컴퓨터에서 다운로드된 파일을 찾아 더블 클릭하여 실행한다.(sgmlbrowser.exe)

♠ 실행하면 사용자가 지정한 디렉토리에 설치되고 자동으로 웹브라우저와 연동된다.

♠ 설치가 종료되면 디폴트로 "전자도서관" 프로그램 그룹에 SGML 브라우저에 대한 단축아이콘이 생성된다.

♠ SGML 문서의 수식을 보려면 수식뷰어를 다운로드 받은 후 설치해야 한다.

⑥ 이미지 문서를 보기 위한 이미지 뷰어를 설치한다.

♠ 이미지 뷰어를 다운로드 받는다.

♠ 실행중인 웹 브라우저를 종료한다

♠ 다운로드 받은 후 바탕화면의 내 컴퓨터에서 다운로드된 파일을 찾아 더블 클릭하여 실행한다. (imageviewer.exe)

♠ 실행하면 자동으로 웹브라우저의 플러그인 디렉토리에 설치되어 자동으로 웹 브라우저와 연동된다.

♠ 웹 브라우저를 다시 실행하여 전자도서관 원문정보를 이용한다

8.3 국가전자도서관 길라잡이

1. 국립중앙도서관[4]

(1) 어떻게 발전해 왔나

국립중앙도서관은 380만여 책에 달하는 방대한 자료를 소장하고 있는 국가 대표 도서관으로서 국가의 지적문화유산을 총체적·체계적으로 수집·보존하여 이를 후세에 전승시키는 문화전달자로의 책무를 수행하고 있는 우리 나라 문헌정보의 총 보고이다.

국립중앙도서관은 1945년 10월 15일 서울 중구 소공동에 「국립도서관」으로 개관하였다.

1946년 4월 1일에는 사서 양성기관으로 「부설 도서관학교」를 개교 운영하였고, 1963년 10월 28일 도서관법이 제정되고 「국립중앙도서관」으로 개칭되었다.

1965년 3월 26일에 납본제도가 시행되었으며, 1974년 12월 2일에 본관을 서울 중구 소공동에서 남산으로 이전하였고, 1988년 5월 28일에 본관을 신축하여 서울 중구 남산에서 서초구 반포동으로 이전하였다.

1990년 8월 24일에 국제표준자료번호제도 운영을 개시하였으며, 1991년 4월 8일에 도서관진흥법이 제정되고, 문교부에서 문화부로 소속이 변경되었다. 1991년 3월 24일 다시 도서관 및 독서진흥법이 제정되고, 1997년 11월 25일에는 전자도서관 시범시스템을 개통하였다.

1999년 10월 1일에 국립중앙도서관 통합정보시스템(KOLIS)이 개통되고, 1999년 11월 1일 역삼동 분관을 「학위 논문관」으로 기능을 전환하여 재 개관하였으며, 2000년 8월 30일에 국립중앙도서관 「자

---

4) http://www.nl.go.kr/index.php3

료보존관」을 신축 개관하였다.

(2) 어떻게 찾아오나

주소는 서울특별시 서초구 반포동산 60-1이며, 지하철은 2호선 소초역(5번 출구)에서 도보로 15분, 7호선 고속버스 터미널역(5번 출구)에서 도보로 10분 거리에 있다. 마을버스는 2호선 서초역(6번 출구)에서 강남성모병원 행 02번, 09번, 고속버스 터미널옆 반포주공아파트 앞에서 국립중앙도서관행 02번을 이용하면 된다.

(3) 어떤 시설이 있나

1988년 5월 28일 남산에서 서초구 반포동으로 신축 이전한 현재의 국립중앙도서관 건물은 본관과 부속건물(별관)로 이루어져 있다. 서초공원으로 둘러싸인 도서관 건물은 주위의 경관이 아름답고 분위기가 조용하여 도서관 이용자들에게 편안하고 쾌적한 휴식공간을 제공하고 있다.

〈시설〉

본관이 지상 7층, 지하 1층이며, 부지면적 66,888㎡, 건물면적 59,510㎡, 서고면적 25,964㎡, 자료실면적 12,434㎡, 사무실4,421㎡, 서가길이는 6.2km이다. 학위 논문관은 지상 4층, 지하 2층이며, 부지면적 12,316㎡, 건물면적 8,050㎡, 서고면적 918㎡, 자료실면적 1,378㎡, 사무실 288㎡, 서가길이는 1km이다.

〈주요시설〉

정보봉사실은 1실, 120석, 1층에 있으며, 중앙대출대, 안내데스크, 휴대품보관함(1,750개)의 부대시설이 있다. 자료실은 19실, 1,523석 2·3·4·5·7층에 있으며, 복사실(각층설치 8실), 전자감응장치(12조), 자료 촬영 접사대(3대), 마이크로필름 리더기(7대)가 있다. 서고는 6개, 300만책, 지하 1·2층, 3·5·7층에 있으며, 항온항습기(8대), 덤웨이트(4대)가 있다. 대강당은 1실, 400석, 별관 1층에 있으며, 영사시설(35m/m 2대), 무대장치 및 조명시설이 있다. 강의실은 2실, 대 150석·소 50석, 별관 2층이 있으며, 분임토의실(10실)이 있다. 전시실은 1실, 324㎡, 1층에 있으며, 소 전시실(1개)이 있다.

　휴게실은 1실, 243㎡, 2층에 있으며, 공중전화가 있다. 책사랑은 1개, 267㎡, 1층에 있으며, 문화상품 전시관 및 매점이 있다. 식당은 2개, 500석, 별관 1층에 있으며, 이용자식당(1), 직원식당(1)의 부대시설이 있다.

〈사서연수관〉

* 대 강의실(100석)의 부대시설 및 주요 장비로 최신 빔프로젝트(LCD), OHP, 비디오비젼, VTR, 실물화상기, 전동스크린, 슬라이드, 인터넷·PC통신 제공 장비가 있다.
* 소 강의실(40석)의 부대 시설 및 주요 장비로는 대 강의실과 동일하다.
* 세미나실(30석)에 설치시설/장비로는 LCD, 영상 장비가 있다.
* 분임토의실(7실)의 설치시설/장비로는 펜티엄 PC, 레이저프린터, 에어컨, 사물함, 옷장 등이 있다.
* 정보화 교육실(2실, 80명 수용가능)의 PC사양으로는 펜티엄Ⅲ, 레이저 프린터, CPU-500MHz, HDD-10GB, 64MB, 사운드 카드, 헤드셋, 초고속 인터넷망이 확보되어 있다. 보유 S/W는 Win98, Ms-office97, 한글97, 새롬데이타맨 98, 천리안 2000, 나모웹에디터 3.0 등이 있다.
* 기타, 교육생 자치회실, 양호실, 휴게실의 설치시설/장비로는 쇼파 1조, 펜티엄 PC, 프린터 등이 있다.

〈자료관〉

* 비도서실은 수용 능력 4,159㎡, 부대 시설로 CD-ROM 서가(436조), 비디오 테이프 서가(168조), 카세트 테이프 서가(269조)가

있다.

* 일반서고는 수용 능력 5,676㎡, 부대 시설로 모빌렉(1,606조)이 있다.

* 고서고는 수용 능력 3,891㎡, 부대 시설로 개가식 목재서가(303조), 권자본 서가(3조)가 있다.

* 귀중서고는 수용능력 559㎡, 부대시설로 목재장, 서랍장, 고지도 보관함, 신문 보관함, 서고내 조습판넬, 특수 출입문 등이 설치되어 있다.

* 훈증소독실은 수용능력 3㎡, 부대 시설로 자동감압식 훈증설비가 있다.

* 기타 시설로 정리실, 공조실, 덤웨이터, 서고내 항온항습 설비가 있다.

(4) 어떤 자료가 있나

〈소장자료〉   (2000년 10월 31일 현재)

계 (3,804,023)	
국내서(2,514,673)	
외국서(538,246)	
비도서(515,059)	
고서(236,045)	

0   500,000   1,000,000   1,500,000   2,000,000   2,500,000   3,000,000   3,500,000   4,000,000

〈통계별 내역〉   주제별 분포현황 (2000년 10월 31일 현재)

계 (3,804,023)	
총류 (266,282)	
인문과학 (1,749,851)	
사회과학 (874,925)	
자연·기술과학 (912,965)	

0   500,000   1,000,000   1,500,000   2,000,000   2,500,000   3,000,000   3,500,000   4,000,000

수집내역별 현황 (2000년 10월 31일 현재)

	계 (3,804,023)
	납본 (2,481,089)
구입 (421,013)	
기증 (505,227)	
교환 (324,690)	
자체생산 및 기타 (72,004)	

0   500,000   1,000,000   1,500,000   2,000,000   2,500,000   3,000,000   3,500,000   4,000,000

〈연속간행물 비지현황〉 (2000년 10월 31일 현재)

국내 연속간행물로는 신문 1,878, 잡지 14,470, 모두 16,348 종이며, 국외 연속간행물로는 신문 40, 잡지 1,206, 모두 1,246종이다. 신문 1,918, 잡지 15,676, 모두 17,5594 종이다.

〈국립중앙도서관 소장 지정문화재〉

* 국보 1종, 1책이다.

* 보물 5종 32책이다. (31책 + 1괄)

* 서울시 유형문화재 6종 9책인데 총 12종 42책이다.

1) 십칠사찬고금통요(1책, 국보 제148호) : 호정방(원) 찬, 1403년 (태종 3) 간행, 계미자본. 중국 태고로부터 오대에 이르기까지의 17정사 중 요점만을 뽑아 편찬한 책. 조선 최초의 동활자인 계미자로 인출한 점에서 가치가 크며, 고려와 조선의 주자술과 조판 발달사 연구에 귀중한 자료이다.

2) 석보상절(4책, 보물 제523-1호) : 수양대군 찬, 1449년 (세종 31) 간행, 갑인자본. 수양 대군이 세종의 명을 받들어 어머니 소헌왕후 심씨의 명복을 빌기 위해 석가보 및 불경에서 뽑아, 한글로 번역하여 산문체로 엮은 석가모니의 일대기. 판본학 및 국어음운학 연구에 귀중한 자료이다.

3) 동인지문(1책, 보물 제712호) : 최해 찬, 1355년 (공민왕 4) 간행, 목판본. 고려말의 문신 최해(1287~1340)가 우리 나라 역대의 시문을 뽑아 모은 것.

4) 민간활자 및 인쇄용구(1괄, 보물 제865호) : 19세기에 제작되어 민간에서 책을 찍어내는데 사용한 인서체 목활자 및 인쇄용 도구. 호남지방에서 제작되어 주로 기호 지방 일대에서 많이 사용되었다.

5) 동의보감(25책, 보물 제1085호) : 허준 저, 1613년 (광해군 5) 간행, 내의원자본. 선조-광해년간의 명의 허준이 왕명에 의하여 내의원에서 간행한 책. 한국인의 체질에 맞게 처방된 의서로 한의학의 종주국인 중국에까지 널리 소개된 명저.

6) 언해태산집요(1책, 보물 제1088호) : 허준 찬, 1608년 (선조 41) 간행, 내의원자본. 허준이 왕명을 받들어 편찬, 간행한 산부인과 계통의 의서. 1434년에 노중예가 편찬한 『태산요록』을 개편, 언해한 책으로 국어사, 한의학사료로 가치가 크다.

7) 목장지도(1책, 서울시 유형문화재 제82호) : 허목 찬, 1663년 (현종4) 간행, 필사본. 전국의 목장소재지를 지도로 만들고 각 목장별 소, 말, 목자의 통계 및 목장면적 등을 기재한 채색필사본. 당시의 마정과 목장에 관한 시책을 알 수 있는 귀중본이다.

8) 조·아 통상조약(한문, 아문)(2책, 서울시 유형문화재 제108호) :
* 고종 22년 (1885) 대조선국과 대 아라사국 간에 체결된 조약문
* 양국이 평화롭게 왕래하며 통상함.
　수출, 수입품목이 기록되어 있음.

9) 조·영 통상조약(영문) (1책, 서울시유형문화재 제109호) :
* 고종 21년 (1884) 대조선국과 대영국간에 체결된 조약문
* 영문으로 된 것은 기술되어 있고, 말미에 붙은 한문은 한장으로 양국 대신을 파견하여 조약을 이행할 것을 적음

10) 대 조선국·대덕국 통상조약(한문, 영문, 독문)(3책, 서울시 유형문화재 제110호)
* 고종 21년(1884) 대 조선국과 대덕국(독일)간에 체결된 조약문
* 양국이 영원히 평화롭게 피차왕래하며 통상하고, 수단으로 신분보장과 재산보호 총영사관 설치

양국간에 범법 발생시 양국주차관원이 조회하여 국률에 의거 심판. 통상은 농기를 비롯 서적, 지도, 식물류, 백번, 주류, 호백, 약품 등으로 한정

11) 대한국·대청국 통상조약(한문)(1책, 서울시유형문화재 제111호) : * 광무 3년 (1886) 대조선국과 청국간에 체결된 조약문

* 양국 상민은 피차 균등한 자격으로 거류민을 보호하며 양국의 전권대신이 주둔하고 지정한 통상지역에서만 무역함. 범법 발생시 양국 영사관을 통하여 조회 심판함.

12) 대조선국·대법민주국 통상조약 (한문)(1책, 서울시 유형문화재 제112호) : * 고종 23년 (1886) 대조선국과 대법민주국 (프랑스) 간에 체결된 조약문.

* 피차 영원히 평화롭게 통상하며 총영사관을 둠.

인천부 제물포와 원산, 부산, 한양의 양화진을 모두 통상호로 정하고 통상·계 12종 42책 (41책 + 1꽐)

2. 국회도서관5)

(1) 어떻게 발전해 왔나

국회도서관은 전시 수도 부산에서 국회의원들이 자료를 한곳에 모아 공동으로 이용하기 위하여, 1952년 2월20일 3,600여권의 장서를 가진 국회도서실로 개관되었다. 국회도서관은 국회의원의 의정활동에 필요한 정보제공을 원활히 하도록 조직과 기능 면에서 지속적인 발전과 성장을 거듭하여, 1963년 12월 17일에는 국회도서관법의 제정으로 국회의 독립기관이 되었고, 1988년 12월 29일 국회도서관법의 재

---

5) http://www.nanet.go.kr/info/info.html

제정에 따라 현재의 조직으로 발전하였다.

국회도서관 전용건물은 1987년 10월 연건평 8,506평(지하1층, 지상5층)으로 완공되어, 국회의사당 건물에 흩어져 있던 모든 도서관자료를 이전하여 1988년 2월 20일 신축된 건물에서 새롭게 개관하였다. 국회도서관은 장서개발정책에 따라 학술적 가치가 있거나 입법정보의 가치가 있는 자료를 다양한 방법으로 수집하여 현재 약 154만 권의 국내·외 자료를 소장하고 있으며, 또한 전신망을 통한 정보수집과 서비스도 하고 있다.

특히 1980년대 초부터 국회도서관은 도서관자료의 전산화와 업무자동화를 위한 전면적인 전산화계획을 추진한 결과, 국가서지 데이터베이스와 국회회의록을 비롯한 많은 全文 데이터베이스가 구축되었으며 전자도서관/Digital Library화하고 있습니다. 또한 1994년에는 근거리통신망/LAN이 구축되어 국회 내 모든 사무실의 2,500여대 단말기에서 필요한 정보를 직접 검색할 수 있다.

국회도서관은 입법정보 서비스 체제의 선진화에 노력하고, 21세기 정보화시대에 대비하여 국회업무전산화와 전자도서관화를 지속적으로 추진하며, 장서의 확충, 개발 및 새로운 자료관리 기법의 도입을 통한 정보관리와 제공능력을 신장함으로써, 국회의원의 의정활동 지원뿐만 아니라 국민을 위한 열린도서관으로서의 역할에 최선을 다하고 있다.

(2) 어떻게 찾아오나

〈주소〉

서울특별시 영등포구 여의도동 1번지

(도서관 이용안내 : 02-788-4211. 전화번호 안내 : 02-788-2001)

〈순환버스 운행〉[6]

대중교통을 이용하여 국회를 방문하는 국민들의 교통편의를 위하

여 국회와 여의도 전철역을 왕래하는 순환버스를 운행하오니 버스이
용에 참고하기 바란다.

♠ 운행노선 : 국회 ⇔ 여의도 전철역

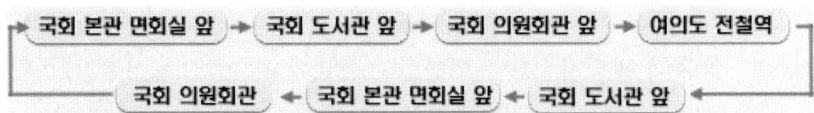

* 운행시간 : 09:00~16:00(공휴일 제외)
* 배차간격 : 10분(국회 본관 면회실 앞 출발)
  단, 토요일 일과에는 배차간격을 20분으로 함
  (중식시간인 12시에서 13시까지는 운행하지 않음)
* 정류장 : - 국회도서관 야외강당 앞
  - 지하철 5호선 여의도역 3번 출구 앞
(승용차를 이용하실 때는 한강변의 둔치 주차장을 이용해주시고
차량 10부제를 반드시 지켜주시기 바람)

♠ 버스노선 안내
* 1호선 대방역 : 823-1
* 1호선 영등포역 : 119, 120
* 5호선 여의도역 : 33-1, 48, 53

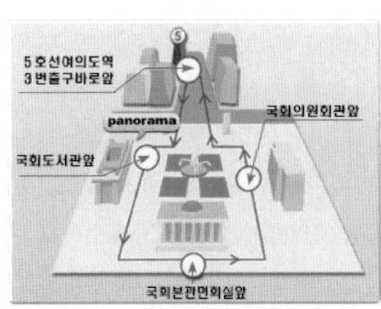

〈그림〉 국회 순환버스 지도

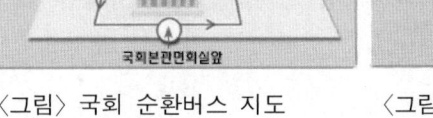

〈그림〉 국회주변 순환버스 지도

6) http://www.nanet.go.kr/use/use02.html

(3) 누가 언제 이용할 수 있나

〈이용 대상〉

전·현직 국회의원 및 국회소속공무원, 평생열람증 및 명예 국회도서관인 열람증 발급자, 20세 이상인 자, 대학생, 기타 도서관장이 허락한 자이다.

〈이용시간〉

* 월요일부터 금요일까지는 3월부터 10월까지 09:00~18:00이며, 11월부터 2월까지 09:00~17:00

* 토요일은 09:00~17:00이며, 국경일 및 공휴일은 휴관이다.

* 도서관 이용(출입)에 관한 문의 : 02-788-4216

* 도서관 자료 이용에 관한 문의 : 02-788-4230, 4212

* 전자도서관 이용에 관한 문의 : 02-788-4247, 4250, 4150

(4) 어떤 자료를 소장하고 있나

국회도서관은 2000년 9월말 현재 국내외 석·박사학위논문과 제본 정기간행물을 포함한 154만 여권의 장서와 15,600 여종의 국내외 정기간행물, 830여종의 국내외 신문, 그밖에 마이크로폼 자료, 비디오테이프, 컴팩트디스크, CD-ROM 등의 비도서 자료 및 한적본 등을 소장하고 있다.

국회도서관의 장서는 주로 인문·사회과학분야의 자료로 구성되어 있으며, 미국의회에서 발행되는 청문회 자료 , 상임위원회자료 및 회의록 등을 포함한 주요 국의 의회자료와 각국의 헌법·법령집, 그리고 정부간행물도 소장하고 있다. 또한 국제기구 기탁 도서관으로서 UN 및 UN전문기구와 WTO 등에서 간행한 각종 자료도 수집·정리하여 봉사하고 있다.

(5) 어떤 DB가 구축되어 있나

국회도서관에서는 각종 목록·색인 등의 국가서지 데이터베이스를 구축하고 있으며, 국회회의록 전문을 비롯한 全文(원문)데이터베이스 구축에 있어서도 선도적 역할을 하고 있다.

국회도서관 데이터베이스를 접근하는 방법은 국회도서관을 방문하여 국회전자도서관이나 국회정보검색시스템/NOLIS을 직접 사용하거나, 인터넷의 국회도서관 홈페이지를 통한 정보검색·이용이 가능하다. 각 데이터베이스에 대한 설명은 DB 소개에 있으며, 각 검색시스템에서 검색 가능한 데이터베이스 리스트는 다음과 같다.

〈국회전자도서관에서 정보검색 가능한 데이터 베이스〉

① DB 목록정보 (2000년 10월 현재)
* 단행본목록 : 도서관소장 국내외 도서 451,820건
* 석·박사학위논문목록 : 1945년 이후
  국내 석·박사학위논문 607,177건
* 정기간행물기사색인 : 1945년 이후 기사색인 1,360,621건
* 국외기사색인 : 국회소장 국외기사색인 137,655건
* 연속간행물 목록 : 국회소장 국내외 연속간행물 15,590건
* 신문목록 : 도서관 소장신문 1,412건
* 비도서자료 목록 : 오디오 및 비디오 39,959건
* 팜플렛자료 : 세미나자료 등 7,166건
* 정부제출자료목록 : 도서관 소장자료 9,530건
* 정부간행물 : 정부발간 백서·연감·연보 등 2,708건
* 국회공보 : 제헌이후 국회공보 2,924건
* 국회사 : 제헌이후 124회까지 국회사 124건
* 국정감사결과시정 및 처리사항 : 1988~98년도 자료 1,710건
* 번역법령자료 : 국회소장 외국법령번역자료 5,537건
* 구한말 조약휘찬 : 한말근대법령자료집

* 통감부법령자료집 : 국회에서 발간한 구한말자료 5,914건
* 국회의장발언자료 : 박준규・황낙주・이만섭 의장 550건
* 현안분석 : 입법조사분석실 발간자료 169건
* 법제예산실자료 : 법제예산실 발간자료 170건
  계 : 2,650,736건
② 본문정보(2000년 10월 현재)

학위논문, 정기간행물기사색인 원문은 저작권법에 의하여 인터넷으로 서비스가 제공되지 않는다.

이 자료의 원문서비스를 받으려면 국회도서관 및 국회도서관과 협약체결된 도서관에 방문해야 한다.

* 정부간행물 : 2,708책 860,012면(TIFF)
* 사회과학분야 석・박사학위논문 : 123,600책 11,604,724면(TIFF)
  인터넷상으로 제공 안됨
* 사회과학분야학술지 : 132307건 2,874,770면(TIFF)
  인터넷상으로 제공 안됨
* 고서 : 521책 71,057면(TIFF)
* 해외소재한국관련자료 : 3,124건 486,452면(TIFF)
* 국회공보 : 2,927호 23,138면(TIFF) 1-2931호
* 국회경과보고서 : 132책 17,545면(TIFF) 제헌-1997년
* 번역법령자료 : 4,368건 97,423면(TIFF)
* 구한말 조약 휘찬・한말근대법령자료집・통감부법령자료집 : 5,914건 8,964면(TIFF)
* 국회사 : 124회 7,933면(SGML) 제헌-11대
* 국정감사결과 시정 및 처리사항 : 1,710건 12,960면(SGML) 1988~96년
* 국회의장발언자료 : 550건 1,350면(SGML) 박준규・황낙주・이만섭
* 현안분석 : 169책 5,362면(SGML) 1992년 이후

* 법제예산실자료 : 170책 15,470면(SGML) 1995년 이후

　계 : 278,792(책, 건) 16,087,160면

〈국회정보검색시스템/NOLIS에서 정보검색 가능한 서지데이터베이스〉

* 국감의원요구자료색인, 국정감사회의록색인, 국회회의록색인, 단행본목록, 비도서자료목록, 신문목록, 연속간행물 목록, 외국신문 주요기사, 의안연혁, 의원외교활동자료, 정기간행물기사색인 * 정부제출자료목록, 한국박사 및 석사학위논문총목록

〈멀티미디어자료실/CD-ROM 데이터베이스〉

① 서지 데이터베이스

㉮ ABI/Inform : 경제·경영분야의 저널 900여종에 실린 기사들의 초록 및 서지 DB로, 1971년부터 현재까지의 내용이 수록되어 있다.(월간 갱신)

㉯ GPO : 1976년 이후 미국정부의 각 부처에서 간행한 283,000여종의 인쇄자료, AV자료 등에 대한 DB로, 재정, 경영, 인구통계, 농업, 의학, 공중보건 분야 등의 초록 및 서지정보가 수록되어 있으며, 1976년부터 현재까지의 내용이 수록되어 있다.(격월 갱신)

㉰ EconLit : 300여종의 경제관련 저널, 단행본, 학위논문의 초록 및 서지 DB로, 1969년부터 현 재까지의 내용이 수록되어 있다.(분기별 갱신)

㉱ PAIS International : 정치, 경제, 사회 현안 등에 관한 도서, 저널 등의 서지 DB로, 1972년부터 현재까지의 내용이 수록되어 있다.(분기별 갱신)

㉲ Social Science Citation Index : 1,400여종의 사회과학분야 (인류·환경·가정·정보학·도서관학·심리·지리·언어·공중위생·범죄·역사·도시·경제·여성·철학)저널 의 인용색인 및 초록 DB로, 1994년부터 현재까지의 내용이 수록되어 있다.(1998.12 중단)

㉑ Index to Foreign Legal Periodical : 외국법률에 관한 국제적, 비교연구적인 정보를 제공하는 DB로 450여종의 법률 저널 에 수록된 기사의 색인을 제공하며, 1985년부터 현재까지의 내용이 수록되어 있다.(분기별 갱신)

㉒ ERIC : 775여종의 교육관련 저널, 기술보고서, 회의발표문, 교육교과과정자료, 연구사업계획, 학위논문에 대한 서지 및 초록 DB로, 1966년부터 현재까지의 내용이 수록되어 있다.(분기별 갱신)

㉓ DAO : 북미의 거의 모든 대학 및 유럽의 주요대학을 포함하여 전 세계 약 1,000여개 이상의 대학에 서 수여된 석·박사 학위 논문 정보를 제공하는 서지 DB로, 1988년부터 현재까지의 내용이 수록되어 있다.(분기별 갱신)

㉔ Congressional Research Service Index : Congressional Research Service (CRS)에 의해 생산된 연구논문, 보고서 등 미국의회자료에 대한 서지 DB로, 1916년부터 현재까지의 내용이 수록되어 있다.(년 1회 갱신)

㉕ LISA Plus : 세계 60여 개국의 20여개 언어로 된 350개 이상의 최신저널에서 발췌한 서지 DB로, 1969년부터 현재까지의 내용이 수록되어 있다.(분기별 갱신)

㉖ 한국문헌목록정보 : 국립중앙도서관 소장자료 서지 DB로, 1945년부터 현재까지의 국내문헌 (일반도서 및 학위논문)이 수록되어 있다.(년2회 갱신)

② 전문 데이타베이스

㉮ Social Sciences Index/Fulltext : 국제관계, 정치, 심리, 사회, 경제, 행정 및 법률 등 사회과학 전 분야를 망라하는 DB로 300여종의 저널의 기사가 색인되어 있고, 그 중 230여종의 저널의 기사 전문이 이미지형태로 수록되어 있으며, 1989년부터 현재까지를 포함하고 있다.(월 1회 갱신)

㉯ SEC Online : 뉴욕 증권거래소와 미국 증권거래소의 증권발행 인을 위한 10K나 20F 그리고 NMS/NASDAQ 회사 정보가 수록되어 있는 경제, 경영 분야 전문 DB로, 1990년부터 현재까지의 내용이 수록되어 있다.(1997 중단)

㉰ USA WARS : KOREA : 한국전 관련 자료를 수록하고 있다.

㉱ United States Code : 1993년 1월 4일 현행 미국 법령을 수록하고 있다.

㉲ The Budget of the United States Government : 1996 회계년도 미국 정부 예산안을 수록하고 있다.

(6) 자료복사는 어떻게 하나

① 도서관자료 복사 허용범위

열람한 자료의 내용을 복사할 수 있다. 도서관에서 허용하는 복사는 부분복제이며, 귀중자료, 고서, 고잡지 등 훼손될 우려가 있는 자료는 복사를 금지하거나 제한한다.

② 복사실(1층, ☎ 02-788-4175, FAX 02-786-6576)

복사실 운영은 외부 복사용역업체가 대행하고 있다. 도서관자료의 복사와 정보검색 내용의 프린트 출력은 유료이며, 복사실에서 복사카드를 구입하여 사용한다. 그리고 서울, 경기, 인천지역을 제외한 지방 이용자의 편의를 위하여 우편복사 서비스를 시행하고 있으며. 우편과 팩스를 통하여 신청할 수 있고 이용은 유료이다. 또한 복사실에는 자율복사기와 위탁복사기가 설치되어 있으며, 석ㆍ박사학위논문실, 정기간행물실 등 각 열람실에도 자율복사기가 별도로 설치되어 있다.

(7) 참고봉사

국회도서관 이용자가 다양한 수준의 자료나 정보를 문의할 경우에

직원이 이들 자료와 정보를 제공해 주거나 정보원을 알려주고 있다. 특히 법률정보를 비롯하여 전문성을 요하는 정보 또는 국회의 입법 정보나 국정심의에 필요한 정보 요구는 전문직원이 별도로 참고회답 을 하고 있다.

〈입법 참고회답〉

* 주관 부서 : 입법전자정보실 입법정보지원과
  (☎ 02-788-4125, Fax 02-788-4266)
* 이용대상 : 국회의원 및 입법관련 국회직원

〈일반자료 및 정보제공〉

* 주관 부서 : 참고봉사국 열람봉사과
  (☎ 02-788-4230, Fax 02-788-4264)
* 이용대상 : 일반인

(8) 국회 간행물 판매

국회회의록, 국회도서관문헌정보(CD-ROM), 국회수첩 등 국회에서 발간하는 간행물을 판매하는 국회간행물판매소가 국회도서관 1층 목록 홀에 있다.(☎ 02-788-3961)

(9) 정보검색 상담

국회도서관에서는 이용자의 정보검색 편의를 위하여 정보검색상담 을 하고 있다. 정보검색을 전담하는 직원들이 컴퓨터 사용과 검색에 불편함을 느끼는 이용자를 위해 검색서비스를 하고 있다. 아울러 도 서관 1층 홀의 열람용단말기를 이용하는 검색자들에게 단말기 사용 법, DB 종류, 키워드 선택 및 입력방법, 프린트 출력방법, 정보검색 후 열람실 이용방법 등에 관한 문의에 친절히 응대하고 있다.

(10) 자료수집 정리

〈자료수집〉

국회도서관은 국회의원의 입법활동과 국정심의에 필요한 사회과학 및 인문과학분야자료를 우선적으로 수집하며, 또한 도서관의 대외개발에 따라 이용자의 정보요구를 최대한 만족시킬 수 있는 장서구성이 이루어질 수 있도록 자료를 수집하고 있다. 특히 국회도서관은 국가의 납본도서관으로서 정부 각 기관에서 발간되는 단행본, 각종 보고서, 정기간행물 등의 귀중한 1차 자료도 납본으로 수집하고 있다.

외국간행물의 경우에는 미국·일본·중국·프랑스 등에 주재하고 있는 해외주재관과 외국도서 대행사를 통하여 구입하고 있으며, 또한 64개국 264개 처 교환, 기증처인 외국의 각종 연구기관 및 도서관과의 교환활동 등을 통하여 자료를 수집하고 있다. 특히 국회도서관은 UN과 WTO등의 기탁 도서관으로서 UN 및 UN산하기관·관련연구기관, WTO 등의 자료를 기탁으로 수집하고 있다.

이밖에도 국회도서관은 해외소재 한국관련 중요 문서 및 자료의 조사, 발굴, 수집을 위하여 부단한 노력을 기울이고 있으며, '95년부터 미·중·일·러 등 외국에 산재되어 있는 우리 나라 근·현대사 관련 귀중 자료들을 국가적 차원에서 중점적으로 수집하고 있다.

〈자료정리〉

국회도서관에서는 듀이십진분류표/DDC 19판에 의거, 자료를 분류하고, 특히 한국 및 동양관계 주제분야는 국회도서관의 동양관계 세분전개표에 의하여 분류하고 있다.

목록작성을 위한 규칙은 동서, 양서 모두 한국목록규칙 3판/KCR3을 기본으로 하고 영미목록규칙 2판/AACR2을 준용하고 있다. 특히 양서목록은 OCLC의 CAT CD-450의 레코드를 내려받아 목록데이터로 활용하고 있으며, 석·박사학위논문의 정리방법도 위와 같다.

저자기호는 이춘희 동서저자기호표와 Cutter-Sanborn Three

Figures Author Table을 사용하고 있고, 주제검색을 위한 키워드는 서명 및 목차사항에서 추출하여 검색어로 활용하고 있다

(11) 정보화는 어떻게 추진하고 있나

1985년 3월 입법자료 및 도서관자료의 전산화 필요성에 따라 전산 담당관실을 신설하면서부터 입법부의 정보화사업은 시작되었으며, 국회도서관에서는 1997년도에 국가전자도서관의 표준모델을 제시하기 위한 「국가전자도서관 기본계획」을 수립하여 이를 기반으로 1997년부터 전자도서관 구축사업에 역점을 두고 추진하고 있다.

특히 고학력 실업대책의 일환으로 범국가적으로 추진하고 있는 정보화근로사업에 적극 참여하여 국회도서관에 소장되어 있는 주요자료를 디지털화 한 결과, 1999년도까지 1, 2차 정보화 근로사업을 통하여 정부간행물, 사회과학분야학위논문, 학술지 등 약 1,600만 페이지 분량의 원문자료를 디지털화 하였고, 금년에도 860만면의 자료를 디지털화 할 계획이다.

이들 원문자료 중에서 저작권 침해의 소지가 없는 자료는 국회도서관 홈페이지의 전자도서관시스템을 통하여 일반국민들에게 제공하고 있다.

또한 전자도서관 사업으로 구축한 원문 DB는 2000년 7월 1일부터 전국의 대학도서관 및 공공도서관 등과 상호 정보교류 협약을 체결하여 정보를 제공하고 있으며 앞으로도 각급 도서관과의 상호교류를 더욱 활성화함으로써 학술정보 DB의 공동활용을 통한 국가 DB 구축의 중복투자를 방지하고 도서관간 정보이용 격차를 해소해나갈 계획이다.

한편으로는 국회의원들의 입법 및 의정활동을 지원하기 위해 '99년부터 입법관련지식 DB 구축사업을 추진하여 금년 8월초에 시연회를 거쳐 본격적으로 서비스를 제공하고 있으며, 그 내용은 국정 전 분야

의 입법 및 정책수립과 관련된 주제를 선별하여 현안에 대한 개요, 원문정보 및 전문가에 관한 정보를 통합 DB로 구축하여 제공함으로써 일종의 사이버/Cyber 보좌관으로서의 역할을 수행하고 있다.

전자도서관 DB 등 대용량 원문 DB의 증가와 이용자의 폭증에 대비하고 대국민 서비스를 확대하기 위해 지속적으로 관련 S/W의 기능을 개선하고 H/W 및 통신망을 증설, 확장하고 있으며, 특히 국가의 귀중한 정보자산인 대용량 DB를 안전하게 보존하고 장애시 신속한 복구를 위해 고속의 백업장비를 운영하고 있다.

기타, 현재 추진중인 정보화사업으로는 도서관 업무의 자동화 및 과학적 관리를 위해 도서관리종합시스템을 보완·확장하고 있으며, 신규코너 신설 및 편리한 사용환경 등을 제공하기 위한 도서관 홈페이지도 지속적으로 개선시키고 있다.

앞으로도 국회도서관의 정보화는 양질의 대국민 정보서비스 제공을 위한 전자도서관 시스템과 입법활동의 중요한 도구로써의 입법관련지식 DB의 지속적인 확장·발전에 역점을 두고 추진할 계획이다.

(12) 연수 및 견학은 어떻게 하나

〈국내 인을 위한 도서관 참관 및 실습〉

① 도서관 참관

♠ 단체참관

* 대상자 : 도서관 관련 직원, 지역구민, 대학생 및 대학원생, 외국인 등
* 참관시간 :

  하절기(3~10월) - 평일 09:30~17:30 / 토요일 09:30~12:00

  동절기(11~2월) - 평일 09:30~16:30 / 토요일 09:30~12:00
* 신청 방법 : 공문, 서한 및 전화 등으로 참관 신청(전화로 신청한 경우에는 당일 참관 신청서를 작성해 두면 된다)

　　* 참관경로 : 일반인 출입구 → 2층 전면 중앙공간(전체 설명) → 참고열람실 → 법령자료실 → 의회자료실 → 제1정간열람실 → 신문열람실 → 멀티미디어자료실 → 출구(소요시간 ; 약 40분) (단, 초·중·고등학생 단체는 개별참관 경로와 동일함)

♠ 개별참관

　　* 대상자 : 초·중·고등학생 및 기타 일반인

　　* 참관시간 :

　　　하절기(3~10월) - 평일 09:00~17:30 / 토요일 09:00~17:30

　　　동절기(11~2월) - 평일 09:00~16:30 / 토요일 09:30~16:30

* 참관경로 : 일반인 출입구 → 2층전면 중앙공간(직원 안내시 전체 설명) → 참고열람실 → 브라우징룸 → 멀티미디어자료실 → 기타 참관장소 → 출구(소요시간 약 20분)

　　* 기타 사항 : 초등학생 참관시 보호자 동행요망 참관자는 신분증을 제출하고, 참관증을 교부받아 패용함. 참관시 자료 열람자에게 지장을 주지 않도록 주의 요망

　② 실습

　* 신청방법 : 공문 및 서한으로 1개월 전에 신청

　* 대상자 : 국내 대학교(전문대 포함)의 문헌정보학과 및 도서관학과 학생

　* 인원 : 각 대학별로 4~5명 정도

　* 실습시기 : 매년 4월~7월 (연 4회)

　* 실습기간 : 약 3주

　* 실습방법 : 각 담당별로 이론과 실습을 병행 실시

〈외국인을 위한 도서관 참관 및 연수〉

　① 도서관장 예방 및 도서관 참관

　* 외국 의회 및 도서관 관련 인사 등이 희망하는 경우 도서관장 예방 가능

　* 외국인 및 해외교포 등은 영어로 도서관 참관 안내를 받을 수

있음

② 도서관 연수

해외도서관관련 직원 1~2인을 위한 연수 약 1개월간 가능

문의사항 : 기획감사담당관실 ☎ 02-788-4243, FAX 02-788-4291

(13) 어떤 자료를 발간하나

국회도서관은 국회의 입법 및 국정심의에 필요한 정보를 조사·연구·분석한 자료와 각종 서지 자료를 발행하여 국회도서관 정보서비스시스템에 게재하여 서비스하고 있으며, 아래와 같이 책자와 CD-ROM으로 발간되는 자료는 국회의원과 보좌직원, 정부기관, 지방자치단체, 대학도서관 및 연구기관 등에 무료로 배포(수서과 ☎ 02-788-4257)하고 있다.

〈국회도서관보〉

국내외 도서관관련 연구논문과 선진기술을 소개함으로써 문헌정보학의 발전을 선도하고, 외국 의회도서관 소개기사 및 의회활동 관련 해외번역물을 수록하여 국회의원의 입법활동에 필요한 정보자료를 안내하는 우리도서관의 기관지로서 격월간으로 발간하고 있다.

〈국회도서관 연간보고서〉

매년 국회도서관에서 추진된 주요사업을 비롯하여 연간 수행된 모든 업무내역과 관련통계를 수록한 보고서이다.

〈국회도서관 문헌정보 ; CD-ROM판〉

그 동안 국회도서관의 주요 발간자료였던 『정기간행물기사색인』, 『한국박사 및 석사학위논문총목록』의 책자형 서지 발간을 중단하고, CD-ROM형태의 『국회도서관문헌정보』를 연4회 발행하여 최신성을 유지하도록 하였다. 수록되는 자료는 단행본, 정기간행물기사색인, 석·박사학위논문 그리고 비도서자료이다.

〈국회도서관 소식〉

국회도서관 및 국내외 도서관 관련 소식과 공지사항 등을 담은 뉴스레터 성격의 국회도서관소식지를 매월 발간하고 있다.

3. 법원도서관7)

(1) 어떻게 발전해 왔나

1959년 3월 10일에 법원행정처 총무국 조사과에서 도서에 관한 사항을 대법원규칙 제52호에 의하여 관장하였다. 1962년 7월 31일에 법원행정처 조사국 조사과에서 도서에 관한 사항을 대법원규칙 제133호에 의하여 관장하였다. 1972년 2월 25일에는 법원행정처 조사국에 도서과가 대법원규칙 제484호에 의하여 신설하여 대법원 도서실 운영 관리에 관한 사항, 도서의 수집과 관리에 관한 사항을 대법원규칙 제485호에 의하여 관장하였다. 1973년 2월 23일에는 도서과에서 판례, 법원공보 등 편찬 발간에 관한 사항도 대법원규칙 제509호에 의하여 관장하였다. 1974년 7월 18이에는 판례, 법원공보 등 편찬 발간에 관한 사항을 판례편찬과에 대법원규칙 제563호에 의하여 이관하였다. 1981년 1월 29일에는 법원조직법에 법원도서관에 관한 규정을 법률 제3362호에 의하여 신설하였다. 1989년 9월 1일에 법원도서관이 대법원규칙 제1082호에 의하여 개관되었다. 1995년 9월 1일에 사무국 및 편찬과 신설되어 판례공보 등 사법자료 편찬 발간에 관한 사항, 법원역사의 편찬과 법원사전시실의 관리에 관한 사항 등 법원행정처 조사국 주요 업무를 대법원규칙 제1380호에 의하여 이관 받았으며, 법원도서관규칙에 조사심의관에 관한 규정이 대법원규칙 제1381호

---

7) http://library.scourt.go.kr/

신설되었다.

(2) 어떻게 조직되어 있나

대법원에 법원도서관이 있고 법원도서관장 아래 스탭조직으로 법원도서관발전위원회, 법원도서관업무전산화추진위원회, 법원도서관도서선정위원회, 법원사자료선정위원회와 조사심의관이 있고, 라인조직으로 사무국이 있으며, 그 아래 총무과, 편찬과, 정리과 열람과가 있다. 총무과에서는 서무, 인사 통계, 회계, 법원사편찬, 전시실관리 일을 맡고 있다. 편찬과에서는 판례공보, 대법원 판례집, 요지집, 하급심 판례집 등 발간, 사법논집, 사법연구자료, 재판자료집 등 사법자료의 편찬 발간, 정리과에서는 도서관자료의 수집, 등록, 배부, 도서관자료의 분류 편목, 각급 법원 도서 업무 지도 교육한다. 열람과에서는 자료의 열람·대출·보존·관리·제본, 도서관자료의 참고조사 및 도서관 이용 안내, 전자도서관 구축에 관한 업무를 담당한다.

〈소장자료〉

국내서 법률 95,303권 일반 25,562권, 동양서 법률 50,335권, 일반 2,348권 서양서 법률 27,238권, 일반 1,224권으로, 내용별로 보면 법률 172,876권, 일반 29,134건 모두 202,010권이다. 그리고 나라별로 보면 국내서 120,865권, 동양서 52,683권 서양서 28,462권이다.

〈개관안내〉

1. 이용시간 : 3월부터 10월까지는 평일 오전 9시부터 오후 6시, 토요일은 오전 9시부터 오후 1시까지이다. 11월부터 2월까지는 평일은 오전 9시부터 오후 5시, 토요일은 오전 9시부터오후 1시까지이다. 국경일 및 공휴일은 휴관한다.

2. 열람대상자 : 가. 법관 및 법원공무원, 검사, 검찰공무원, 변호사, 법무사, 사법연수생 및 대학교수, 국가기관과 연구기관의 임직원으로서 소속기관장의 의뢰로 도서관장 또는 각급 법원 등의 장

의 승인을 얻은 자, 기타 상당한 이유가 있어 도서관장의 승인
을 얻은 자이다.

3. 이용안내 : 열람 대상자 외의 일반 이용자들은 현재 대법원 홈
페이지에서 운영중인 『종합법률정보』 제공시스템을 이용하여
판례·법령·문헌 등을 검색할 수 있다. 전화 (02)3480-1584,
1585, 팩스 (02) 533-8939

4. 서고도서는 서고 담당자가 안내하여 열람할 수 있다.

5. 고서, 귀중본, 희귀본 등은 귀중자료 등의 취급 및 관리에 관한
규정에 따라 담당자가 안내하여 열람할 수 있다.

〈대출 및 반납〉

1. 대 출
   가. 대출은 법관 및 법원공무원에 한하고 있다.
   나. 위 가항의 이외의 자가 대출을 받고자 할 때에는 도서관장의
   허가를 얻어야 한다.

2. 대출금지 자료
   다음 각호에 해당하는 자료는 대출할 수 없다.
   가. 각종 판결집과 법령집
   나. 사전류 및 참고도서
   다. 각종 가제식 도서와 시청각자료 등 망실 또는 훼손되기 쉬운
   자료
   라. 정기간행물
   마. 기타 도서관 또는 각급법원 등의 장이 정한 자료

3. 대출의 한도 및 기간
   가. 대출 책 수는 특별한 사유가 없는 한 3책 이내로 한다.
   나. 대출기간은 10일로 하되, 1회에 한하여 연장할 수 있다.

4. 대출도서의 반납
   가. 대출도서는 기한 내에 반납하여야 한다.
   나. 도서대출을 받은 자는 대출기간 중이라도 장서점검 등 특별한

사유가 있어 자료 반납을 요구받았을 때에는 지체없이 응하여야
한다.
 5. 손·망실 도서의 변상

대출도서를 망실 또는 훼손하였을 때에는 현품 변상을 하여야 한
다. 다만, 현품 변상이 불가능하다고 인정될 때에는 도서관장의 허가
를 얻어 그에 상응하는 자료 또는 그 이상의 가치가 있는 동일 주제
의 자료로 변상할 수 있다.

〈다양한 도서관서비스〉

 1. 신규 문헌정보 제공 : 단행본은 법원공보에 게재하고, 정기 간행
    물 목차 서비스는 신규 법률관련 국,내외 정기간행물 목차를 복
    사하여 매월 각급법원 도서실에 송부하고 있다.
 2. 구입 희망 도서 제출 : 각급 법원의 공동 구입도서는 법원 도서
    관에서 일괄 구입, 배부하고 있으며 이에 따라 각급법원에서 원
    하는 자료가 있을 때에는 비치요망 자료표에 기본 서지사항 (저
    자, 서명, 출판사 등)을 기재하여 제출하면 이를 적극적으로 검
    토한 후 구입하여 배부하고 있다.
 3. 원문 팩스 서비스 : 각급 법원 등에서 법관 및 법원공무원이 업
    무상 자료가 긴급히 필요한 때에는 법원문헌검색시스템의 모사
    신청을 이용하거나 종합열람실로 자료를 요청(전화:3480-1584,
    1585 FAX:533-8939)하면 자료를 복사하여 FAX나 우편으로 즉
    시 송부하여 준다.
 4. 타 기관과의 상호협조 : 국회도서관과 상호자료 공동 이용에 관
    한 협정을 맺어 국회도서관 소장자료 중 법원공무원이 원하는
    자료가 있을 경우 종합열람실을 통하여 제공받을 수 있다.
 5. 독서클럽 : 독서클럽운영은 대법원 청사에 근무하는 직원을 대
    상으로 회원을 모집하고 매 분기 신간 교양 도서를 구입한 후
    종합열람실에 비치하여 직원들이 이용할 수 있도록 한다.

〈도서관자료검색 안내〉

1. 참고봉사(Reference Service) : 법원도서관은 재판업무 지원 및 사법행정업무 처리에 따른 이용자 요구사항을 조사 연구하여 필요로 즉시 제공하고자 합니다. 이와 관련하여 참고봉사에 따른 많은 이용을 바랍니다.

2. 법원문헌검색 : 법원문헌검색시스템은 법원도서관 소장 국내외 단행본과 국내, 일본, 양서 정기간행물 및 학술지에 대한 기사, 판례평석을 저자, 서명, 언어 등으로 검색 가능하다.

3. 종합법률정보의 국내 판례, 법령, 문헌, 대법원 예규, 내규 검색 : 대법원 홈페이지의 『종합법률정보』시스템으로 국내판례, 법령, 국,내외 문헌, 대법원 예규·내규 검색이 가능하며, 또한 미니종합법률정보인 법고을 LX CD-ROM은 이용자가 종합법률정보를 개인도서관과 같이 이용가능하며 최신판례는 대법원 홈페이지의 법원도서관 아래 법고을 LX자료실을 통하여 내려받아 새 자료를 추가하므로 검색이 가능하다.

4. 외국 판례검색

   가. 일본 판례 검색 및 번역 : 법원도서관과 서울법원청사내 분관 열람실 그리고 각 고등법원 및 사법연수원, 서울행정법원, 인천지방법원, 수원지방법원의 도서실에서 일본 판례(判例) MASTER를 통하여 소화 22(1947)년~평성 12(2000)년 10월사이의 일본판례를 법조문 및 주제어 등으로 검색 할 수 있습니다. 또한, 검색된 일본 판례를 일한번역 프로그램을 통하여 번역하여 볼 수 있다.

   나. 미국 판례 및 문헌검색 : LEXIS를 통하여 서계의 법률 및 판례, 각종뉴스, 비즈니스, 회사정보 인물정보, 시장조사 보고서, 특허 등의 다양한 정보를 전문(Full-text)형태로 제공하고 있다. 검색은 법원도서관과 서울법원청사내 분관 열람실 그리고 각 고등법원에서 가능하다.

다. 독일 및 프랑스 판례검색 : 독일 및 프랑스의 판례검색이 가
능하도록 CD-ROM을 비치하고 있다.

5. 이미지 검색시스템 : 법원도서관이 소장하고 있는 자료중 영구
보존의 필요성 및 국민들이 많이 이용할 수 있는 자료를 이미지
로 구축하여 검색할 수 있도록 하였습니다. (법원공보, 사법연감,
법원사 등)

6. INTERNET을 통한 자료 검색 : INTERNET을 통하여 국내외
의 최신 법률 관련 정보를 이용할 수 있다.

〈종합법률정보제공안내〉

1. 개요 : 종합법률정보제공 시스템은 초고속정보통신망 구축사업
의 일환으로 추진중인 사업으로서, 우리 나라 법률문화의 창달
에 이바지하고자 판례정보·법령정보·법률문헌정보를 유기적으
로 통합하여 재판, 학술연구, 분쟁해결, 법학교육 등에 필요한
제반 종합법률정보를 일반 국민에게까지 인터넷을 이용하여 서
비스함으로써 이용자들이 어느 곳에서나 PC를 통하여 필요한
법률정보를 직접 취득할 수 있도록 대법원과 법제처가 공동으로
개발한 시스템이다.

2. 제공되는 정보의 내용
* 대법원 판례 :1948년부터의 주요 판례(2002. 6. 현재 49,543 건)
* 하급심 판례 :1948년부터의 주요 판례(2002. 6. 현재 27,892 건)
* 헌법재판소 결정 :1989년부터의 주요 결정(2002. 6. 현재 1,347
건)
* 현행 대한민국 법령 전부 : 헌법, 법률, 조약, 시행령, 규칙 등
4,617건(2002. 4. 현재)
* 법원도서관 소장 국내외 법률문헌 목록 전부 : 논문 273,697건,
단행본 76,836책(2002. 6. 현재)
* 원문정보 (Full Text)
- 대법원 발간 자료 전부 : 사법논집, 사법연구자료, 대법원판례

해설, 재판자료, 법원실무제요, 예규, 내규, 선례집, 각종 실무자
료 등
- 외부 발간 자료(저작권자의 동의를 얻은 것)
3. 종합법률정보제공 시스템의 특징
- 판례정보, 법령정보, 법률문헌정보를 유기적으로 연결하여 상호
연결조회(Hyper Link) 가능
- 판례공보의 전자출판화, 법원도서관 및 법제처의 업무자동화를
통하여 각종 정보를 신속하고 정확하게 생성 공급
- 법원도서관은 국내 최대의 법률전문도서관으로서 가장 풍부한
자료를 확보
- 법률관련어집(Legal Thesaurus) 및 자동 색인어 추출법을 개발하
여 법률전문용어를 정확히 모르는 일반 이용자도 손쉽게 정보
검색 가능

〈국가전자도서관 관련〉

* 21세기 정보화 시대를 대비하여 정보통신부의 국가 초고속 정보
통신 기반 구축 시범사업의 하나로 한국전산원이 전담기관, 국립중앙
도서관이 주관기관이 되고, 법원도서관, 국회도서관, 연구개발정보센
터, 한국과학기술원, 과학도서관, 한국교육학술정보원, 산업기술정보
원이 참여하여 개발한 전자도서관 시범 시스템이다. 이 시스템은 도
서관 소장자료의 목록 및 본문정보를 SGML(Standard Generalized
Markup Language) 데이터베이스로 구축하고 이를 인터넷을 이용하
여 서비스함으로써, 이용자들이 시공간의 제약 없이 언제, 어디서나
필요로 하는 자료에 대한 목록정보, 초록은 물론 본문정보까지도 체
계적으로 제공받을 수 있는 시스템이다.
이용자들은 Z39.50 프로토콜을 이용하여 각 기관에서 구축한 본문
데이터 베이스를 검색하거나 통합정보서비스를 통하여 본문정보를
검색할 수 있다.

4. 한국과학기술정보연구원[8]

21세기는 20세기 산업화 시대를 넘어 바야흐로 지식과 정보가 국가경쟁력을 좌우하는 지식기반 사회로 나아가고 있습니다.

과거의 부의 축적방식이 상품에서 지식으로 전환되는 전혀 다른 방식의 사회가 진전되고 있으며, 세계최고가 아니면 살아남을 수 없는 무한경쟁시대가 도래된 것입니다. 이러한 혁명적 시대의 변화 속에서 국가차원의 과학기술 지식정보인프라의 구축이야말로, 새천년 한국의 미래를 가름하는 좌표가 되고 있습니다. 이러한 국가 지식정보인프라의 중심센터 역할을 수행하는 한국과학기술정보연구원 (KISTI)은 2001년 1월 산업 및 과학기술계 지식정보 연구기관인 산업기술정보원과 연구개발정보센터가 통합하여 발족한 국무총리실 공공기술연구회 산하 정부출연 전문지식 연구기관으로 21세기 지식기반사회를 선도하기 위한 시대적 사명과 역할을 다해 나갈 것입니다.

이를 위해 먼저 기존의 산업 및 과학기술 정보유통체제구축에서 슈퍼컴퓨터와 연구전산망을 연계한 명실상부한 국가지식 정보인프라 구축의 선도적 기관으로서 자리매김하고자 하며, 특히 차세대 기술개발(BT, IT, ET, NT, CT, ST)등과 같은 새로운 첨단과학기술의 발전을 주도해나갈 고성능 지식인프라에 기반을 둔 강력한 과학기술지식인프라를 제공하는 기관으로 탈바꿈하고자 합니다.

특히 향후 급변하는 첨단 지식정보 수요에 대응하여, 해외 과학·기술·산업동향의 신속한 수집·서비스와 정보분석 활동 및 기술의 산업화 연계·지원을 확대 발전시켜 산업계 및 과학기술계에 신속한 첨단분석정보를 제공함으로, 명실공히 21세기 "국가과학기술혁신체제"(National Science & Technology Innovation System) 구축의 중추기관으로서 발돋움하고자 합니다.

---

8) http://www.kisti.re.kr/kisti/index.jsp

21세기 지식정보화의 기반은 KISTI가 준비해 나가겠습니다. 이제 새롭게 펼쳐질 지식정보사회를 KISTI와 함께 하십시오. 지식정보시대에 여러분의 든든한 동반자가 되어드리기 위해 최선을 다하겠습니다. 감사합니다.

2002년 11월 한국과학기술정보연구원 원장

1. 어떻게 발전 되어왔나.

1960
한국과학기술정보센터(KORSTIC) 설립('62.1)
－한국과학기술정보센터육성법(법률 제2,109호) 제정('69.5.19)

1980
산업연구원(KIET)으로 개편('82.1.11)
－산업연구원법(법률 제3,538호)에 의거, 국제경제연구원(KIEI)과 통합

1990
산업기술정보원(KINITI) 개원('91.1.24)
－산업기술정보원법(법률 제4,320호)에 의거, 산업연구원(KIET)과 분리 독립

과학기술정보유통사업단 발족('91.2)
－한국과학기술연구원(KIST)부설 시스템공학연구소(SERI)내 단위 사업단으로 발족

연구개발정보센터(KORDIC) 설립('93.4)
－ 한국과학기술연구원(KIST) 부설기관으로 승격
－ KAIST 부설기관으로 소속 변경('97.1)

국무총리실 산하 연구회제제로 개편('99.1.29)
－ 정부출연(연)법(법률 제5,733호)에 의거, 공공기술연구회로 기관 소속 변경

국무총리실 산하 연구회체제로 개편('99.1.29)
－ 정부출연(연)법(법률 제5,733호)에 의거 공공기술연구회로 소속변경 및 독립('99.5)
－ 한국전자통신연구원(ETRI)으로 부터 슈퍼컴센터 인수('99.10)

2000
공공기술연구회 이사회, 양 기관 통합 결정('00.2)
정보관련 연구기관의 기능중복 해소 및 각 부처별로 분산되어 있는 정보관련 업무를 통합하여 국가 과학기술정보 대표기관으로 육성 발전

한국과학기술정보연구원(KISTI) 출범('01.1.1)

* 1960년대
한국과학기술정보센터(KOTSTIC) 설립(1962년 1월)

한국과학기술정보센터육성법 설립(법률 2109호) 제정(1969.5.19)
* 1980년대
산업연구원(KIET)으로 개편(1982.1.11)
산업연구원법(법률 제3538호)에 의거 국제경제연구원(KIEI)과 통합
* 1990년대
한국산업기술정보원(KINITI) 개원(1991.1.24) 산업기술정보원법(법
률 제4320)에 의거 산업연구원(KIET)과 분리 독립
과학기술정보유통산업단 발족(1991.2)
한국과학기술연구원(KIST)부설　시스템공학연구소(SERI)내　단위
사업단으로 발족
* 지식인프라란
① 효과적으로 정보를 창출·확산시킬수 있는 체제
② 새로운 지식 창출활용을 가능케 하는 정보관리 시스템
③ 지식 공유활용을 유인하는 제도적 장치
④ 정보센터, 기업, 대학, 연구소 및 기타조직들을 유기적으로 연계
　지식의 효율적 활용을 가능케 하는 국가 혁신체제의 형성을 의
　미

〈임무 및 기능〉
〈설립목적 및 임무〉

국가 과학·기술정보분야의 전문연구기관으로 과학·기술 및 이와
관련된 산업에 관한 정보를 종합적으로 수집·분석·관리하고 정보
의 관리 및 유통에 관한 기술·정책·표준화 등을 전문적으로 조
사·연구하며 연구개발 인프라를 체계적으로 구축·운영함으로써
국가 과학기술 및 산업발전에 이바지함 (정관 제2조)

국가 과학기술 지식·정보 인프라의 연구개발 및 서비스 체제 확립
⇒ 국가 과학기술 진흥과 산업의 발전 및 국민복지 증진에 기여

〈기 능〉

분야	주요기능	역할	역할수행 근거

과학
기술
정보
분야
	■ 과학기술 정보유통
	◇ 정보수집,관리
	◇ 정보분석,연구
	◇ 정보유통시스템
	  구축 및 운영
		국가과학기술
		종합정보센터
			*과학기술기본법상 국가과학기술
			  지식정보 관리,유통 전담기관
			*지식자원관리법상 과학기술정보
			  분야의 종합관리센터
			*중기청 사업타당성 및 벤처기업
			  평가 담당기관

슈퍼
컴퓨팅
분야
	■ 슈퍼컴퓨팅인프라 구축
	◇ 슈퍼컴퓨팅 연구,제공
	◇ 초고속연구망 운영
	◇ 바이오 인포매틱스
	  연구 및 지원
		국가슈퍼
		컴퓨팅센터
			*정통부 국가 그리드사업 추진
			  주관기관
			*초고속 연구전산망 운영기관
			*과기부 국가 유전체 정보센터
			  공동 운영기관

※ 그리드(GRID) : 지리적으로 분산된 슈퍼컴퓨팅, 정보자원(DB), 실험장비 등을 고속 네트워크로 연결하여 전문가 집단이 통합 활용할 수 있는 국가 첨단 IT자원의 종합연계·운영체제

* 어떻게 찾아오나

《대전청사(본원)》

→ 대전시유성구 어은동 52

→ 대전광역시 유성우체국 사서함 122호

→ Tel : 042-828-5114 , 042-869-1234

→ Fax : 042-828-5092

《서울청사》

→ 서울특별시 동대문구 청량리동 206-9

→ Tel : 02-3299-6114

→ Fax : 02-3299-6244

〈비전 및 발표 목표〉

〈비전〉

과학기술을 지식정보인프라 선도연구개발 및 서비스 혁신을 통해 고객의 가치 창조를 추구하는 국가과학기술 연구지원 중심기관으로

도약

〈발전목표〉

- 2010년 달성목표

  * 미래 과학기술 연구개발의 핵심기반인 국가 e-Science 연구지원 체제 확립

  - 국가 지능형 메타DB 서비스 및 국가 그리드 체제의 확립
  - 과학기술 지식정보(DB), 고성능 컴퓨터, 초고속 네트워크 융합서비스

- 중점 분야별 발전목표

  * 고객지향 목표

  - 과학기술분야 핵심이용자 4만명 확보 및 고객만족 지수 90이상 유지

  * 세계적 수준의 국가 지식정보인프라 확충 및 고도화

  - 국가 과학기술정보자원 확보 및 연계활동 선진국대비 90% 달성
  - 세계 TOP 수준의 슈퍼컴퓨팅 자원확보 및 선도응용연구

〈중점 추진 전략〉

- 국가과학기술 지식정보인프라 프론티어 기능수행

  * 국가 과학기술 지식정보인프라 발전을 위한 선도 기능 강화

  * 국가 지식정보인프라 공동활용 및 연계 협력의 중심 기능 수행

- 지식정보인프라의 고도화 및 고객지향의 서비스체제 확립

  * 세계적 수준의 지식정보인프라 단계적 확충 및 고도화 실현

  * 고객의 명확한 설정 및 최고의 고개만족 서비스 체제 구현

- 지식정보인프라의 연구기능 확대 및 국제활동 강화

  * 지식정보인프라 서비스 고도화 및 발전선도를 위한 연구기능 확대

  * 지식정보인프라 서비스의 국제화에 부응한 국제협력활동 강화

〈단계별 발전방향 및 목표〉

구분	1단계('01~'03) 도약기	2단계('04~'06) 안정기	3단계('07~'10) 중흥기
달성 목표	국가 지식정보인프라 체제 재정비 및 선도기반 구축	고도 지식정보인프라 구축을 위한 연구개발 및 자원 확충	고도 지식정보인프라 체제 확립 및 지속적 유지 발전
고객 목표	Target 고객 : 2만명 확보	Target 고객 : 3만명 확보	Target 고객 : 4만명 확보
기관 위상	지식정보인프라 서비스기관	과학기술정보유통 허브기관 국가그리드인프라 서비스기관	국가 e-R&D 선도 센터
키워드	정보유통, 인프라서비스, 디지털 콘텐트	GRID,INTERNET II 새로운 정보유통체제(Hub)	e-R&D, Cyber Lab. Simulation

* 주요 연구사업 부문의 자원(인력 및 예산) 투입계획

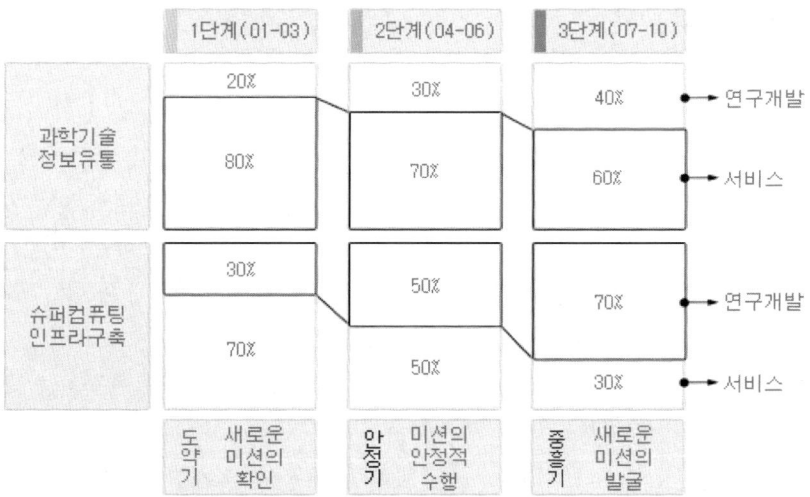

* 분야별 발전목표

사 업   추진방향

〈정보유통 사업 및 추진 방향〉

○ 국가 과학기술 메타정보의 개발 및 통합서비스 강화

- 해외저널의 지속적 확충
- 국내 과학기술정보 메타데이터 수집 및 국가 Registry 기능 수행
- 고객 지향적인 서비스체제 강화(고객성향, 이용자 행태, 서비스 만족도 등 분석)

〈정보분석 사업 및 추진 방향〉

○ 기술동향 및 심층정보의 수요자 및 전문가 네트워크 활용

- 지식정보의 분석 및 평가, 산업화 연계 촉진지원

〈정보시스템 사업 및 추진 방향〉

○ 과학기술 지식의 생산자와 수요자 사이의 자율적인 디지털 정보 공유를 촉진하기 위한 전자적 정보 유통 환경의 구현

- 과학기술정보 서비스 고도화를 위한 기술개발 및 시스템 운영 지원
- 내용기반 정보시스템 기술 개발 및 콘텐트개발기술 연구

〈슈퍼컴퓨팅 인프라 사업 및 추진 방향〉

○ 연구개발 활동을 지원하는 정보기술 기반의 인프라 서비스를 단계적으로 통합제공

- 첨단 IT 인프라 융합·연계를 통한 국가과학기술 그리드 체제 구축
- 슈퍼컴퓨팅센터협의회와의 기술교류, 자원공유, 정책공조를 통한
- 사업의 효율적 운영 지원

○ 사용자 기반 국가 망엔지니어링 및 응용기술의 선도센터 역할 수행을 목표로 연구개발 사업 역량 집중

- 그리드 네트워크로서의 초고속연구망의 활용도 제고

- 네트워크 기반 차세대 인터넷관련 연구개발 활동 수행

〈바이오 인포메틱스 사업 및 추진 방향〉

○ 슈퍼컴, 초고속 연구망 등과 연계한 고기능 첨단 지식정보의 발굴

○ 제공 및 관련 정보시스템의 개발과 운영

- IT를 기반으로 하는 생물정보 데이터 분석기술 연구
- 국내외 유관기관과의 역할분담 및 협력체제 강화
- 새로운 고부가 디지털 콘텐트 개발

〈정책조사 사업 및 추진 방향〉

○ 국내외 지식정보정책 관련 조사, 연구 및 분석을 통해 국가과학기술

○ 정보정책의 선도적 역할 수행

- 과학기술정보 선도화 추진(정책조사 및 정책개발 등)

* 어떤 시설이 있나

구분	면적	취득연월일	위치 및 용도	비고
1. 부지	67,127㎡ (20,303평)			
본원 분원	35,597㎡(10,765평) 31,530㎡(9,538평)	'99.10 '69.10	대전(연구단지 내) 서울(홍릉)	연구동 연구동
2. 건물	21,158㎡(6,400평)			
본 원 분 원 지역센터	14,926㎡ (4,515평) 5,440㎡ (1,645평) 792㎡(239평) 188㎡(57평) 245㎡ (74평)　359㎡(108 평)	'99.10 '69.10 '78.5 '82.7 '72.1	대전(연구단지 내) 서울(홍릉) 대구 광주 부산	사무실	임 차 임 차 임 차

5. 한국교육학술정보원9)

안녕하십니까?

세계는 지금 디지털 기반 속에서 새로운 지식과 정보를 습득하고, 문화를 창조하며 이를 통해 지식정보강국을 실현해 가고 있습니다.

우리나라의 경우도 1999년 4월 한국교육학술정보원(KERIS)을 설립하여 교육 및 학술연구에 필요한 각종 정보를 개발하고 공유할 수 있는 체제를 마련하고, 교육·학술정보화에 관한 국가 정책 수립을 지원하기 위한 연구를 수행하고 있습니다. 우리 원은 짧은 역사 속에서도 2003년 현재 다량의 멀티미디어 교육자료 개발, 전국에 산재한 교육컨텐츠의 공동 활용을 위한 교육정보 공유시스템의 운영, 교육행정 정보시스템의 운영, 대학간 학술연구정보 공동 활용 체제 구축, 국가 교육정보화 비전 및 정책개발 등 내실있는 사업들을 착실히 추진해 오고 있습니다. 국가 인적자원개발이 21세기 지식정보화 사회의 핵심 과제로 등장하고 있는 이때, 우리 원은 교육과 정보통신기술을 효과적으로 접목시킴으로써 교육 및 학술연구의 질적 수준을 높여 국가 인적자원개발에 이바지하고자 최선의 노력을 다하겠습니다.

앞으로도 KERIS가 국민의 신뢰 속에 국가발전에 기여하는 세계적인 교육학술정보화 추진 기관으로 발돋움 할 수 있도록 여러분의 아낌없는 성원과 협조를 부탁드립니다.

(한국교육학술정보원장)

(1) 어떻게 발전 되어 왔나

1996년. 6월 21일에 한국교육개발원 부설 멀티미디어교육연구센터가 설립되었고, 동년 9월 11일에 국내 최초 교육정보종합서비스 에듀

---

9) http://www.keris.or.kr/main/main.jsp

넷(EDUNET)을 개통하였다. 동년 12월 26일에 한국학술진흥재단 부설 첨단학술정보센터를 설립하였다. 1997년 3월 21일에는 한국교육방송원 부설 멀티미디어교육지원센터가 설립되었고, 1998년 5월 1일에는 국가 연구 경쟁력 강화를 위한 학술연구정보서비스를 개통하였다. 1999년 1월 21일에 한국교육학술정보원법을 공포(법률 제 5,686호)하여 멀티미디어교육지원센터와 첨단학술정보센터를 통합하여 한국교육학술정보원을 설립하였다. 동년 4월 22일에 한국교육학술정보원이 개원되고, 초대 원장에 서삼영 박사가 취임하였다. 2000년 4월 1일에 학교종합정보관리시스템 및 학생생활기록부 전산프로그램 업무를 개시하였고, 2000년 4월 20이에 전국 초·중등학교 정보인프라 구축 및 인터넷 연결 기념식을 거행하였다. 동년 8월 1일에 초·중등학교 정보통신기술 활용 교육지침을 개발하였다. 2001년 3월 23일에는 교육학술종합정보센터로 정보통신부로부터 지정받았다. 2001년 6월 22일에 제2대 원장에 김영찬 박사가 취임하였다. 2002년 2월 28일에 에듀넷 가입자 500만명을 돌파하였다. 2002년 4월 19일에 전국단위 교육행정정보시스템 중앙총괄센터로 교육인적자원부로부터 지정 받았다. 2002년 5월 22일에 전국교육정보공유체제 서비스를 개통하였다.

(2) 어떻게 찾아오나

서울 서초구 서초동 1467-80에 위치하고 있다.
지하철 2호선 이용시 방배역 하차 후 마을 버스 02-3, 03-03 03-0를 이용한다.

(3) 어떤 활동을 하나

〈조직〉
원장 아래 검사역 그리고 경영기획실이 있고 그 안에 기획조정팀,

홍보출판팀이 있다.

교육정보화실, 학술연구정보화실, 정책연구실, 정보서비스센터, 교육행정정보센터, 행정실이 있다.

〈비전 및 목표〉

〈비전〉

① 21세기 지식기반 국가를 이끌어가기 위한 창조적 인재 양성 및 교육 개혁 지원

② 지식기반사회의 핵심인 학술 연구 역량 증대를 위한 국가적 고급 지식정보공유 서비스 체제 구축

③ 교육행정의 효율성과 투명성 제고를 위한 전자 교육행정 서비스 체제 구축 지원

④ 누구나, 언제, 어디서나 원하는 교육을 받을 수 있는 사이버 교육 및 평생학습 체제 구현 지원

〈2003 목표〉

한국교육학술정보원은 국가 교육학술분야 정보화를 종합적·체계적으로 지원하기 위하여 교육학술정보화 관련 법·제도 정비 방안 제시, 교육학술정보의 표준화·체계화 추진, 핵심 컨텐츠 발굴을 통한 ICT 활용 교수-학습 서비스 확충, 전국 단위 교육행정 정보시스템 구축 사업의 안정적 운영 등을 중점적으로 추진하고 있다. 이를 위해 한국교육학술정보원의 2003년도 중점 추진 사업으로 『교육학술정보화 정책 지원 및 평가』, 『교육학술정보 공유·유통』, 『교육정보화 촉진 지원』, 『학술정보화 촉진 지원』, 『교육행정정보서비스 총괄센터 운영』 등 5가지 영역을 선정하였으며 내용은 다음과 같다.

① 교육학술정보화 정착을 위한 법·제도 정비 방안 제시 및 교육학술 정보화의 질적 제고를 유도하는 국가 교육학술정보화 평가체제 추진

② 인터넷 교육정보서비스인 『에듀넷』을 학생 및 학부모 650만명 이상, 교사의 90% 이상이 상시 이용하는 명실 상부한 국가 교육정보

종합서비스 시스템으로 발전

③ 『학술연구정보서비스(RISS4U)』를 400개 이상의 대학 및 연구소 등이 공동 이용하는 국가학술연구정보 시스템으로 발전

④ ICT 활용 교수-학습의 현장 실천 기반 조성 및 디지털자료실 지원센터 운영을 통한 공교육 내실화 및 학교도서관 활성화 지원

⑤ 교육인적자원부, 시·도 교육청, 학교 등과 유기적인 연계체제 강화를 통한 교육 행정정보시스템의 조기 정착

〈주요기능〉

① 에듀넷을 이용한 정보통신기술(ICT) 활용 교육 지원

② 교육 및 학술연구 정보 공동 활용 체제 구축.운영

③ 교육용 컨텐츠 및 핵심 소프트웨어 확보.보급

④ 교원 및 학생의 ICT 활용 능력 배양을 위한 연수.교육 지원

⑤ 교육정보화 실태조사 및 평가, 표준화, 정책개발 연구

⑥ 각급 학교 및 교육행정 기관의 교육행정 정보화 지원

⑦ 사이버 교육 및 평생 교육 정보화 지원

⑧ 각급 학교 도서관 전산화 및 전자도서관 구축 지원

(4) 정보서비스 센터는 어떤 활동을 하나

〈슬로건〉

국가수준의 교육학술정보 공유·유통 기반 확산

〈추진목표〉

① 교육학술정보 표준화 및 체계화

② 교육정보공유체제 구축 운영

③ 에듀넷/RISS4U 운영

④ S/W개발 및 시스템 운영 관리

〈추진내용〉

① 교육학술정보 표준화 및 체계화

- 교육학술정보 표준화 중장기 계획 수립 및 정책 발굴(3종)
- 교육학술정보 분류 체계 및 표준 메타데이터 개발(각 1종)
- 교육학술정보 표준화 위원회 구성·운영 및 국내외 표준 기구 활동 참여
② 교육정보공유체제 구축 운영
- 전국교육정보공유체제 종합발전방안 수립 및 협의회 운영(2회)
- 전국교육정보공유체제 기술지원 컨설팅 및 확대 운영
- (4개 시·도 교육연수원 및 교사동호회, 유관 기관 등)
③ 에듀넷/RISS4U 운영
- 에듀넷의 교수-학습 지원 서비스 강화로 수업개선 및 수준별
- 학습 지원 (수업 사례 동영상 컨텐츠 제공, 평가문항 서비스,
- 사이버 선생님 서비스 등)
- 에듀넷을 교수·학습의 활동을 지원하는 교육전문 커뮤니티로 확대
- 발전 (프로젝트 학습방, 협동 토론 학습방 등 교사-학생, 학생
- 상호간의 지식정보 교류 커뮤니티 100개 운영)
- 대학도서관 학술정보유통(종합목록, 상호대차) 운영 체제 개선
- (데이터 검증 자동화, 웹기반 서비스 시범 운영 등)
- 에듀넷 및 RISS4U 서비스 품질 제고를 위한 체계적 통계 관리
- 방안 마련 및 사용자 인터페이스 개편(2회)
④ S/W 개발 및 시스템 운영 관리
- 에듀넷 및 RISS4U의 통합플랫폼 구성을 위한 방안 마련(계획서 1종)
- 에듀넷 및 RISS4U 시스템 기능 고도화
- 차세대 서비스를 위한 모바일 서비스 및 시스템 모델 제시
- 시스템 가용성 증대 및 성능 고도화(가용성 99.5% 이상 유지)
- 원내 정보시스템 발전 방안 수립 및 지식자원관리 시스템 구축

〈자료실의 활동〉

보고서, 연수교재, 교육정보화 백서, ACEN웹진, 서버재활용S/W, 에듀넷 계간지, 웹진, 기타 등 각종 교육관련 연구보고서를 제공하고 있다.

⑸ 학술연구정보사업은 어떤 활동을 하나

〈국내소장 학술정보〉

① 종합목록 서비스

a) 사업추진배경 및 목적

- 본 사업은 대학 및 기타 기관이 소장한 서지정보를 통합·구축함으로써 학술정보의 소재처 뿐 아니라 자료의 원문까지도 연계하여 이용할 수 있는 국가적 학술정보 유통의 기반을 조성하는 데 목적을 두고 있다.

- 종합목록 데이타베이스내 표준화된 고품질의 목록레코드를 제공하여, 도서관간 동일 서지에 대한 중복 목록작업을 지양하고 목록작성에 소요되는 인력·예산을 절감하고 고가의 해외 서지유틸리티를 구매하여 제공함으로써 도서관간 동일 해외 서지유틸리티의 중복 구매를 지양하여 예산을 절감하고 있다.

b) 사업추진내용

- 종합목록 참여기관 확대 추진 및 회원제 운영 안정화

- 종합목록시스템 회원기관 및 이용자 인터페이스 개선
상용 도서관시스템과의 연계 강화 및 웹 이용 학술연구자 검색 인터페이스 개선

- 종합목록 신규 서지데이타 확보 및 기구축 데이터 정비

- 공동목록작성 입력표준지침 작성 및 보급

- 해외 서지유틸리티 제공 및 서비스 운영
OCLC, LC 데이터의 지속적인 제공 및 신규 해외DB 도입 추진

- 공동목록시스템 클라이언트 프로그램 이용교육 실시
- 신규 참여기관의 담당사서를 대상으로 프로그램 이용방법 교육
  실시
② 상호대차 서비스
 a) 사업추진배경 및 목적
 ○ 국내학술자료의 공동활용 체제 구축 및 국내보유 학술정보의
   범위 확대
 - 학술연구자의 자료 소장정보 확인을 통한 One-stop 학술정보
   이용체제 구축
 - 분담수서 유도를 통한 국내 보유 학술정보 범위 확대 및 자원
   공유 체제 정착
 ○ 상호대차 담당사서의 업무 효율성 증대
 - 상호대차 업무의 자동화 및 중앙비용정산을 통한 담당 사서 업
   무 효율성 제고
 b) 사업추진내용
 ○ 참여기관 확대 및 그룹화 추진
 ○ 시스템 이용교육 실시
 - 신규 참여기관의 담당사서를 대상으로 프로그램 이용방법 교육
   실시
 ○ 해외상호대차 시스템 연계
 - OCLC, NII, BLDSC와의 연계방안 추진
 ○ 해외상호대차 서비스 운영
 - 참여기관 확대 및 교육지원
 - 일반 이용자 신청지원 시스템 도입을 시범서비스 운영
〈링크〉 학술연구자 대학도서관
③ 원문학술정보서비스
a) 사업추진배경 및 목적
○ 본 사업은 학회 및 대학 생산 학술논문을 통합 구축·유통하고

타 기관과의 연계를 통한 기 구축 원문의 공동이용으로 서비스 범위 확충 및 이용자 편의 도모하는데 목적이 있다.

○ 국내 석박사 학위논문 및 해외취득 박사 학위논문을 수집 구축하여 학술연구자들에게 최신의 논문 자료 제공하고자 원문학술정보서비스를 운영하고 있다.

b) 사업추진내용

○ 국내 학회 및 대학생산 학술논문 컨텐츠 확충

○ 민간업체 보유 학술논문 연계

○ 국내 석박사 학위논문 컨텐츠 확충

 - 대학도서관 석박사 학위논문 원문 URL 연계

 - 국내 석박사 학위논문 원문 구축

○ 해외취득 박사 학위논문 컨텐츠 확충

④ 기사색인서비스

a) 사업추진배경 및 목적

○ 본 사업의 목적은 대학간 학술지 원문 공동활용을 위해 필수적인 권호소장정보와 기사색인의 구축을 통하여 대학간 공동활용 및 국내 소장 학술정보의 유통망 형성하고 대학별로 비표준화된 권호소장정보 기사색인 입력 지침 제공을 통하여 고품질의 데이터 제공 및 표준화 유도에 있다.

b) 사업추진내용

○ 학술지 권호소장정보 구축

○ 해외 학술지 기사색인 구축 및 통합검색 제공

 - 외부 기사색인DB 변환 구축

 - 대학 구축 기사색인 통합 구축

○ 권호소장정보 및 기사색인 입력 지침 보완 및 표준화 유도

6. 한국과학기술원 과학도서관10)

한국과학기술원(KAIST) 과학도서관은 1971년 한국과학원(KAIS) 도서실로 출발하여 한국과학기술연구원(KIST) 도서실과의 통합·분리 과정을 거쳤으며, 교육과 연구를 통해 과학의 발전과 기술의 혁신을 선도하여 국가사회에 이바지하고, 독창력과 응용력을 발휘할 수 있는 우수한 자질을 가진 지도적 과학기술 영재를 양성한다는 목표 아래 1990년 3월 과학기술대학(KIT)과 통합 운영하게 됨과 동시에 이용자의 편의를 최대로 고려해서 설계한 지하1층 지상4층의 현대식 건물을 준공하여 중앙관으로 개관하게 되었으며, 교양분관과 연계 운영하여 과학기술분야의 최신정보를 효율적으로 제공하고 있다. 과학도서관은 미국 의회도서관 분류체계(LC Classification Schedule)를 채택하고 있으며, 완전 개가제를 실시하여 이용자가 자료를 직접 이용할 수 있도록 운영하고 있다.

조직은 원장 아래에 부원장이 있고, 그 아래 과학기술전자도서관이 있으며, 스탭조직으로 정보시스템연구소가 있으며, 정보개발팀, 정보운영팀, 정보통신팀으로 구성되어 있다.

(1) 어떻게 발전되어 왔나

1971년 2월에 KAIS(한국과학원) 도서실이 설립되었고, 1981년 1월에 KAIS와 KIST(한국과학기술연구원) 도서실이 통합(KAIST)되었다. 1986년 3월에는 KIT(한국과학기술대학) 도서관을 개관하였으며, 1988년 6월에 KIST(한국과학기술연구원) 도서실이 분리되었다. 그런데 1990년 3월에는 KAIST와 KIT(한국과학기술대학) 도서관이 통합되어 자동화시스템개발 및 전자도서관체제를 구축하였다.

---

10) http://darwin.kaist.ac.kr/Ko/main.html

1986년 6월에 도서관업무 자동화시스템을 자체적으로 개발 착수하였으며, 동년 7월에는 단행본 데이터를 입력하였고, 동년 9월에 목록시스템을 개발하였으며, 동년 11월에 양서 14,431권을 입력 완료하였으며, 동양서 단행본 데이터를 입력하였다.

1987년 4월 장서종합목록(서양서) 및 카드목록 자동출력, 7월 대출/반납 관리시스템 개발 완료, 8월에 BARCODE시스템을 도입하였다. 1988년 2월에 문헌정보 검색시스템(OPAC) 개발을 완료하였고, 동년 10월에 연속간행물 기사색인 및 검색시스템을 개발하였다.

1994년 9월 국내과학기술계국제학술논문 실적정보서비스시스템 개발 및 운용, 11월 한국형표준도서관리시스템 개발계획 수립, 12월에 도서정보시스템 교체운용(UNIX 버전)하였다.

1995년 1월 한국형표준도서관리시스템 개발 착수, 9월에 온라인학술잡지목차정보서비스시스템 개발 및 운용하였다. 1996년 9월에 국가전자도서관 시범사업에 참여하였으며, 1998년 6월에 한국형표준도서관리시스템 개발을 완료하였다.

⑵ 어떻게 찾아오나

주소는 대전광역시 유성구 구성동 373-1(우편번호 305-701)이다.
전화는 042-869-2110, FAX는 042-869-2230 이다.

⑶ 어떤 시설이 있나

시설은 건물 5,197평이며, 열람석은 1,283석이다.

〈중앙관〉
4층에 단행본실(단행본), 개인학습실(개인학습실 16실) 복사실(복사실 사무실, 소장자료복사 및 Self 복사)이 있다.

3층에 연속간행물실(국내외 신간 및 구간 잡지), 원문정보제공(비소장자료의 복사신청 및 제공), 단체학습실(단체학습실 2실), 복사실(소장자료 복사)이 있다.

2층에는 참고정보실(참고도서, 초록집, 학위논문, 연구보고서), 정보검색(온라인 검색, 정보검색 안내), CD-ROM Server(CD-ROM Networking System), 마이크로폼 자료(마이크로폼 자료의 열람 및 복사)가 있다.

그리고 1층에는 수서/정리(수서, 정리, DB 구축, 시스템개발), 대출/반납(단행본, 학위논문, 연구보고서 대출, 반납), 휴게실(신문, 교양잡지 열람 및 Internet Caf)이 있다.

지하에는 지하서고(보존용 학위논문, 학술잡지 복본)이 있다.

〈단행본실〉 과학도서관 4층에는 전공관련 서적이, 2층에는 인문사회과학 도서와 교양도서가 LC(미국의회도서관) 분류번호 순으로 배열되어 있으며, 대출하고자 할 때는 이용자가 직접 서가에서 찾아 1층 대출실에서 대출받을 수 있다.

〈단체학습실 및 개인학습실〉 과학도서관 3층에는 2개의 단체학습실이 있다. 단체학습실은 3명이상 그룹이어야 하고, 일 2시간 단위로 이용할 수 있으며 이용신청서와 학생증을 담당직원에게 제출하고 이용하면 된다. 또한 4층에는 16개의 개인학습실이 있으며 2시간, 4시간, 하루단위로 담당직원에게 신청하여 이용할 수 있다.

〈휴게실〉 1층에는 신문열람실을 설치하고 각종 일간지를 비치하여 휴식공간으로 활용하도록 하였으며, 인터넷 활용을 위한 PC와 공중전화 그리고 원내전화가 설치되어 있다. 또한 4층 라운지에는 비치파라솔을 설치하여 휴식공간으로 이용할 수 있도록 하였다.

〈복사실〉 도서관에서는 외부업체가 운영하는 복사실이 입점하고 있으므로 자료의 복사와 관련되는 제반사항은 복사실로 문의하면 된다. 또한 무인복사기도 설치되어 있으므로 복사카드를 구입하여 직접 사용할 수 있다.

〈교양분관〉

2층에 교양자료실(교양도서), 자유열람실(연중무휴 24시간 이용 가능)이 있다. 1층에는 교육지원실(컴퓨터 동아리실, 컴퓨터교육실, 세미나실)이 있다.

〈단행본실/교양잡지실〉 이용빈도가 높은 교양도서를 LC분류번호 순으로 배열하여 완전개가제로 운영하므로 자유롭게 열람할 수 있으며, 학부학생들의 교양 및 여가를 위하여 교양잡지실을 운영하고 있다.

〈과제도서 및 참고도서실〉 학부과정에 필요한 전공도서(과제도서) 및 기본적인 참고도서를 비치하고 있으며, 과제도서의 대출은 일반도서와는 달리 익일(다음날)까지 대출할 수 있다.

〈자유열람실 및 세미나실〉 자유열람실은 총 824석으로 구성되어 있으며, 24시간 연중무휴로 이용할 수 있다. 세미나실은 중세미나실, 소세미나실로서 규모에 따라 조정하여 사용할 수 있으며 이용신청은 2층 대출실에서 한다.

〈SPARCS ROOM〉 컴퓨터를 좀 더 깊게 익히고 활용하여, 컴퓨터가 모든 이들에게 도움이 되도록 노력하는 학생들의 모임인 컴퓨터 동아리(SPARCS) 방이 1층에 위치해 있다. 이 동아리는 도서관내에 설치된 각종 학생용 컴퓨터의 관리, 운영을 담당하고 있다.

〈컴퓨터 교육실〉 컴퓨터 관련 응용 S/W의 원내 교육을 위한 교육실에는 20대의 PC와 교육에 필요한 장비들이 설치되어 있으며 연간 교육계획에 의거해서 사용되고 있다.

(4) 자료는 어떻게 이용하나

개관 시간은 중앙관은 월요일부터 금요일까지는 오전 9시부터 오후 24시까지이며, 토요일은 오전 9시부터 오후 5시까지이며, 일요일은 오후 1시부터 오후 6시까지이다.

교양분관은 월요일부터 금요일까지는 오전 9시부터 오후 24시까지 이며, 토요일은 오전 9시부터 오후 5시까지이며, 일요일은 휴관한다. 교양분관 자유열람실은 연중 무휴 24시간 개방한다.

자료현황(2001년 3월 기준)은 단행본 189,436권(도서: 148,192권, 학위논문: 16,685권, 연구보고서: 24,559권)이며, 학술잡지는 신간 1,453종, 제본 82,865권이다.

교양잡지는 신간 131종, 제본 6,588권이며, 비도서자료는 CD-ROM 42종, M/F자료 10,171점이다. 데이터베이스 보유현황은 과학기술종합도서정보는 단행본 860,000종(980,000 소재정보), 학술잡지 10,600종(1,700,000 Issues)이다. 전담관리자료는 37,763권(학위논문: 15,362권, 연구보고서: 22,401권)이며, 전문정보는 4,493,038건(학술잡지 목차정보: 4,000,000건, 석·박사학위논문원문정보 : 7,277건, 기초과학전문정보 : 402,761건, 학술연구논문인용정보 : 84,000건)이다.

〈대출/반납〉 대출하고자 하는 자료의 소장유무를 검색시스템을 이용하여 확인하고, 소장위치(중앙도서관, 교양분관, 수학연구센터, 서울분원) 및 자료성격(과제도서, 참고도서)을 파악한 후 대출상태를 확인한다. 대출가능도서이면 소장위치를 확인한 후 이용자 자신이 직접 서가에서 자료를 찾아 이용자 ID(신분증)와 함께 대출실에 제출하면 대출 받을 수 있으며, 본인이 현재 대출중인 도서 중에 연체도서가 있거나 미납연체료가 있으면 대출을 할 수 없다. 참고도서와 학술잡지는 대출할 수 없으며, 과제도서는 교양분관에서 대출할 수 있다.

대출한 도서는 반드시 반납예정일 까지 반납하여야 하며, 반납시 반납처리사항을 확인한다.

〈일반도서 대출 한도 및 기간〉 교직원은 20권 1개월, 강의용 도서는 6개월이다. 학생은 10권 15일, 과제도서는 1일이며, 위촉연구원 등은 10권 15일, 해당학과에서 대출허용 공문을 발송한다.

〈대출연장 및 예약 서비스〉 대출기간을 연장하고자 하는 경우에는 반납예정일 이전에 대출한 도서를 대출실에 제출하여 대출연장을 신청하면 대출기간을 연장할 수 있다. 단 대상도서가 반납예정일이 지난 경우와 예약이 되어있는 경우 그리고 연체도서가 있는 경우에는 대출연장이 불가능하다.

대출하고자 하는 자료가 이미 대출되었을 경우에는 검색시스템에서 직접 예약할 수 있으며, 예약된 도서는 반납 즉시 예약신청자에게 E-Mail로 통보되며 대출실 예약도서 코너에 1주일간 별치한다.

〈연체료 징수 및 변상〉 대출한 도서를 기일 내에 반납하지 못했을 경우에는 연체도서 1권당 1일 100원의 연체료가 부과된다.(연체료를 지불하지 않았을 경우 재학생은 자료대출이 중지되고 졸업예정자는 졸업준비 과정에 불이익을 받게 된다.) 대출한 도서를 분실 또는 훼손하였을 경우에는 즉시 대출실에 신고한 후 동일도서로 변상하여야 한다. 단, 동일도서로 변상이 불가능한 경우에는 분실자료 변상처리 기준에 의거하여 변상하여야 한다.

7. 농업과학도서관11)

농촌진흥청 농업과학도서관 홈페이지를 찾아주신 것을 진심으로 환영합니다. 우리 농업과학도서관은 20여만에 달하는 농업관련 전문서적을 소장하고 있는 농업전문도서관으로서 소장자료 전체에 대한 서지사항을 데이터 베이스화하였으며 우리청 발간자료에 대해서는 원문 전체를 디지털화하여 소속연구원, 농업관련대학은 물론 농업인을 비롯한 전 국민을 대상으로 서비스를 제공하고 있습니다. 앞으로도 저희 농촌진흥청 농업과학도서관은 21세기 농업과학기술 디지털 정보시대를 선도하는 농업전문도서관으로서의 소임을 다하고 더욱 봉사하여 사랑받는 도서관이 되도록 최선을 다하겠습니다. 앞으로 더

---

11) http://lib.rda.go.kr/Announce/Greet.asp

많은 애정과 관심을 부탁드립니다. 감사합니다.(농업경영정보관)

(1) 어떻게 발전 되어 왔나

1906년에 조선총독부 권업모범장 설립(수원) 총무과 서무에서 자료실이 운영되었고, 1907년에 2층 벽돌 독립건물 신축하여 이전(36평)하였다. 1955년 6.25 동란으로 도서관 건물이 파괴도어 임시 건물로 이전, 도서관 업무를 계속하였다. 1957년에 농사원이 직제가 개편되어 농사시험장 기획과에 도서실을 운영하였고, 1962년에는 농촌진흥청 직제가 개편되어 시험국 연구조정과 문헌관리계에서 도서실을 운영하였고, 도서실 전담직원 3명(사서직 2, 기능직 1)을 임용하였다. 1968년에는 현도서관 건물 1층이 신축 완공(150평)되었고, 도서관 운영이 문헌관리계에서 도서계로 분리 이전되었으며, 도서관 전담직원을 5명(사무관 1, 사서직 2, 기능직 2)으로 늘였다. 1970년에 현3층 콘크리트 건물을 신축 완공(850평)하였고, 도서관 운영 전담과 연구문헌과를 신설(직제 개편)하였다. 1973년에 연구문헌과에서 연구조성과로 개명, 1994년 연구조성과에서 연구협력과로 개명, 1998년에 연구협력과에서 농업통계분석담당관실로 업무이관 후 도서관 운영 규정을 개정하였다. 1999년에는 농업통계분석담당관실에서 기술정보화담당관실로 개명되었다.

(2) 어떻게 찾아 오나

농촌진흥청 농업과학도서관의 주소는 경기도 수원시 권선구 서둔동 250이다. 전화는 031) 299-2386이며, FAX는 031) 299-2384 이다. 자가용은 수원역에서 인천(웃거리) 방면 약 1km이다. 버스는 11, 13, 13-1, 36, 37, 39, 92번 수원역에서 약 5분 소요되며, 지하철은 화서역에서 하차한다.

(3) 자료는 어떻게 이용하나

소장 자료는 단행본, 학술잡지, 학술논문, 학위논문, 농업고서, 농업 진흥청발간도서로 나눈다. 소장자료 단행본은 합계 195,448권, 농업전반 105,866권, 사회과학 21,144권, 기술과학 15,581권, 자연과학 38,957권 기타 13,900권이다.

〈정기간행물 구독현황〉

신문은 39종, 국내정기간행물 194종이다. 해외정기간행물 671종으로 일본정기간행물 184종, 공산권정기간행물 60종, 구미정기간행물 (Print)427종이며, 전자저널은 3,500 여종이다.

〈WEB DB와 ROM DB 현황〉

CD ROM DB는 AGRIS, CABI, MEDLINE, Book in Print PLUS, Food Science and Technology Abs. Pest Bank 이다.

WEB DB는 Web of Knowledge, Web of Science, SwetsNet, Ovid, Information Quest 이다.

〈주요 외국잡지〉

(1) Advances in Agronomy(Academic Press)

(2) Advances in Insct Physiology

(3) Agricultural Economics(Elsevier)

(4) Agronomy Journal

(5) American Journal of Agricultural Economics(American Agri-cultural Economics Association)

(6) American Journal of Botany(BSA)

(7) Annals of Botany(Academic Press)

(8) Annual Review of Phytopathology(Annual Reviews)

(9) Annual Review of Plant Physiology and Plant Molecular Biology(Annual Reviews)

(10) Cell(Print Only)

(11) Crop Science

(12) Euphytica

(13) FEMS Microbiology Letters(Elsevier)

(14) Gene(Elsevier)

(15) HortScience

(16) J. of Agri. and Food Chemistry

(17) J. of Biological Chemistry

(18) J. of Food Science

(19) J. of the Ame. Soc. for Hort. Sci.

(20) Journal of Bacteriology(ASM)

(21) Journal of Cell Biology(Rockefeller)

(22) Journal of Molecular Biology(Academic Press)

(23) Journal of the Association of Official Chemists(AOAC International)

(24) Meat Science(Elsenier)

(25) Molecular Genetics and Genomics(Springer)

(26) Nature

(27) Nature Biotechnology(RSCD)

(28) Netherlands Milk and Dairy Journal(Association for the Advancement of dairy Science)

(29) Pesticide Science

(30) Physiologia Plantarum(Munksgaard International Publishers)

(31) Physiological and Molecular plant Pathology(Academic Press)

(32) Phytochemistry(Elsevier)

(33) Phytopathology

(34) Plant Cell Physiology(Japanese Society of Plant Physiology)

(35) Plant Cell Reports(Springer)

(36) Plant Disease(American Phytopathological Society)

(37) Plant Molecular Biology(Kluwer Academic)

(38) Plant Pathology(Ovid)

(39) Plant Physiology

(40) Plant and Soil

(41) Planta(Springer)

(42) Proceedings of the National Academy of Scienses of the United of

(43) Soil Biology and Biochemistry(Elsevier)

(44) Soil Science(Ovid)

(45) Soil Science Soc. of Ame. J.

(46) The Plant Cell

(47) Theoretical and Applied Genetics(Springer)

(48) Virology(Academic Press)

(49) Weed Science

(4) 어떤 업무를 담당하나

담당 업무를 보면 도서관운영 총괄, 도서관리전산화, 농업과학도서관 홈페이지 관리, 해외농업문헌정보 및 위탁사업관리, 국내·외 문헌정보관리 및 D/B구축, 상호대차 및 국내·외 문헌정보 제공, 인터넷 대출서비스 및 정기간행물관리, CD-ROM관리 및 D/B 입력, 원문 D/B 입력, AGRIS 사업자료관리, 중국농업학술지 D/B구축 등으로 나눈다.

〈이용규정〉

총 칙

제1조 (목적 및 적용범위)

1. 이 예규는 농촌진흥청농업과학도서관(이하 "도서관"이라 한다) 자료의 수집·관리 및 이용 등에 관하여 필요한 사항을 규

정함을 목적으로 한다.

2. 농촌진흥청 소속기관 및 도농업기술원이 도서실을 운영하는 경우에도 이규정에 준하여 운영한다.

제2조(정의)

1. 이 예규에서 사용하는 용어의 정의는 다음과 같다. "도서관자료"(이하 "자료"라 한다)라 함은 도서관및독서진흥법 제2조 제3호의 정의규정을 준용한다.

2. "전산화 문헌정보"라 함은 도서관에서 관리하는 디스크·테이프·디스켓·필름 등 전산화된 기록매체를 말한다.

3. "농촌진흥공무원"이라 함은 농촌진흥청과 소속기관·각도의 농업기술원 및 시·군농업기술센터에 소속된 공무원을 말한다.

〈자료의 수집〉

제3조(수집방법)

자료의 수집은 구입·기증·교환, 본청과 소속기관의 제 출, 자체생산 및 통신망을 이용하여 수집한다.

제4조(자료의 제출)

1. 농촌진흥청에 접수되는 도서·간행물과 농촌진흥공무원이 국내외 여행 및 출장지에서 수집한 자료중 농촌진흥사업에 참고가되는 자료는 도서관에 제출하여야 한다.

2. 농촌진흥청과 소속기관 및 도농업기술원에서 발간한 간행물은 2부 이상을 도서관에 제출하여야 한다.

제5조(구입희망도서의 신청)

농촌진흥공무원이 직무와 관련하여 구입을 원하는 도서가 있는 경우에는 그 도서의 저자명, 서명, 출판년도, 출판사, 가격 등을 기재하여 도서관에 구입을 신청할 수 있다.

제6조(신청도서의구입)

제5조의 규정에 의거 신청된 도서는 예산의 범위 내에서 도서구입계획에 포함하여 구입한다.

〈자료의 관리〉

제7조(자료의 정리)

1. 수집된 모든 도서는 분류·편목하여 "별지" 제1호서식의 도서 접수대장에 등재한 후에 열람·대출할 수 있으며 장기간 보존할 가치가 있는 도서는 "별지" 제2호서식의 도서등록원부에도 등재하여야 한다.

2. 전산화된 문헌정보는 "별지" 제3호서식의 전산자료등록원부에 도서류에 준하여 등재하고 필요시 전산기에 수록할 수 있으며 통신망 이용정보는 전산망에 연결하여 관리한다.

제8조(자료의 보수)

보존할 가치가 있거나 중요하다고 인정되는 자료에 대하여는 보수 등 필요한 조치를 하여야 한다.

제9조(자료의 폐기·제적 등)

자료의 효율적 이용을 위하여 이용가치가 없게되거나 오손된 자료는 도서관및독서진흥법에 준하여 폐기 또는 제 적할 수 있다.

제10조(희귀자료의 보관)

희귀자료는 보관의 안전성과 이용자의 편의를 위하여 복제 또는 전산매체에 보관할 수 있다.

〈자료의 이용〉

제11조(자료의 이용시간)

자료의 이용시간은 정규근무시간에 준하되 필 요에 따라 이를 연장 또는 단축할 수 있다.

제12조(자료의 열람 및 대출대상자)

1. 자료열람자는 농촌진흥공무원과 기타 신원확인이 가능한 자로 한다.

2. 자료대출자는 농촌진흥공무원과 도서관 담당과장의 허가를 얻은 자로 한다.

제13조(자료의 이용절차방법)

1. 자료의 열람은 자료의 수에 제한이 없 으며 도서관내에서만 열람하여야 한다.

2. 자료의 1회 대출한도는 10권 이하로써 대출기간은 14일 이내로 하며 1 회에 한하여 7일까지 연장할 수 있다.

3. 농촌진흥공무원 이외의 이용자가 대출하고자 할 때는 농촌진흥공무원 2인 이상의 연대 서명으로 대출을 받을 수 있다.

4. 전산정보검색은 이용자가 직접 검색하는 것을 원칙으로 하되 필요시 도서관 담당과장에게 검색을 요청할 수 있다. 단, 검색에 소요되는 경비가 과다할 경우에는 예산사정에 따라 검색건수를 제한할 수 있다.

5. 문헌복사는 직접복사 하거나 소정양식에 의거 도서관 담당과장에게 복사를 의뢰할 수 있으며 농촌진흥공무원이외의 이용자는 복사용지를 지참하여야 한다. 이 경우 도서의 전체복사는 금지하는 것을 원칙으로 하고 예산사정에 따라 복사매수를 제한할 수 있다.

제14조(자료의 대출제한)

신문·관보·회보류, 사전·연감·통계자료, 사업보고서, 희귀도서, 학술잡지는 특별한 경우가 없는한 대출을 하여서는 아니된다.

제15조(자료관리 책임자의 임무)

도서관을 관장하는 부서의 장은 농업 기술정보를 이용자에게 효율적으로 제공하기 위하여 필요한 시책을 강구 하여야 하며 관련부서의 장은 이에 협조하여야 한다.

〈자료의 반납 및 변상〉

제16조(대출자료의 반납)

대출자료는 반납기한이 도래하기 전이라도 도서 관의 사정에 따라 반납을 요구할 수 있으며 다음의 경우에는 지체없이 반납하여야 한다.

1. 전출·파견·휴직·퇴직 등으로 신분 또는 근무지가 변동될때

2. 1월이상 병가, 휴가, 교육, 출장 등으로 현직에서 근무를 하지 못할때

제17조(손망실자료의 변상)

1. 자료를 찢거나 이를 잃어버린 이용자는 원본과 같은 자료로 변상하여야 한다.
2. 제1항의 변상이 불가능할 때에는 원본의 시중가격에 상당하는 금액을 현금으로 변상하여야 한다. 단, 국내에서 구입이 어려운 자료일 경우에는 이를 구입하는데 필요한 경비를 포함할 수 있다
3. 변상의무자가 변상하지 않으면 자료이용을 할 수 없다.
4. 제16조의 대출자가 반납하지 않는 경우에도 제3항을 준용한다.

〈자료의 상호대차 및 교류〉

제18조(자료의 상호대차)

농촌진흥공무원이 소속기관 및 각도 농업기술원의 자료를 이용하고자 할 때에는 그 기관에 소속된 공무원이 아닐지라도 신분 확인후 이규정을 적용하여 자료를 상호대차하여야 한다.

제19조(자료의 교류)

1. 소속기관 및 각도 농업기술원은 농업문헌 종합데이터 베이스 구축에 필요한 신규입수자료를 도서관리 프로그램에서 기계가독형목록(MARC)으로 반입 받아 매분기말까지 통계분석담당관에게 전산디스켓으로 제출하여야 한다.
2. 통계분석담당관은 제출받은 신규입수자료를 데이터베이스화하여 전산망을 통하여 신속히 자료를 교류하여야 한다.

〈부칙〉

1. 이 예규는 발령한 날부터 시행한다.
2. 이 예규 시행과 동시에 종전의 농촌진흥청문헌정보관리규정(농촌진흥청예규 제30호)은 이를 폐지한다.
3. 이 예규 시행당시 종전의 농촌진흥청문헌정보관리규정에 의하여 시행된 행위는 이 예규에 의하여 시행된 것으로 본다.

제9장 전문도서관 길라잡이

9.1 LG 상남도서관[1]

(1) 어떻게 발전되어 왔나

1994년 6월 9일에 LG상남도서관 설립계획 공표하였고(LG연암문화재단 설립 25주년 기념식)동년 8월에 도서관 증/개축 공사 및 전자도서관 정보 시스템 구축 시작하였다.

1995년에 1월에 자료 입수 및 디지털화 작업 시작하여 동년 12월에 전자도서관 정보시스템(ELIT:Electronic Library Information Tour)구축 완료 및 시범 서비스 실시하였다.

1996년 1월에 국가 초고속 정보화 시범사업에 정보제공자로 참여(정보통신부 주관)하였고, 동년 4월 17일에 LG상남도서관 개관식을 거행하였다.

동년 11월에 열린학교 시범사업 및 동아일보 IYC(Internet Youth Camp)운동에 참여(정보화 우수 대학에 PC 450대 기증)하였다. 1997년 6월 9일에 WWW 서비스 시스템 및 인트라넷 구축 프로젝트 시작하였고, 동년 4월 17일에 개관 1주년 : WWW 서비스 개시(http://www.lg.or.kr)하였다. 1998년 4월 17일에 개관 2주년 기념식을 거행하였고, 동년 4월에 회원 이용현황 온라인 설문조사(4/27 –

---

1) http://www.lg.or.kr/

5/31)를 실시하였다. 동년 9월에는 제1회 전국 도서관 홈페이지 경연
대회 우수상을 수상하였다.

1999년 4넝 17일에 개관 3주년을 맞이하여 홈페이지를 전면 교체
하였고, 1999년 5월에 홈페이지 접속 100만회 돌파하였다. 199년 9월
에 제2회 전국 도서관 홈페이지 경연대회 최우수상, 1999년 11월에
논문 원문 제공 서비스 300만회 돌파하였다. 2000년 3월에 논문 원문
제공 서비스 400만회 돌파, 동년 6월에 논문 원문 제공 서비스 500만
회 돌파하였다. 동년 7월에 원문 우편서비스 실시, 동년 10월에 서비
스 개선을 위한 온라인 설문조사(10/8~10/27), 동년 11월에 과학기술
분야 전문 포털사이트로 개편하였다. 2001년 4월에 개관 5주년을 기
넘하였고, 동년 7월에 한국교육학술정보원과 "학술정보 공동 활용
및 상호 협력에 관한 협정" 체결하였다. 2002년 1월에 홈페이지 접속
400만회 돌파하였고, 동년 4월에는 개관 6주년, 8월에는 온라인 설문
조서를 하였다. 동년 8월에는 도서관 회원 7만명 돌파하였다.

〈설립 목적〉

LG상남도서관은 재단법인 LG연암문화재단이 우리나라 기술과 학
문의 발전에 이바지 하고자 설립 운영하는 과학 기술 분야의 전문도
서관이다. 具滋暻 LG 명예회장이 기증한 사저를 기반으로 설립된 우
리나라 최초의 디지털 도서관으로서 1996년 4월 17일 개관했으며, 국
내에서 구하기 힘든 해외 과학기술 관련 정보를 집중적으로 수집해
서 서비스하고 있다.

회원제로 운영되고 있는 저희 도서관의 주이용자는 전국 대학의
이공계 교수 및 대학원생/ 대학생, 그리고 정부 출연 연구소와 기업
연구소의 연구원 등이며, 이들은 언제 어디에서든 도서관 정보 시스
템에 접근하여 정보를 검색하고 필요한 자료의 원문을 신청할 수 있
다.

LG상남도서관은 사립 공공도서관으로서 도서관이 정한 회원의 자
격을 갖추고 있는 분이면 누구든 무료 가입하여 이용할 수 있다.

(2) 어떻게 찾아오나

주소 : (110-280)서울 종로구 원서동 136번지

대표전화 : (02)708-3700 FAX : (02)708-3718, 3719

LG상남도서관은 창덕궁 (비원)옆 현대그룹 사옥 뒷편에 있으며, 지하철 3호선 안국역에서 내려 현대빌딩 방향(GATE 3번)으로 나오셔서 도보로 5~10분 거리에 위치하고 있다.

교통편은 버스는 2, 5, 8, 20, 84, 205번, 지하철은 3호선 안국역에서 하차하여 도보로

(3) 어떤 시설이 있나

LG상남도서관은 부지 492평, 면적 463평(지상 3층, 지하 1층)의 규모를 갖추고 있으며, 다음과 같은 시설로 이루어져 있다.

〈지하층〉DB 제작실 : 학술잡지와 회의자료집 등의 서지 DB를 제작하며, 원문우편서비스를 제공하고 있다.

〈1층〉서 고 : DB제작이 끝난 자료 원본을 보관하고 있다.

참고정보실 : CD-ROM과 CD-I 등에 수록된 참고정보를 검색할 수 있다. (6석)

정보상담실 : 정보검색 전문가가 정보 상담에 응하며 도서관에 대한 안내도 한다.

정보검색실 : 방문 이용자를 위한 멀티미디어 PC를 갖추고 있다. (14석)

전산관리실 : 디지털도서관을 구성하는 모든 정보시스템과 네트워크를 관리한다.

관장실, 휴게실, 기념홀

〈2층〉시청각 세미나실 : 비디오 프로젝터와 100인치 스크린 및 PC, TV, VTR, LDP,실물투사기 등을 갖춘 다용도 세미나실이 있는

데 적정 이용 인원은 40명이다. 응접실, 회의실, 사무실 등이 있다.

〈3층〉영상자료실 : 세계 각국에서 제작된 학술 영상 자료를 대출해 시청할 수 있다.

(1인용 부스 2개, 2인용 부스 2개, 4인용 부스 1개) 회의실의 적정 이용은 10명이다.

⑷ 자료는 어떻게 이용하나

〈회원현황〉

이용자별 회원은 대학은 416개 대학 43,435명이며, 62%이다. 정부 출연 연구기관은 381개 기관 4,456명이며 6%이다. 민간기업 연구기 관은 438기관 20,281명이며 29%이다. 기타 456기관 2,133명이며 3% 이다. 모두 1,691기관 70,305명이다.

〈데이터베이스 보유 현황〉

저널DB는 학술잡지에 수록된 논문 목록으로 1,232,015건이다. 학술 회의자료 DB는 학술회의자료에 수록된 논문 목록은 288,727건이다. 비디오자료 DB는 학술 비디오 목록으로 886건이다. CD-ROM DB는 Current Contents on CD-ROM 등인데 방문 이용 가능하며 84건이 다. 학술회의 개최 정보 DB는 과학기술분야 학술회의 개최 예정정보 로 5,462건이다.

학회/협회 정보 DB는 과학기술분야 학회 및 협회 정보로 1,689건 이다. 부가서비스 DB는 인터넷 리소스, 강의자료, 연구비 정보 등으 로 23,501건이다. 합계 1,552,364건이다.

〈제공정보〉

LG상남도서관 포털 사이트에서는 다음과 같이 연구/개발에 필요한 정보 서비스를 제공합니다. 학술연구정보로는 과학기술 분야의 학술 저널과 학술회의 자료집(Proceedings), 학술 비디오, 학술회의 개최예 정 정보, 인터넷 리소스정보, 강의 자료, 연구비 지원정보, 정보 공유

활동을 통한 기증 논문 등을 서비스 하고 있습니다. 또한 연구활동 지원을 위한 도구로서 사전 및 용어집, 커뮤니티 가이드, 화상회의 서비스 솔루션, 맞춤 정보 서비스, 소프트웨어 다운로드 서비스를 제공하며, 온라인 DB 검색 교육 자료를 제공한다.

〈메타검색서비스〉

LG 상남도서관에서는 메타검색엔진을 이용하여 LG 상남도서관의 논문 DB뿐 아니라, 뉴스정보, 특허정보, 인터넷 정보서비스, 목록 정보 DB 등을 한번에 통합하여 검색하는 서비스이다.

〈인터넷 리소스/디렉토리 서비스〉

인터넷 자원 중에 과학기술 관련 분야의 주요 사이트만을 수집 정리하고 주제별로 분류하여 서비스한다.

〈저널〉

학술 정보 전문 기관인 ISI(Institute for Science Information)가 매년 발표하는 JCR(Journal Citation Reports)에 수록된 과학기술 각 분야 저널을 인용률 순위에 근거하여 상위에 랭크된 핵심 저널을 선정하였으며, 매년 이용률을 조사하여 갱신하고 있습니다. 저널소장 범위는 1995년부터 2002년까지이다. 세계의 유수한 학회 및 협회에서 개최하는 학술회의, 세미나, 발표 자료를 제공합니다. 온라인 검색 서비스를 통해 서지 정보를 제공하고, 원문은 우편서비스 신청을 통해 제공한다.

〈프로시딩〉

세계의 유수한 학회 및 협회에서 개최하는 학술회의, 세미나, 발표 자료를 제공합니다. 온라인 검색 서비스를 통해 서지 정보를 제공하고, 원문은 우편서비스 신청을 통해 제공한다.

〈학술비디오〉

학술비디오 전기전자 분야의 IEEE, IEE, UVC, Bellcore와 화학분야의 ACS, RSC 등 세계 유수의 학술기관에서 제작된 국제 학술회의 실황, 세계 석학들의 명강연 및 실험 등의 비디오테이프와 이에 딸린 강의노트 등을 관내외 대출 서비스하고 있다.

〈회의개최정보/학협회정보〉

국제 학술회의에 참가하거나 자료 수집을 위하여 필요한 개최 예정 정보와 과학 기술 분야에서 권위를 인정받고 있는 학협회에 대한 정보를 찾아볼 수 있는 디렉토리를 제공한다.

〈CD-ROM〉

과학기술 분야의 Inspec, Current Contents on CD-ROM 등의 참고 정보 CD-ROM과 학술저널, 학술회의 자료 CD-ROM 등 80여종을 도서관 LAN을 통해 이용할 수 있다.

〈SCI 등재재널〉

SCI, SCI Expanded에 등재된 저널 리스트를 주제별, 알파벳별순으로 제공한다.

《부가서비스》

〈기증 논문 서비스〉

LG 상남도서관의 정보 공유 활동의 일환으로 교수, 연구 개발자들의 논문을 저자 공개 동의 하에 온라인을 통해 검색 및 원문제공을 하고 있습니다.

〈연구비 지원정보〉

국내의 재단 및 학술지원기관에서 지원되는 연구비 지원, 학술회의 개최지원, 프로젝트/논문 공모, 교수해외파견지원, 장학금 지원정보를 제공한다.

〈강의 자료〉

국내/외의 학술/교육기관에서 교육되는 과학기술분야의 강의 관련 자료들과 논문의 디렉토리 정보를 제공합니다.

〈사전 및 용어집〉

정보통신, 컴퓨터 공학, 기술 공학, 자연과학 분야 등 30여 개의 사전 및 용어집 정보 제공과 각 사전의 개별 검색, 메타검색엔진을 통한 통합 검색 서비스를 제공합니다.

〈화상회의 서비스〉

화상회의 솔루션 업체인 씨엑스피와 제휴하여 제공하고 있는 서비스로, 화상카메라와 헤드셋만 있다면 간단하게 이용할 수 있는 개인 화상회의 서비스입니다.

〈소프트웨어 다운로드〉

게임, 드라이버, 데스크탑 확장, 멀티미디어 및 디자인, 인터넷, 유틸리티, 개발 도구관련 소프트웨어 정보와 해당 소프트웨어를 다운로드할 수 있는 서비스를 제공한다.

〈맞춤정보서비스〉

LG 상남도서관에서 소장하고 있는 학술저널 및 프로시딩에 대한 최신 서지정보, 학술회의개최예정정보, 연구비지원 정보를 이용자의 전자우편(E-mail)으로 전송한다.

〈온라인 교실〉

학술정보 탐색방법, 인터넷 탐색도구 활용방법, Web DB 검색방법, 효과적인 인터넷 이용방법에 대한 Tutorial을 제공한다.

〈추천사이트〉

이용자가 직접 추천하는 사이트, 전문가가 구성한 유용 사이트, LG 상남도서관에서 제공하는 과학기술분야의 사이트 중 이용자가 자주 Hit하는 사이트의 정보를 제공한다.

〈My Library〉

개인화 서비스로 자신이 원하는 데이터베이스만을 선택하여 메타검색엔진을 구성할 수 있으며, LG 상남도서관의 제공 서비스 중 선택하여 자신만의 페이지를 구성할 수 있는 서비스이다.

〈해외저널DB〉

ACM(Association for Computing Machinery) 전자 저널은 한국교육학술정보원과 제휴하여 제공하는 서비스로, 대학 소속 회원에 한해 컴퓨터 분야 전자 저널 및 프로시딩에 대한 목차, 초록, 전문정보를 이용할 수 있다.

〈커뮤니티 가이드〉

인터넷 상의 국내/외 과학기술분야 우수 커뮤니티에 대한 안내를 키워드 검색과 주제별 분류를 이용하여 제공하여 준다.

〈연구장비정보〉

학·연·산 보유장비, 첨단기기 분석기법, 연구장비 교육 세미나, 연구장비 분야의 웹 정보 등 검색 기능을 제공한다.

〈도서정보〉

YES24와 제휴하여 과학 기술 분야 도서정보를 안내해 드리는 서비스이다. 저희 홈페이지를 경유하여 도서를 구입하실 경우, 적립되는 구매 금액의 3% 수수료는 과학기술인들이 중심이 되어 어린이들에게 1년에 1권 이상의 과학도서를 보내는 사이언스 북 스타트 운동에 사용하고 있다.

〈추천 도서 안내〉

회원간의 저작도서 및 추천도서를 교류하기 위한 서비스로 회원님께서 직접 발간하였거나, 또는 다른 회원들에게 추천할만한 과학 기술 분야의 도서를 추천받아, 저희 웹사이트를 통해서 해당 도서를 이용자 분들에게 상세히 소개하여 준다. 담당자를 통해 신청하여 주시기 바란다.

《이용안내》

〈온라인 이용〉

웹으로 접속하며 홈페이지 주소는 http://www.lg.or.kr이다. 회원은 자신의 이용자 번호와 비밀 번호를 입력하고, 원문우편신청, 자료구입신청, Information Quest, ACM전자저널, 맞춤정보, My Library 서비스는 회원에게만 제공된다. 단 무료회원으로 가입해야 한다. 전화 문의는 (02)708-3704~5이다.

〈방문이용〉

이용 시설은 정보검색 전용 멀티미디어 PC 20대로 도서관 정보 및 CD-ROM(40여종), 인터넷을 이용한다. 학술 비디오를 영상자료실 및 시청각 세미나실에서 개인 또는 단체로 시청한다. 시청각 세미나실에서 학술행사 등 진행한다. 이용 시간은 월요일~금요일 오존 9시부터 오후6시까지 이용한다. 토/일요일, 공휴일이나 도서관이 지정하는 날에는 휴관한다. 문의는 전화는 (02)708-3704,5 이다.

〈원문우편서비스 이용〉

제공 자료의 범위는 학술잡지 및 학술회의자료에 수록된 논문, 학술비디오 딸림자료이다.

서비스 신청 방법은 도서관 정보서비스 검색 후 논문 신청함 담기 기능이용

검색 → 논문신청함 담기 → 원문우편 신청 → 구입 순서이다.

제공 요금은 기본요금과 페이지 당 요금으로 나누고, 일반우편 기본요금 700원 페이지 당 70원, 빠른우편 기본요금 1,000원 페이지 당 70원이다.

9.2 한국사회과학도서관[2]

〈에스콰이아 문화재단〉

에스콰이아 문화재단은 고 이인표 명예회장님이 사재를 헌납하고 여러 부문에 걸친 (주)에스콰이아의 지원으로 1981년에 설립한 공익재단이다. 에스콰이아 문화재단은 한국 최초의 사회과학분야 전문도서관인 한국사회과학도서관과 어린이 전용의 인표어린이도서관 사업을 통해 사회에 봉사하고 있다.

〈한국사회과학도서관 설립목적〉

사회과학분야의 교육, 연구 및 실무에 필요한 각종 도서 및 관련정

---

2) http://www.kssl.or.kr

보를 체계적으로 수집, 정리, 비치하여 우리나라 사회과학분야의 연구활동과 여러 인접학문간의 교류를 촉진시키는 역할을 수행하려는 목적으로 설립되었다. 문화적·경제적 혜택을 받지 못하는 어린이들에게 재미있게 독서하며 생각하는 문화공간을 마련해 어린이의 꿈을 키워주고 있다.

〈관장 인사〉

　한국사회과학도서관은 에스콰이아문화재단이 기업의 이윤을 사회에 환원한다는 취지에서 1983년 5월에 설립하였으며, 사회과학자들의 연구를 지원하는 완벽한 전문정보센터로서 봉사하는 것을 목표로 하고 있다. 사회과학은 다른 어느 학문보다도 정보자료가 방대하다. 그 자료가 방대한 만큼 한 걸음 더 나아간 사회과학 연구를 위해서는 자료의 체계적인 수집과 디지털화 된 검색 그리고 신속한 정보제공 서비스가 절대적으로 요구된다. 사회과학도서관은 이러한 학계의 요구에 부응하고 시대가 요구하는 전문정보센터가 되기 위해 각 종 전문서적과 저널은 물론 최신의 관련자료를 갖추고, 이용자 중심의 정보서비스를 지속적으로 개발하여 왔다. 특히, 1992년에 시작한 도서관전산시스템 구축사업을 통해 도서관의 개념을 현대화하였고, 국내에서는 처음 1998년에 2년간에 걸친 작업으로 사회과학 학술잡지 기사색인을 DB화하여 연구자들에게 한 차원 높은 정보서비스를 제공할 수 있게 되었다. 그리고 도서관의 숙원사업이던 인터넷 종합정보시스템 구축과 도서관 정보 웹서비스 제공 계획이 마침내 2000년 9월로 결실을 맺음으로써 고기능의 첨단 정보서비스를 실시간으로 제공하게 되었다. 한국사회과학도서관은 앞으로도 체계적으로 최신 학술정보를 수집하고 지속적으로 첨단정보기술을 활용하여 보다 나은 도서관 서비스를 제공함으로써, 연구자들의 연구활동을 적극 지원하는데 최선을 다할 것이다. 한국사회과학도서관이 우리사회의 각계 각층에 더 큰 기여를 할 수 있도록 많은 이용과 관심을 부탁드린다.

(1) 어떻게 발전되어 왔나

1981년 4월에 공익재단법인 「이인표재단」을 설립하였다. 1983년 5월에 한국사회과학도서관이 개관되었다. 1984년 5월에 도서관 개관 1주년을 맞이하여 "사회변동과 행정 및 탈발전과 교육"이라는 주제로 기념 학술강연회를 개최하였다. 1987년 4월에는 한국사립대학교 도서관협의회의 결의에 따라 학위논문 기증기관으로 지정받았다. 1988년 3월에 참고열람실의 자료를 분리하여 정기간행물실, 학위논문실을 개설하였다. Royal Asiatic Society, Korean Branch의 한국학도서를 인계 받아 RAS Collection Corner를 설치하였다. 1988년 6월에 도서관 개관 5주년 기념식을 개최하였다. 1992년 3월에 컴퓨터실 설치 및 도서관 전산화 착수를 하였다.

1993년 4월에 도서관 전산시스템을 가동하였다.

(2) 어떻게 찾아오나

서울특별시 종로구 사직동 304-28에 위치하고 있다.

지하철 3호선은 독립문역 3번 출구로 나와 행촌의원 앞에서 도서관행 마을버스를 이용한다. 경복궁역 1번 출구로 나와 도보로 15분이다. 5호선은 서대문역 3번 출구로 나와 도서관행 마을버스를 이용한다. 버스는 2, 75, 89, 147, 150, 156, 158, 159, 205, 543, 588-2번을 타고 사직공원에서 하차한다.

(3) 어떤 시설이 있나

대지는 704평, 연건평 1,038평 지하1층, 지상5층의 건물로, 주차 공간이 있다.

정기간행물실(2층)의 수집 정기간행물은 국내 2,140종/ 국외 1,635

종 (총 3,775종)이 있고, CD-ROM 및 Internet 검색시설이 있고, 복사기, Microform Reader/Printer가 있다. 참고열람실(3층)의 자료는 전문도서, 참고도서, 보고서이며, CD-ROM 및 Internet 검색시설이 있다.

컴퓨터실(3층)의 시설은 주전산기, CD-ROM Network Server이다.

학위논문실(4층)의 자료는 석·박사학위논문이다.

개인연구실(5층)이 20실 있다. E1속도의 인터넷 전용선 제공 및 연구실에서 도서관 구독 전자저널을 자유롭게 이용할 수 있다. 학회사무실(한국사회과학연구협의회)이 있다.

세미나실(1, 4층)은 세미나 A실(40석)/ B실(72석)/ C실(112석)이다. 1층에 식당 및 휴게실이 있다.

(4) 자료는 어떻게 이용하나

한국사회과학도서관의 자료이용은 대학생을 비롯하여 교육기관, 기업체, 정부기관 및 관련기관에서 연구 또는 실무에 종사하는 분으로 신분증만 지참하시면 누구나 자유롭게 무료로 이용하실 수 있다.

〈자료열람실 입실〉

자료열람실 입실 시에는 신분증을 제시하시고 출입자카드에 소속, 전공, 이용할 자료분야 등을 기재한 후에 소지품 보관함 열쇠를 받아, 보관함에 소지품을 보관하면 된다.

〈자료의 이용〉

자료검색은 열람실마다 설치된 이용자용 PC에서 소장도서목록과 학술잡지 기사색인 검색을 하실 수 있다. 도서관의 모든 자료는 개가제로 운영됨으로 이용자는 찾고자하는 자료를 직접 서가에서 자유롭게 이용할 수 있다.

검색된 목록에는 자료의 매체에 따라 책자형, CD-ROM, Online, Microform 등으로 구분되어 표시되어 있습니다. 자료의 매체와 청구

기호를 확인해 두어야 원하는 자료에 신속하게 접근할 수 있다.

〈전문사서의 자료 제공〉

도서관에는 자료별 전문사서가 이용자가 원하는 정보를 체계적이고 손쉽게 접근하여 이용할 수 있도록 정보 상담과 서비스를 제공하고 있다.

〈자료의 복사〉

자료열람실내에 복사시설을 갖추고 있어서 이용자 본인이 직접 편리하게 복사할 수 있다.
이용 시간은 월~금요일 오전 9시 30분부터 오후 5시 50분까지, 토요일은 9시 30분부터 오후 2시 50분까지이다. 점심시간(13:00~13:50)은 복사할 수 없다.

〈개인연구실 이용〉

자격은 석사과정에 재학 중이거나 석사과정을 마친 분, 대학에 교수, 강사로 재직하고 있는 분이다. 인터넷 서비스 제공을 한다.(E1 속도의 전용선) 회비는 월 9만원이다.

〈열람시간〉

* 정기간행물실, 참고열람실, 학위논문실은 매월 둘째 화요일 오전 9시부터 오후 4시 30분까지이다. 매월 넷째 화요일은 9시부터 오후 5시까지이다. 월~금요일은 9시부터 오후 6시까지이다. 토요일은 오전 9시부터 오후 3시까지이다.

* 개인연구실은 월~금요일은 9시부터 오후 8시까지이다. 토요일은 오전 9시부터 오후 6시까지이다. 동절기 1~2월은 오전 9시부터 오후 6시까지이다.

* 휴관일은 일요일, 국정 공휴일 및 근로자의 날(5월1일)이다. 장서 점검 기간에 연1회(1월중) 휴관한다.

〈기사색인 소개〉

한국사회과학도서관이 2년간의 준비작업 끝에 '98년 5월 색인 DB를 완성하고 현재 지속적으로 데이터베이스화하고 있다. 사회과학 분야별 자문교수단이 엄선한 국내, 해외의 학술지 2,100종을 색인대상 저널로 하여 현재 101만건을 수록하고 있다

〈주제분야〉

경영, 경제, 사회, 정치. 행정, 법학, 심리, 도서관학, 지역학, 여성학 등 관련 분야이다.

〈수록범위〉

국내학술지(600 여종)는 1991년부터, 해외학술지(1500 여종)-1994 년부터 현재까지이다.

〈특징〉

* 국내 및 해외의 사회과학분야 학술잡지 기사색인을 한 사이트에서 검색할 수 있다.

* '학술잡지 종합목록' 역할을 한다. 사회과학 학술지를 많이 소장한 대학 및 연구소의 도서관 13개처를 선정하고 이들 도서관의 협조로 잡지별 소장처 사항에 대한 최신정보를 검색할 수 있도록 하였다.(타 기관 소장정보는 paper 자료에 한하여 수록한다.)

* 장처 정보기관은 한국사회과학도서관, 국립중앙도서관, 국회도서관, 고려대학교, 서강대학교, 서울대학교, 연세대학교, 이화여자대학교, 대외경제정책연구원, 한국과학기술정보연구원(KISTI), 한국개발연구원, 한국고등교육재단, 한국은행, 한국형사정책연구원이다.

* 이용자가 쉽게 사용할 수 있는 검색방법을 제공하여, 단 한번의 검색에서 모든 정보를 볼 수 있다.

* 학술지의 색인 뿐 아니라 해당 권 호의 목차정보도 제공된다.

* 수시로 새로운 색인이 추가되어 최신 색인정보를 제공한다.

〈정보서비스〉

이용자가 관심있는 주제분야의 키워드를 등록해 두면 관련정보 입수시 E-mail을 통해 정기적으로 최신정보를 제공받을 수 있는 서비스이다.

1) 주제조사 E-mail 서비스 : 관심주제의 키워드를 등록해 놓으면

관련 최신목록과 색인이 자동 배달된다.

2) 잡지목차 E-mail 서비스 : 잡지명을 등록해 놓으면 최신 잡지목차가 자동 배달된다.

단행본, 연속간행물, 기사, 보고서, 학위논문 등 모든 자료유형을 대상으로 하며 이용자는 언제든지 등록내용을 추가하거나 삭제할 수 있다.

맞춤정보(SDI) 서비스는 회원 ID와 비밀번호를 입력한 후 신청 가능한 서비스로서 한국사회과학도서관 정보서비스 회원으로 이용자 파일에 등록된 이용자만 사용할 수 있다.

① SDI 서비스는 일주일에 한번씩 제공되지만 이용자가 등록한 내용에 부합되는 해당 서지정보가 있을 경우에만 E-mail로 전송된다.

② 잡지명 등록시 현재 구독중인 잡지에 한해서만 입수정보를 받아보실 수 있으면 구독중단 및 비 소장잡지는 기사정보만 제공 가능하다.

③ 키워드 등록시 한 필드에 여러 단어를 입력할 경우, 단어의 'And 조합'으로 인식하므로 연관성이 없는 개별 키워드는 각각 별도로 등록하기 바란다.

④ 주제키워드란 특정 인명, 지명 등의 고유명사와 주제를 나타내는 일반명사를 의미하는 것으로, 영문으로 입력하여야 서비스를 제공받을 수 있다.

《인표어린이 도서관》

〈본부〉

각 분관에 도서관 설비 및 신간도서, 다양한 도서관 프로그램을 제공하며, 도서관 담당자들을 위한 워크샵과 세미나, 책사랑잔치, 독서캠프 등을 개최하고 소식지를 발간한다.

서울시 종로구 사직동 304-28 (한국사회과학도서관 1층)에 위치하고 있다.

〈분관〉

1990년 5월 4일 상계동에 제1호 인표어린이 도서관을 설립한 이후 전국에 14곳, 중국 6곳, 카자흐스탄 알마티, 러시아 사할린 등 해외에 8곳 총 22곳에 동일 모델의 분관을 설치하여 운영하고 있다.

〈프로그램〉

어린이 독서능력에 맞게 개인별, 그룹별로 다양한 어린이 독서지도 및 어머니 독서클럽을 운영한다.

〈분관현황〉

		인표어린이도서관 본부	02)722-0184	서울시 종로구 사직동 304-28 인표어린이도서관 본부
국내	1	북부 인표어린이도서관 (90. 5. 4)	02)938-8576	서울시 노원구 상계1동 1146-11번지 북부종합사회복지관 3층
	2	장선 인표어린이도서관 (90.10.22)	051)336-7007	부산광역시 북구 구포3동 1255-2번지 장선종합사회복지관 2층
	3	광주 인표어린이도서관 (90.12.20)	062)264-5308	광주광역시 북구 오치동 912-1번지 광주종합사회복지관 3층
	4	구로 인표어린이도서관 (91. 4.11)	02)862-6326	서울시 구로구 구로3동 256-7번지 구로종합사회복지관 2층
	5	진도 인표어린이도서관 (91. 4.19)	061)544-2018	전남 진도군 진도읍 성내리 54번지 진도초등학교
	6	태백 인표어린이도서관 (91. 5. 6)	033)553-3454	강원도 태백시 황지1동 39번지 황지교회내 사회복지관 2층
	7	월곡 인표어린이도서관 (91. 8 .8)	02)916-9194	서울시 성북구 하월곡1동 96-155번지 생명의 전화 종합사회복지관 3층
	8	대전 인표어린이도서관 (91.11.12)	042)623-9589	대전광역시 대덕구 법동 283-1번지 중리종합사회복지관 3층
	9	인천 인표어린이도서관 (92. 1.21)	032)529-8609	인천광역시 북구 삼산동 157번지 삼산종합사회복지관 2층
	10	대구 인표어린이도서관 (92. 3.12)	053)634-7230	대구광역시 달서구 월성동 86번지 학산종합사회복지관 2층
	11	청주 인표어린이도서관 (92. 5. 6)	043)274-2241	충북 청주시 수곡동 330번지 산남 주공2단지산남종합사회복지관 3층
	12	연제 인표어린이도서관 (92. 7.31)	051)862-6371	부산광역시 연제구 연산3동 2015-9번지 연제구종합사회복지관 3층

국	13	가양 인표어린이도서관 (92.12.15)	02)668-9814	서울시 강서구 가양 택지개발 7블럭 가양7종합사회복지관 2층
내	14	전주 인표어린이도서관 (94. 8.30)	063)287-6417	전주시 완산구 동완산동1가 464-1번지 전주시립도서관 별관 1층

9.3 학산기술도서관3)

(1) 어떻게 발전되어 왔나

〈도서관 안내〉

학산기술도서관은 한국의 과학기술발전에 기여하고자 설립된 국내 최초의 민간기술도서관으로 유능한 기술인을 양성하고자 1977년 3월 16일 학산기술장학재단의 설립을 시작으로 1978년 5월 17일 도서관을 개관하였으며, 이공계 학생들에게 장학금 지급, 교수 연구비보조 등의 장학사업을 하고 있다. 컴퓨터,수학, 물리, 화학, 전기, 전자, 통신, 화공분야의 학술서적과 저널, 관련 자료를 갖추고 있으며 인터넷 종합정보서비스 구축 및 최신 해외전자저널을 웹상에서 실시간으로 제공하고 있다. 학산기술도서관은 학생 및 연구원들의 연구 활동을 적극적으로 지원하기 위해 앞으로도 최신 학술정보를 수집하여 이용자중심의 적극적인 정보서비스를 제공하는데 최선을 다하고 있다.

〈도서관 연혁〉

학산기술도서관은 1977년 3월에 학산기술장학재단이 설립되어 1978년 5월에 학산기술도서관을 설립하였다. 1981년 10월에 신원식 관장이 취임하고, 1992년 12월에 소장자료의 DB를 구축 완료하였고, 1993년 3월에 도서관 자동화시스템을 작동하였으며, 2000년 7월에 동

---

3) http://www.haksan.or.kr/

숭동 시대를 마감하고, 2001년 11월에 평창동 신축도서관으로 이전하였다. 2002년 2월에 신축도서관을 개관하였다.

(2) 어떻게 찾아오나

〈주소〉 서울시 종로구 평창동 466-9, 우편번호 : 110-848
Tel : 02-396-3916, 396-3903 FAX : 02 - 396-3907

(3) 어떤 시설이 있나

대지 224 평, 건평 246평, 지상 2층이며, 일반열람실은 개인열람석 50석이다. 자료는 전문도서, 참고도서, 연감류, 사전 등이 있고, 자료검색 시설이 있다. 정기간행물실은 일반열람석 30석이다. 자료는 정기간행물 및 신문 등이 있고, 자료검색 시설 및 복사 시설 등이 있다. 연구실은 일반열람석 50석이다. 시설은 인터넷 검색시설 노트북을 지참하여 논문 집필 가능하다. 그 외 이사장실, 회의실, 재단사무실, 휴게실, 주차시설이 있다.

(4) 자료는 어떻게 이용하나

〈도서관이용 안내〉
학산기술도서관은 회원제로 운영된다. 컴퓨터, 수학, 물리, 화학, 전기, 전자, 통신, 화공 분야의 서적을 중심으로 보유하고 있으며 대학생 이상 또는 업체에서 종사하고 있는 분은 회원으로 가입할 수 있다.
〈회원증 발급〉
회원자격이되는 분은 학생증(사원증) 및 신분증, 증명사진 1장을 지참하시어 회원증을 발급받게 된다. 도서관 이용시 회원증을 반드시 지참하시고 열람실 입실시 회원증을 제출한다.

〈자료이용〉

자료검색은 열람실에 설치된 검색용 PC에서 검색할 수 있다.

도서관의 열람실은 개가제로 운영하고 있으므로 이용자가 직접 서가에서 찾고자 하는 자료를 자유롭게 이용할 수 있다.

〈정보 서비스〉

전문사서가 이용자가 원하는 정보를 체계적이고 용이하게 접근할 수 있도록 서비스를 제공하고 있다.

〈자료복사〉

관내에 설치된 복사기로 이용자가 직접 필요한 자료를 복사할 수 있다.(1 PAGE 당 A4는 50 원, B4는 60원)

〈희망도서신청〉

희망도서 신청 도서관에 비치되어 있지 않은 자료에 대하여 온라인 상태에서 구입신청을 할 수 있다.

〈신착자료 보기〉

최근에 도서관에 들어온 자료들을 온라인 상태에서 볼 수 있다.

〈도서관 이용시간〉

정기간행물실은 월~금요일까지 오전 8시부터 오후 5시 30분까지이다. 토요일은 오전 8시부터 오후 5시까지이다.

열람실, 연구실은 월~금요일까지 오전 8시부터 오후 7시까지이며, 토요일은 오전 8시부터 오후 5시까지 이다.

〈도서관 휴관일〉

일요일 및 국정 공휴일 / 창립기념일 (3월16일)

* 학술데이터 베이스

최신 해외 데이터베이스를 웹상에서 실시간을 제공하고 있다.

〈AMS (American Mathematical Society)〉

수학분야의 저널 9종에 대한 원문이 수록되었다.

수록년도 : 원문 (1966~현재)

⟨IoPP (Institute of Physics Publishing)⟩

물리학분야의저널 32종에 대한 원문이 수록되었다.

수록년도 : 원문 (1991~현재), 초록 (32년분)

⟨RSC (Royal Society of Chemistry)⟩

화학분야의 저널 22종에 대한 원문이 수록되었다.

수록년도 : 원문 (1997~현재)

⟨Wiley⟩

John Wiley & Sons출판저널의 색인, 초록과 330여종의 원문이 수록되었다.

주제분야 : Business, Finance & Management, Chemistry, Computer Science, Earth Sience, Education, Engineering, Law, Life & Medical Science, Mathematicsand Statistic, Physics, Psychology

수록년도 : 원문 (1997~현재)

* 원문복사 서비스

통합검색 및 기본검색을 통해 검색된 자료들은 이용자가 직접 도서관에 방문하지 않고서도 자료복사서비스를 제공 받을 수 있다.

⟨신청방법⟩

우편, Fax 및 E-mail을 통해 신청을 접수하며 접수 후 확인 전화 바란다.

주소 : 서울 종로구 평창동 466-9, TEL : 02-396-3916, Fax : 02-396-3907, E-mail : yms@haksan.or.kr, kso@haksan.or.kr

⟨제공요금⟩

기본요금과 페이지 당 요금으로 구분하며 기본요금은 700원이며, 페이지 당 요금은 70원이다. 빠른우편은 기본요금은 1,000 원이며, 페이지 당 요금은 70원이다.

기본요금은 자료의 발송방법에 따라 결정하며, 발송비용을 포함한다. 요금체제는 한국교육학술정보원(KERIS)의 대학도서관 원문복사 서비스 요금을 적용하였다.

⟨원문제공기간⟩

신청한 자료를 받아보기까지 소요되는 기간은 보통우편은 7일이며 (본 도서관 소장자료인 경우 3~4일), 빠른우편은 5일이다.(본 도서관 소장자료인 경우 2~3일) 단 일요일 및 공휴일이 포함된 경우 1~2일이 더 소요된다.

⟨요금결재⟩

요금을 아래 계좌로 입금하셔야 우편서비스를 받을 수 있다.

한빛은행구좌 327-110761-13-101(학산기술장학재단)이다.

⟨주의사항⟩

제공받은 자료의 복사물은 이용자 본인의 조사, 연구를 위해서만 이용하며, 자료복사물을 이용하면서 저작권법 침해의 문제가 생길 경우, 신청자가 책임을 지게 된다. 주소 (110-848)서울시 종로구 평창동 466-9 TEL 02-396-3916, 3903

* 학산기술도서관을 기리며

1978년 5월 국내 유일의 과학기술 전문 도서관으로 태어나 2000년 7월까지 22년간을 국내 과학기술발전에 기여하고자 노력하였다. 그동안 저희 도서관을 아껴주시고 사랑해주신 여러분께 진심으로 감사의 말씀을 드린다.

2000년 7월로 마감하며...

* 시설규모 : 부지 : 1,381 평방미터, 건물 : 2,160 평방미터, 열람석 : 400석
* 자 료 : 도서자료 : 55,354, 연속간행물(종) : 303
* 주소 : 서울특별시 종로구 동숭동 1-38
* 전화번호 : (02)763-1235
* 교통 : 지하철 : 4호선 혜화역, 버스 : 3, 5, 15, 20, 63
* 개관일자 : 1978.5 7. 폐관 : 2000.7

찾아보기

● 저자 ●

이만수(李萬洙) 1948년 경남 진주 출생
　　　　　　　　서울교육대학교 초등교육학과(교육학사)
　　　　　　　　명지대학교 문헌정보학과(도서관학사)
　　　　　　　　한양대학교 사서교육전공(교육학석사)
　　　　　　　　중앙대학교 영상매체전공(문학석사)
　　　　　　　　상명대학교 문헌정보학전공(문학박사)
　　　　　　　　대진대학교 총장 비서실장, 중앙도서관장
　　　　　　　　한국도서관정보학회 총무이사
　　　　　　　　대진대학교 독서문화연구소장(현)
　　　　　　　　명지대학교 문헌정보학회장(현)
　　　　　　　　한국도서관·정보학회 부회장(현)
　　　　　　　　대진대학교 문헌정보학과 조교수(현)

　　　　　　　　주요 저서
　　　　　　　　『도서관교육론』, 『학교도서관 경영론』,
　　　　　　　　『정보사회의 이해』, 『문헌정보학의 이해』

공공도서관 길라잡이(上)

● 발행일　　2003년 5월 30일
● 2 쇄　　　2003년 12월 30일
● 지은이　　이만수
● 펴낸이　　채종준
● 펴낸곳　　한국학술정보(주)
　　　　　　경기도 파주시 교하읍 문발리 파주출판문화사업단지 538-2
　　　　　　전화 031) 908-3181(대표)·팩스 031) 908-3189
　　　　　　홈페이지 http://www.kstudy.com
　　　　　　e-mail (e-Book 사업부) ebook@kstudy.com
● 등 록　　제일산-115호(2000. 6. 19)
● 가 격　　21,000원

ISBN　　89-534-1650-7 94020(Paper Book)
　　　　　89-534-1646-9 94020(세트)
　　　　　89-534-1649-3 98020(e-Book)
　　　　　89-534-1645-0 98020(세트)